Princesa
Mais Lágrimas
para Chorar

PRINCESA
MAIS LÁGRIMAS PARA CHORAR

JEAN SASSON

1ª edição

Tradução
Fatima Santos

CIP-BRASIL. CATALOGAÇÃO NA FONTE
SINDICATO NACIONAL DOS EDITORES DE LIVROS, RJ

S264p
Sasson, Jean, 1947-
Princesa: mais lágrimas para chorar / Jean Sasson ; tradução Fatima Santos. – 1. ed. – Rio de Janeiro: Best *Seller*, 2016.

Tradução de: Princess More Tears To Cry
Apêndice
ISBN 978-85-7684-976-6

1. Mulheres – Arábia Saudita – Biografia. I. Santos, Fatima. II. Título.

16-30297
CDD: 920.995810460
CDU: 929:-055.2(581)

Texto revisado segundo o novo Acordo Ortográfico da Língua Portuguesa.

Título original: PRINCESS MORE TEARS TO CRY
Copyright © 2014 by Sasson Corporation
Copyright da tradução © 2016 by Editora Best Seller Ltda.

Publicado primeiro como Princess More Tears to Cry pela Transworld Publishers, uma divisão do Random House Group Limited.

Capa: Guilherme Peres
Editoração eletrônica: Abreu's System

Todos os direitos reservados. Proibida a reprodução,
no todo ou em parte, sem autorização prévia por escrito da editora,
sejam quais forem os meios empregados.

Direitos exclusivos de publicação em língua portuguesa para o Brasil
adquiridos pela
EDITORA BEST SELLER LTDA.
Rua Argentina, 171, parte, São Cristóvão
Rio de Janeiro, RJ – 20921-380
que se reserva a propriedade literária desta tradução

Impresso no Brasil

ISBN 978-85-7684-976-6

Seja um leitor preferencial Record.
Cadastre-se e receba informações sobre nossos
lançamentos e nossas promoções.

Atendimento e venda direta ao leitor:
mdireto@record.com.br ou (21) 2585-2002

Este livro é dedicado a uma menininha chamada Amal,
uma menina muito pequena que só conheceu
o medo e o terror
nas mãos de seu violento pai saudita,
que estuprou a filha de 5 anos de idade até a morte.
E o mais revoltante: o pai de Amal alegou
ser um clérigo.

Que Deus livre qualquer menina
de uma morte tão abominável

Sumário

Jean Sasson se lembra		13
Introdução pela princesa Sultana Al Sa'ud		23
Lista de Personagens		35
Capítulo 1:	Por amor às filhas	39
Capítulo 2:	A festa	59
Capítulo 3:	Meu pai	74
Capítulo 4:	Sim, as mulheres podem governar	95
Capítulo 5:	Dra. Meena: a riqueza da educação	115
Capítulo 6:	Nadia: quanto vale a liberdade?	141
Capítulo 7:	Lições de uma sábia menininha	171
Capítulo 8:	Orientados pelos que ajudamos	210
Capítulo 9:	Princesa Aisha	232
Capítulo 10:	Resolvendo o problema de Fatima — E, então, veio Noor	254
Capítulo 11:	Faria e Shada	286
Capítulo 12:	Mais lágrimas para chorar	314
Apêndices		339

Tudo que está escrito aqui é real.
Algumas histórias são alegres; outras, tristes,
porém todas são verdadeiras.
Os nomes foram mudados para proteger todas as pessoas
mencionadas neste livro,
para mantê-las protegidas de qualquer vingança
por parte dos familiares
ou daqueles que possam se ofender
por suas histórias verdadeiras
virem a público.

– Jean Sasson e princesa Sultana Al Sa'ud

ARÁBIA SAUDITA

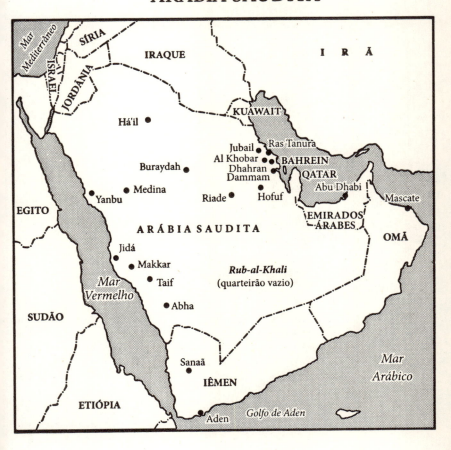

Jean Sasson se lembra

Este livro, escrito em conjunto com a princesa Sultana Al Sa'ud, atualiza os leitores sobre a vida da princesa e de sua família. Ele detalha como é a vida das mulheres sauditas hoje: neste exato momento. Demos destaque, também, às mulheres sauditas plebeias: pessoas extraordinárias que lutam todos os dias para levar a liberdade às mulheres de seu país, ao mesmo tempo em que enfrentam a luta contra muitos homens sauditas a cada passo do caminho.

Minha jornada pessoal no fechado e privado mundo das mulheres sauditas começou em 1978, quando fui contratada pelo King Faisal Specialist Hospital & Research Centre, em Riade, a capital saudita. O hospital era um sonho realizado pelo terceiro rei da Arábia Saudita, o rei Faiçal, que foi assassinado de forma trágica por um sobrinho antes da inauguração oficial, em 1975. O hospital estava funcionando há apenas três anos quando cheguei. Tive sorte de trabalhar como coordenadora dos assuntos médicos para o chefe do hospital, Dr. Nizar Feteih. Minha posição significava que eu compartilhava as informações confidenciais sobre os membros mais influentes da família real saudita, incluindo o rei Khalid e o príncipe herdeiro Fahd e suas esposas e filhos.

Embora tivesse assinado um contrato de dois anos e pudesse deixar o reino em 1980, escolhi ficar e trabalhar por um total de quatro anos. Após deixar o hospital, continuei a viver na Arábia Saudita por mais oito anos, até 1990.

Assim que cheguei ao reino, em 1978, logo percebi que as mulheres de lá viviam como cidadãs inferiores. Por ser uma expatriada americana, desfrutava de mais liberdade pessoal do que a maioria das mulheres e, devido ao meu trabalho, entrei em contato com mulheres de todas as classes da sociedade. Na realidade, conheci mulheres sauditas da classe beduína, da classe profissional e da família real. E para todos os lugares que olhava, podia ver a discriminação ostensiva contra elas. Mulheres se cobriam com véus. Mulheres andavam silenciosamente atrás dos homens. Mulheres eram proibidas de dirigir ou até de andar de bicicleta. Todos os casamentos eram arranjados. Naquela época, via pouca esperança para o progresso na vida das mulheres. Na realidade, era proibido até discutir a adversidade das mulheres sauditas.

Apesar disso, no começo daqueles anos, a agitação estava no ar, pois o governo real da Arábia Saudita derramava bilhões de petrodólares na infraestrutura e no desenvolvimento do reino. Embora decididamente retrógrada quando lá cheguei, a Arábia Saudita progredia rapidamente; em dez anos, grandes cidades desérticas haviam magicamente se tornado cidades modernas. Muitos milhares de expatriados viviam e trabalhavam na Arábia Saudita naqueles dias e a maioria dos sauditas parecia satisfeita em receber aqueles trabalhadores estrangeiros entre eles. Contudo, a aceitação da "modernização" por eles não significava "ocidentalização". Apesar do enorme e rápido progresso, muitas mulheres sauditas continuavam a viver em *purdah* — costume praticado nas sociedades hindu e muçulmana pelo qual as mulheres evitam a companhia de homens estranhos —, escondidas atrás do véu e sob as regras incontestáveis dos homens de sua família.

Em 1983, cinco anos depois de chegar ao reino, conheci a princesa Sultana Al Sa'ud. Jovem, linda e ousada, ela estava determinada a levar a mudança às mulheres de seu país. Nos conhecemos durante um jantar festivo na Embaixada italiana. Eu estava lá com meu marido inglês, Peter Sasson, e ela com o seu, Kareem Al Sa'ud, um príncipe da família real, embora Sultana tivesse nascido uma princesa por seus próprios direitos.

Imediatamente gostamos uma da outra, e nossa amizade se fortaleceu aos poucos. Ao longo do tempo, desenvolvemos completamente a confiança uma na outra. Rapidamente, eu já participava de festas de mulheres em sua casa e até a acompanhava em viagens para o Sul da França e outros lugares interessantes.

Havia me familiarizado com a tragédia da vida de muitas mulheres sauditas desde que chegara ao país, mas, com a princesa Sultana ao meu lado agora como guia, via com mais detalhes do que nunca a extensão verdadeira do problema. E, certamente, eu não estivera ciente de que a vida das mulheres reais também poderia ser extremamente desoladora e desprovida de liberdades individuais.

Surpreendi-me quando a princesa Sultana me pediu que escrevesse a história de sua vida. Não poderia imaginar que uma pessoa tão privilegiada arriscaria tudo para contar a verdade sobre o sofrimento das mulheres de seu país. Afinal, ela era uma princesa de alta posição, filha de um dos filhos do primeiro rei, Abdul Aziz bin Abdul Rahman Al Sa'ud, e, por meio de seu casamento arranjado, a mulher de um dos príncipes reais da dinastia Al Sa'ud.

Embora tivesse credenciais reais impecáveis e riqueza inimaginável, Sultana nunca conhecera a liberdade verdadeira. Agora, ela se revoltava contra sua cultura antiga, a qual ditava escravidão virtual para mulheres — todas as mulheres, até mesmo as da família real.

Estava satisfeita com minha vida privilegiada no reino; portanto, resisti em compartilhar as revelações da princesa até o dia em que estava preparada para deixar o país. Eu sabia que não poderia escrever um livro revelador sobre a princesa saudita e permanecer no país. Eu teria sido presa, ou pior.

Embora inicialmente Sultana tivesse ficado decepcionada com minha recusa em escrever sua história, nossa amizade floresceu e continuei a desfrutar de sua companhia. Tive a sorte de receber um visto de múltiplas entradas e saídas do reino de um membro da família real, portanto, retornei em 1991 e 1992. Enquanto estava na Arábia Saudita, socializava-me somente com membros femininos da sua família, mas quando nos encontrávamos na Europa, os membros masculinos estavam frequentemente presentes, também.

Após escrever *The Rape of Kuwait*, em 1990, o qual detalhava as atrocidades cometidas após a invasão do país, a princesa ficou ainda mais determinada em que eu escrevesse sua história. E eu o fiz.

Princesa — a real história da vida das mulheres árabes por trás de seus negros véus representou uma exposição escandalosa aceita não só pelos leitores de língua inglesa, mas também pelos leitores na Europa, Ásia, África e muitas outras partes do mundo. Na realidade, meu livro sobre a princesa Sultana foi o primeiro de seu gênero, revelando segredos inéditos da sociedade da Arábia Saudita e da cultura saudita. Devido à demanda popular, o primeiro livro teve duas continuações, ambas também extremamente bem-sucedidas.

Durante anos meus leitores me imploraram para que eu lhes apresentasse uma atualização de como estavam a princesa Sultana e sua família. Esses fãs ansiavam por um quarto livro e frequentemente me surpreendiam com lágrimas se eu lhes dissesse que nenhuma continuação estava em andamento. (Desde que *Princesa* foi publicado pela primeira vez, há vinte anos, já escrevi dez outros livros, dos quais somente um não enfocava a vida das mulheres. Esses livros se passam no Iraque, Curdistão, Afeganistão e Kuwait.)

Outra razão para eu ter resistido em escrever um outro episódio era a minha cautela em retornar ao reino novamente. Após o primeiro livro *Princesa* ser publicado, fui advertida de que seria presa se voltasse usando meu próprio nome. As autoridades sauditas punem qualquer um que eles peguem que seja crítico de seu país.

Além disso, sempre dissera que *não* faria um quarto livro sobre a princesa Sultana e as mulheres da Arábia Saudita até que acontecessem mudanças favoráveis na vida das mulheres. Ao longo dos anos, a princesa Sultana tinha me contado que o reino estava mudando radicalmente, tanto em termos de sua infraestrutura quanto de seu povo, e embora algumas mulheres ainda enfrentem discriminação desumana, e o ritmo da mudança continue relutantemente vagaroso, a vida para a maioria delas está tomando um rumo gradualmente melhor. Logo, sentimos que o momento chegou para revelarmos o que está acontecendo na vida das mulheres sauditas hoje.

E, portanto, continuamos nossa jornada única. A princesa Sultana tem sido a guia perfeita para conduzir-me pelas complexidades da vida feminina na Arábia Saudita. Ela é uma raridade em sua sociedade — uma mulher instruída, determinada a expor as brutalidades tão comuns em seu país. Poucas mulheres no mundo ocidental conseguiriam competir com a princesa Sultana em sua sinceridade, e nenhuma mulher que conheci na Arábia Saudita poderia — ou pode — equiparar sua coragem excepcional.

A princesa Sultana é uma dos milhares de nobres sauditas — uma classe estimada em 15 mil pessoas em 2013. No entanto, poucos milhares de nobres exercem poder legítimo no reino; a princesa Sultana e sua família são um braço importante do clã dominante Al Sa'ud. Seu pai é um príncipe poderoso, um dos filhos da primeira geração do primeiro governante, rei Abdul Aziz. Seu irmão e seu marido são príncipes dominantes da segunda geração Al Sa'ud. Seu filho assumiu seu lugar na família como um príncipe influente da terceira geração. Por isso, por meio da princesa Sultana, sou mantida informada das atividades íntimas da família governante.

A princesa Sultana é muito rica e influente por seus próprios direitos hereditários. Ela e o marido têm muitos negócios pelo mundo. Eles possuem palácios fabulosos na Arábia Saudita, no Egito, na França e na Espanha. Contudo, a princesa Sultana não é uma daqueles nobres que apreciam apenas dinheiro, roupas e joias. Em vez disso, ela dedica a vida ao progresso das mulheres. Suas instituições beneficentes ajudam jovens meninas e mulheres em muitos países. Na realidade, ela assiste mais de 700 famílias muçulmanas, assegurando que todas as suas crianças possam ter educação, se esse for o desejo delas.

A princesa Sultana tem três filhos — um rapaz e duas moças — e é avó de dois meninos e uma menina. Criou seus filhos com muito esmero, tentando incutir neles um sentimento de obrigação para que usassem sua enorme fortuna para ajudar outras pessoas.

A princesa Sultana é uma nobre ímpar, e é talvez por essa razão que todos os três livros sobre ela tenham sido um imenso sucesso no mundo todo. Publicados em mais de 40 países, eles foram os mais vendidos em muitas regiões. O livro nunca deixou de ser impresso em muitos países.

O primeiro livro se concentrou na princesa Sultana, sua infância e os primeiros anos de seu casamento e maternidade. Compartilha inúmeras histórias emocionantes sobre a princesa e outras mulheres que ela conheceu. O segundo livro conta a história dos três filhos da princesa Sultana e contempla as expectativas sociais sauditas sobre maternidade. O terceiro livro amplia suas lentes para fornecer aos leitores uma perspectiva detalhada sobre a vida da princesa e de suas irmãs, seus filhos e outras mulheres no reino, inclusive trabalhadoras malpagas que enfrentaram dificuldades medonhas.

Todas as histórias eram verdadeiras. Algumas delas envolviam jovens meninas forçadas a se casarem com homens três vezes mais velhos, enquanto outras contavam sobre mulheres tão perversamente brutalizadas que suas vidas dramáticas foram encurtadas pela morte precoce. Todas eram cativantes e conduziam os leitores pela realidade das mulheres na Arábia Saudita em um grau de tamanha intimidade que as meninas e as mulheres de todo o mundo ainda escrevem para me contar como os livros mudaram suas vidas de uma forma muito positiva. Muitas mulheres hoje estão trabalhando em favor dos direitos humanos porque foram inspiradas pela princesa Sultana.

Embora os livros brotassem de minha caneta, todas as informações neles vieram da princesa. Escrevi o livro na voz da princesa por sua voz ser muito convincente e porque os leitores são atraídos para seu mundo por meio de sua cativante personalidade.

Como disse, a princesa e eu acreditamos que agora é o momento de compartilhar novas histórias sobre as mulheres na Arábia Saudita. Isso se deve a um enorme desejo de mudança oriundo do povo saudita. Pela primeira vez na história do país há um debate aberto sobre a vida das mulheres — até mesmo nos jornais nacionais, uma divulgação que teria sido impossível quando morei lá.

A atmosfera política na Arábia Saudita também está se transformando, graças, sobretudo, ao atual rei, Abdullah. Ele era considerado extremamente conservador, mas ao assumir o trono surpreendeu a todos, ao incitar mudanças para as mulheres. A princesa e eu acreditamos que esse desenvolvimento deve-se, em parte, a duas mulheres corajosas e poderosas na vida do rei: as filhas dele. Elas o instigaram a usar sua considerável influência para ajudar mulheres sauditas. Por exemplo, quando uma jovem mulher saudita se gravou dirigindo um carro e postou a prova no YouTube, foi presa imediatamente. Seu filho mais novo foi tirado dela e ela foi presa e condenada a um açoitamento. Em tempos passados, o rei não teria impedido esse tipo de sentença, mas o rei Abdullah, diante da insistência das mulheres de sua vida, interveio e libertou a mulher, repreendendo os clérigos e suspendendo a sentença de açoitamento. Ainda que a mulher tenha sido obrigada a assinar um acordo comprometendo-se a nunca mais dirigir, muitos na Arábia Saudita respiraram aliviados pelas punições mais severas terem sido evitadas.

Portanto, mudanças positivas na vida das mulheres estão, definitivamente, ocorrendo, estimuladas, em grande medida, pelo fato de que a Arábia Saudita agora concede instrução formal gratuita para todos os sauditas, inclusive para as mulheres. Embora haja algumas mulheres cujos pais não permitem que sejam instruídas, a maioria das jovens e das mulheres aspira por instrução superior. A confiança e a habilidade elevadas entre as mulheres da Arábia Saudita atualmente estão convencendo os homens do país de que uma mulher livre com inteligência e instrução é algo bom para a família e para a sociedade de modo geral.

Não há dúvida de que um fascínio pela Arábia Saudita e o progresso de suas mulheres capturou a consciência mundial. No entanto, antes de ficarmos muito fascinados com as mudanças positivas que foram feitas, é importante lembrar que a Arábia Saudita é um dos últimos lugares na Terra, hoje, onde as mulheres não são verdadeiramente livres. Por essa razão, não podemos esquecer que, ao mesmo tempo em que há progresso, há ainda muitas histórias de cortar o coração a serem contadas. As mulheres sauditas continuam totalmente subordinadas aos homens, que ficam impunes até mesmo se matarem suas esposas ou filhas. Surpreendentemente, poucas leis estão em vigor para proteger as mulheres da violência. Neste livro algumas histórias trágicas são reveladas. É por causa dessas mulheres que a princesa Sultana me disse: "Tenho mais lágrimas para chorar."

A princesa e eu conversamos muitas vezes por ano e tentamos nos encontrar pessoalmente pelo menos a cada 12 a 18 meses. Naturalmente, nossas conversas se concentram nas mazelas sofridas por mulheres em todo o mundo, mas, sobretudo, pelas sauditas. Eu esperava que surgisse alguma mudança no reino, e, atualmente, parece que a mudança está ocorrendo.

Quando a princesa Sultana e eu conversamos sobre a possibilidade de um novo volume, ela pensou por apenas um momento e, então, respondeu com entusiasmo. Ela concorda comigo que deveríamos continuar a contar essa história em sua voz e que deveríamos nos concentrar nas sauditas comuns que ainda lutam, mas que atualmente conquistam vitórias genuínas em suas vidas pessoais.

O livro também revelará os detalhes da vida atual da princesa Sultana — o que está acontecendo com seus filhos, netos, irmãos e outros parentes. Os leitores que gostam da princesa Sultana e de sua família se encantarão com essas atualizações.

Muitas jovens no mundo ainda não tiveram a alegria de conhecer essa mulher saudita singular, que mostra uma firme coragem contra as mais assombrosas disparidades: ela luta contra os homens que lutam para manter as mulheres em servidão.

Este livro não é somente para os milhões de partidários da princesa Sultana; ele também foi escrito para uma nova geração de leitores, que anseiam por conhecer uma nova geração de mulheres sauditas.

Como mencionado anteriormente, todas as histórias que você está prestes a ler são verdadeiras. As mulheres sobre as quais escrevemos demonstram imensa coragem e obtiveram notáveis conquistas.

Gostaria de agradecer pessoalmente a todos que leem meus livros e apoiam as mulheres sobre as quais escrevo.

Com saudações cordiais,
Jean Sasson

Introdução pela princesa Sultana Al Sa'ud

Sou uma princesa que nunca poderá ser rainha. Isso porque, em meu país, somente os homens e o vento são inteiramente livres. Nas atuais circunstâncias, uma mulher nunca será elevada ao mais alto posto em nossa monarquia saudita.

Mais de vinte anos se passaram desde que revelei, pela primeira vez, os segredos tenebrosos de minha terra no livro *Princesa — a real história da vida das mulheres árabes por trás de seus negros véus*. Voltei para lhes contar muito mais. Para os que já leram sobre minha vida, este livro os trará aos dias atuais. Para os que não leram os três primeiros episódios, por favor, permitam-me apresentar minha história e fornecer informações sobre o destino das mulheres nascidas na Arábia Saudita.

Contarei como é a vida para muitas mulheres na Arábia Saudita neste ano de 2014 do calendário gregoriano, e de 1435 A.H., no calendário islâmico.

Aos homens é permitido ter quatro esposas e ilimitadas concubinas. Minha mãe foi a primeira das esposas de meu pai, mas deu à luz somente um menino, a medida essencial do respeito e status de uma mulher em meu país. Em pouco tempo, meu pai se casou com outras mulheres, o que foi um sofrimento permanente para minha mãe.

Eu fui a mais nova dos 11 filhos de minha mãe — um menino e dez meninas. Embora eu seja uma princesa real e tenham me dito repetidas vezes que eu era uma criança privilegiada, essa não era a minha realidade. Uma vez que consegui compreender plenamente nossas vidas, percebi que meu status era, na realidade, muito baixo. Vivia em um palácio luxuoso, cercada de beleza e riqueza. No entanto, essas armadilhas da realeza significavam pouco, porque eu era uma criança que desejava apenas o amor de meus pais. Embora minha querida mãe me adorasse do fundo de seu coração, meu pai não atribuía valor algum às mulheres — especialmente a uma menina tão obstinada e corajosa como fui desde o momento em que pude expressar oralmente meus pensamentos. Sabia que meu pai tinha uma capacidade para amar magnífica, porque ele expressava afeição em abundância para o meu irmão, Ali. Porém, apesar de meu desejo esmagador de conseguir o amor de meu pai, nunca atingi meu objetivo.

Embora nossos quatro palácios fossem cheios de criados para satisfazer cada um de seus desejos, Ali nunca ficava satisfeito. Ele exigia que todos que lá moravam o agradassem, inclusive a mãe e os irmãos. Porém, nunca fiz o que meu irmão ordenava. Eu era a caçula das irmãs e pequena para a minha idade. Como era a bebê, fui muito mimada por minhas nove irmãs e por minha mãe, que me tratava como uma bonequinha a ser adornada com vestidos de babados. Assim, Ali não era a única criança mimada em nossa casa. Sentindo-me igual a meu irmão, eu ficava à vontade para importuná-lo todos os dias, desobedecendo-o animadamente.

Porém chegou o dia em que compreendi pela primeira vez que fora do círculo de mulheres de minha família eu não era considerada o pequeno tesouro que eles me levaram a acreditar que eu era. Uma lembrança ainda nítida hoje me aflige, muitos anos depois. Trata-se do dia em que, pela primeira vez, soube que meu pai não me amava como amava o filho. Nesse dia infeliz, ficou claro que meu irmão teria poder sobre mim, pelo menos até eu ter idade suficiente para sobrepujá-lo.

O incidente ocorreu só porque eu me recusei a dar minha maçã a Ali. Em vez de me curvar a seu desejo, comi a maçã o mais rápido que pude, fazendo com que meu irmão se consumisse em fúria. Assim que pôde falar, em meio à raiva, meu irmão gritou para Omar, nosso motorista egípcio, que se reportava apenas a nosso pai. Inesperadamente, as imensas mãos de Omar me ergueram no ar e fui levada para enfrentar a carranca de meu pai, que me encarou com verdadeira ira. Eu, uma mera mulher, havia ousado recusar um desejo expresso de meu irmão, um menino que nascera para reinar. Eu pagaria caro naquele dia por nada além de ter comido minha própria maçã. Após me esbofetear, meu pai disse a Omar que Ali era meu senhor: a Ali seriam dados todos os meus brinquedos; ele teria o poder de dizer o que eu podia ou não fazer, inclusive, quando eu poderia comer minhas refeições diárias. Como meu irmão tripudiou! Fui torturada por ele durante muitas semanas, até que ele se interessou por outras atividades.

Desse dia em diante, Ali e eu nos tornamos inimigos declarados. Embora ele tenha levado a melhor quando eu era muito pequena, à medida que fui crescendo descobri que Ali não era tão inteligente quanto sua irmãzinha e que ele cairia em qualquer mentira. Logo superei em inteligência meu irmão, e isso nunca mudou — até hoje, muitas vezes não consigo conter o desejo de ludibriar meu irmão em assuntos triviais, questões tolas que causam a meu irmão muito constrangimento, uma vez que ele carece de senso de humor; ele se tornou um homem tão arrogante e autoritário como a criança que um dia foi.

O momento mais triste de minha vida ocorreu quando minha mãe faleceu; morreu muito jovem, deixando a caçula estilhaçada sem uma mãe. Minhas irmãs mais velhas assumiram os cuidados comigo, todas prometendo à minha mãe em seu leito de morte que tomariam conta de sua pequena Sultana. Mamãe temia pela minha futura segurança, ela dizia, pois a Arábia Saudita não era um país que reagia favoravelmente a mulheres rebeldes.

Ela tinha razão em se preocupar. Tudo era dificílimo para as mulheres naquela época. Ainda que a avalanche da riqueza, oriunda do petróleo, tenha introduzido a modernização em nosso reino desértico, ainda vivíamos no século IX no que se referia à liberdade feminina. Restrições sociais e legais contra as mulheres eram abundantes. Muitas ainda viviam em *purdah*, isoladas em seus lares. Todas as mulheres tinham um tutor masculino, um homem na família cuja obrigação era regular o comportamento em cada situação da vida dela. Poucas meninas frequentavam a escola, e aquelas que o faziam eram exclusivamente de famílias ricas, e seus estudos eram restritos a áreas limitadas de pesquisa. Todas as meninas tinham de usar véu na puberdade. Muitas meninas até mesmo se casavam na puberdade ou logo em seguida. Essas jovens se casavam com quem suas famílias impusessem. A maioria delas se casava com primos de primeiro ou segundo grau, uma tradição cultural que gerava muitos problemas genéticos para as crianças descendentes dessas uniões. Às mulheres não era permitido dirigir. Quando meninas se formavam, suas famílias não permitiam que trabalhassem, mesmo que empregos apropriados estivessem disponíveis. Honestamente, tudo na vida normal era mantido distante das mulheres. Os homens dominavam pelo medo, mas também temiam o que poderia acontecer caso qualquer sinal de individualidade fosse expresso pelas mulheres. Castigos severos eram rotina até para os mais inocentes comportamentos. Caso uma menina conversasse com um menino que não fosse de sua família, o castigo poderia ser potencialmente letal. Eu experimentei pessoalmente esse verdadeiro horror quando uma grande amiga, que era tão corajosa a ponto de se encontrar com homens estrangeiros, foi executada por ordem de seu pai. Ela foi afogada na piscina da família, um método preferido naqueles dias, quando os pais podiam assassinar filhas desobedientes. Sem dúvida, por esse abominável feito ele recebeu cumprimentos de todos. Outra amiga foi obrigada a casar-se com um homem bem mais velho em uma aldeia pequena pelo mesmo ato de rebeldia juvenil.

Porém, à medida que eu amadurecia e entrava na puberdade, havia sinais das mudanças que estavam por vir. Fui a primeira em minha família a ter permissão para conhecer meu marido antes de nos casarmos. Apesar de ser vigiada de perto pelas mulheres de ambas as famílias, a ocasião de nosso encontro foi um triunfo surpreendente. Talvez isso tenha sido um sinal indicador de mudanças positivas, pois, durante esse mesmo período, mais meninas conquistaram acesso à faculdade — uma decisão astuta reforçada pelos homens de minha própria família real. Não foi uma surpresa que a cruzada para promover a instrução feminina tenha sido combatida violentamente por muitos homens no reino, uma campanha liderada pelos clérigos e radicais religiosos. Esses homens exigiam que o papel da mulher permanecesse na Idade das Trevas. Inesperadamente, o calor do deserto saudita não mais se originava do sol, mas dos confrontos abrasadores de ideias com relação às visões antagônicas sobre a vida das mulheres.

Fico satisfeita de ter sido uma centelha nesse fogo.

A educação tornou-se o estímulo no qual as mulheres projetaram suas ambições. Com instrução, novas ideias estimulam o cérebro feminino. Observei que, à medida que as mulheres sauditas se instruem, os homens sauditas também se tornam mais esclarecidos sobre a contribuição que essas mulheres podem trazer à vida saudita, tanto a privada quanto a pública. A instrução beneficia a todos, pois, uma vez que as mulheres tenham voz que possa ser ouvida por seus homens, elas lutam corajosamente por suas filhas. Embora as mudanças tenham sido dolorosamente graduais, uma vez iniciadas, moveram-se consistentemente em uma direção positiva.

Durante esses anos de luta, tornei-me mãe de três crianças — um menino e duas meninas. Por ser mãe de meninas, lutei ainda mais ativamente pelas questões humanitárias que afetavam as filhas de todos os cidadãos sauditas. Acredito que se nossas filhas estiverem infelizes, nossos filhos também sentirão o vento da infelicidade nas próprias vidas. Novos ganhos sociais e culturais para as mulheres são igualmente benéficos para os homens da Arábia Saudita.

Há vinte anos dei um passo perigoso e colaborei com uma amiga escritora americana, Jean Sasson, para que minha história, e a de outras mulheres em meu país, pudesse ser revelada para o mundo. Dois outros livros foram publicados em seguida. Era a primeira vez que uma mulher da família real ousara se expressar para alertar o mundo sobre o fato de que liberdade pessoal estava sendo negada a uma princesa. Ao publicar esses livros, fiz um movimento corajoso, mudando minha vida e a de muitas outras mulheres. Minha história foi um best-seller em vários países, e eu soube que minha luta contra a discriminação significou muito para mulheres de quase todas as nacionalidades e religiões. Aprendi que milhares de jovens mulheres adotaram a luta, inspiradas por minha história. Por isso estou feliz, apesar de ter sofrido muito por minha audácia, frustrando minhas irmãs, provocando meu marido e enraivecendo meu pai e meu irmão. No entanto, não me arrependo, pois sou uma mulher que não ficará intimidada a me silenciar. Permaneço orgulhosa de que os três livros escritos sobre minha vida revelem os pontos positivos e negativos de meu povo e de minha terra, que amo muito.

Acredito no diálogo aberto e sei que sem instrução, conhecimento e o direito de cada cidadão de viver com dignidade nenhum país pode progredir. Porém, mesmo enquanto pronuncio essas palavras, devo admitir uma verdade dolorosa: embora alguma mudança tenha chegado ao meu povo e meu país, muitos desafios ainda estão por ser enfrentados.

Portanto, quais reformas de gênero ocorreram na Arábia Saudita desde o tempo em que a jovem menina decidida que fui começou a combater corajosamente o favoritismo cego para os homens e a iniquidade para as mulheres? A resposta é complexa.

Ocorreram progressos genuínos para as mulheres sauditas, sobretudo no que se refere à educação. A Embaixada real de minha família na cidade de Washington reconhece que o sistema de educação formal da Arábia Saudita passou por uma transformação surpreendente, disponibilizando instrução para todos os sauditas que escolhessem cursar uma universidade.

Isso deixa claro que os homens de minha família elegeram a educação para todos os cidadãos árabes como objetivo principal. Nada mudou tanto a face de meu país, e as mulheres e os homens que lá vivem hoje, quanto o acesso à educação. Como outros nobres, tornei a educação minha caridade preferida e contribui com uma grande quantidade de dinheiro para ajudar na instrução de nossos jovens, assim como de jovens meninas em outras terras muçulmanas. Os únicos cidadãos sauditas que não recebem educação na Arábia Saudita são as filhas dos desinformados. Meu governo não interfere quando um pai recusa ofertas de instrução para suas filhas. Isso é algo que espero que mude nos próximos anos.

Outros fatores, tais como viagens e a internet (associada à educação), estão tornando a Arábia Saudita um lugar muito diferente do reino desértico de minha juventude. Muitos cidadãos sauditas são financeiramente independentes. Com dinheiro, grande número de sauditas viaja pelo mundo. Viajar abriu suas mentes para outros mundos, onde mulheres têm direito de viver em liberdade. O acesso à internet acelerou o ritmo da mudança. A maioria dos jovens sauditas possui computadores e iPads e outros equipamentos eletrônicos que estimulam o conhecimento por meio das notícias de muitos outros países. Com educação, viagens e acesso à internet, os jovens da Arábia Saudita percebem que seu país e liberdade pessoal estão em perigo por causa de homens que desejam que as mulheres permaneçam escravas.

Apesar desses pontos positivos, devo confessar com tristeza que, mesmo após anos de trabalho árduo para proporcionar mudanças na vida das mulheres na Arábia Saudita, o resultado é instável e imprevisível. Nenhuma regra está claramente estabelecida com relação às mulheres. Todas as decisões relativas ao comportamento feminino ainda permanecem nas mãos dos homens que governam uma família. Se os homens na família da mulher forem instruídos e sensatos, elas têm a oportunidade de serem felizes. Se os homens na família da mulher forem desinformados e cruéis, elas sofrem, devido à ignorância masculina.

Na minha infância, a vida era usualmente brutal para todas as mulheres da Arábia Saudita. Atualmente, já adulta, *algumas* mulheres se beneficiaram com as mudanças — mas a qualidade de vida para uma mulher na Arábia Saudita ainda depende dos homens, que têm o poder de lhe negar a liberdade.

Minhas amigas, eis o que é a vida das sauditas no século XXI:

- Vivo em um país onde conheço uma mulher que se graduou em primeiro lugar em sua sala e é uma médica respeitada.
- Vivo em um país onde conheço uma criança cuja mãe não teve direito à custódia legal após o divórcio, embora a criança fosse ainda um bebê. Essa menininha foi brutalmente estuprada até a morte pelo pai, um clérigo muçulmano saudita.
- Vivo em um país onde conheço uma mulher que administra com êxito o próprio negócio e que está causando estragos para seus concorrentes masculinos em negócios semelhantes.
- Vivo em um país onde um clérigo decidiu que uma menina de 10 anos de idade, que sofre de abuso sexual diariamente, pelo marido de 35 anos, deve permanecer nesse casamento. Os clérigos determinaram que seria injusto tirar a oportunidade de casamento de qualquer menina.
- Vivo em um país onde a maioria das meninas está sendo instruída e leva sua educação com muita seriedade.
- Vivo em um país onde somente 15% da mão de obra é de mulheres, porque a maioria dos pais ou maridos ainda insiste que o único lugar ao qual a mulher pertence é o lar, mesmo que ela tenha instrução superior e deseje trabalhar.

- Vivo em um país onde mulheres ainda não têm permissão para dirigir carros.
- Vivo em um país onde clérigos determinaram que uma mulher deve ser chicoteada por ousar levar seu filho à escola de carro.
- Vivo em um país onde mulheres ainda precisam da permissão de um tutor para trabalhar ou viajar e onde a revolta feminina ainda pode custar a vida de uma mulher.
- Vivo em um país onde algumas mulheres desafiam os homens que as dominam, e mesmo assim os homens de suas famílias *não* exigiram a morte delas.
- Vivo em um país onde a maioria das mulheres obedece à mãe e ao pai com relação à escolha do homem com quem se casará. Embora se diga que as mulheres têm direito a dizer não, poucas o fazem, pois acham que tal desobediência causará desonra aos seus pais.
- Vivo em um país onde as mulheres podem chegar a cargos altos em suas carreiras e onde muitas mulheres vivem casamentos felizes.
- Vivo em um país onde muitas mulheres vivem infelizes e confinadas em suas casas, impossibilitadas de tomar as decisões pessoais mais simples, como o direito de levar com elas os filhos e deixar os maridos, seja por infelicidade pessoal ou abuso brutal.
- Vivo em um país onde qualquer homem é livre para abusar emocionalmente, bater ou até mesmo matar as mulheres de sua família sem enfrentar condenação pública ou punição legal.
- Vivo em um país onde a maioria dos homens e mulheres olha com censura e reprovação para tal comportamento.
- Vivo em um país governado por um rei que chegou à maturidade em uma época em que os sentimentos e os direitos das mulheres nunca eram considerados, mas esse rei, Abdullah, fez da causa das mulheres uma prioridade máxima.

São necessárias maiores reformas urgentemente, pois nada é previsível quando se trata da vida das mulheres na Arábia Saudita. E, portanto, atualmente, pressionamos para o tipo de mudança que traga garantias: precisamos tornar ilegal um homem abusar de qualquer mulher. Devemos pressionar pelo tipo de mudança que dê a uma mulher adulta o direito de fazer suas escolhas pessoais.

Felizmente, não estou mais sozinha em minha busca para levar mudanças ao meu país. Há muitas mulheres sauditas que pressionam por transformações positivas. Os membros de minha família conhecem algumas delas. Acredito que o mundo fosse gostar de conhecer suas histórias extraordinárias. Por essa razão, mais uma vez eu me aventuro para além de minha zona de conforto para contar ao mundo a verdade sobre a Arábia Saudita. Desejo contar tudo que está acontecendo em minha terra.

Neste livro revelarei mudanças em minha vida pessoal. Há muito a contar sobre os membros de minha família, as vidas de meus filhos e netos, irmãs, sobrinhas e sobrinhos. Devido à sua personalidade irritante, há ainda histórias surpreendentes a serem compartilhadas sobre meu irmão, Ali. Meu pai ainda está com vida, mas envelheceu precariamente. Infelizmente, ele ainda acredita que homens devem governar e mulheres devem se submeter, obedientemente.

No entanto, nada é mais importante do que conhecer a vida de mulheres corajosas. Acredito que os leitores desejem conhecer o que está acontecendo com as mulheres sauditas comuns, as que não têm as oportunidades propiciadas pela riqueza. Elas enfrentam muitos desafios desconhecidos pelas mulheres da realeza, e é por essa razão que as respeito com a mais alta consideração.

Escolhi dez mulheres entre muitas cuja história mereceria ser contada. As mulheres sauditas que serão conhecidas nas páginas seguintes são reais — pessoas corajosas que constroem um caminho que abrirá um mundo novo para todos na Arábia Saudita.

Embora esses anos de minha vida tenham passado muito rapidamente, mudanças positivas na vida das mulheres de meu país moveram-se muito vagarosamente. Contudo, agradeço a Deus por ter vivido para ver o dia em que um grande número de mulheres sauditas tem a oportunidade de realizar seus sonhos. Agradeço também a Deus por me encontrar em uma situação privilegiada para poder contar sobre essas mulheres notáveis.

Entrementes, as mulheres da Arábia Saudita — sejam membros da família real ou não — estão lutando contra 2 mil anos de história. Nossa única esperança é pressionarmos juntas. Estamos pedindo sua ajuda. Que Deus possa guiar sua mão na nossa direção. Se todas as mulheres forem abençoadas por Deus, talvez um dia *haverá* uma rainha da Arábia Saudita.

Com votos sinceros para todos que tão gentilmente se preocupam comigo, e outras mulheres na Arábia Saudita,

Princesa Sultana Al Sa'ud

Lista de Personagens

A família real Al Sa'ud

Rei Abdul Aziz — *Primeiro rei da Arábia Saudita e avô da princesa Sultana*

Rei Fahd (falecido) — *Primeiro rei da Arábia Saudita e tio da princesa Sultana*

Rei Khalid — *Quarto rei da Arábia Saudita e tio da princesa Sultana*

Príncipe Abdul Aziz bin Fahd — *Filho mais novo do rei Fahd e da princesa Jawhara, primo da princesa Sultana*

Príncipe Abdullah — *Filho mais velho e único menino do príncipe Kareem e da princesa Sultana*

Princesa Aisha — *Prima da princesa Maha e da princesa Amani*

Príncipe Ali — *Irmão direto da princesa Sultana*

Príncipe Assad — *Marido da princesa Sara, irmão do príncipe Kareem*

Príncipe Hadi (falecido) — *Marido da princesa Munira*

Príncipe Kareem — *Marido da princesa Sultana*

Príncipe Mohammed	*Sobrinho da princesa Sultana, filho de sua irmã falecida princesa Reema*
Príncipe Salman	*Sobrinho da princesa Sultana, filho de seu irmão, príncipe Ali*
Princesa Amani	*Filha mais nova do príncipe Kareem e da princesa Sultana*
Princesa Dunia	*Irmã da princesa Sultana*
Princesa Haifa	*Irmã da princesa Sultana*
Princesa Jawhara	*Esposa favorita do rei Fahd*
Princesa Maha	*Filha mais velha do príncipe Kareem e da princesa Sultana*
Princesa Medina	*Sobrinha da princesa Sultana, filha do príncipe Ali*
Princesa Munira	*Sobrinha da princesa Sultana, filha do príncipe Ali*
Princesa Nashwa	*Filha do príncipe Assad e da princesa Sara*
Princesa Nora bint Abdul Rahman (falecida)	*Irmã do avô da princesa Sultana, rei Abdul Aziz*
Princesa Nura (falecida)	*Irmã mais velha da princesa Sultana*
Princesa Rana	*Sobrinha da princesa Sultana, filha da princesa Nura*
Princesa Sara	*Irmã da princesa Sultana*
Princesa Sita	*Cunhada da princesa Sultana*
Princesa Tahani	*Irmã da princesa Sultana*
Princesa Zain	*Nora da princesa Sultana, esposa do príncipe Abdullah*
Pequena Sultana	*Primeira neta da princesa Sultana, filha de seu filho Abdullah*
Pequeno príncipe Faisal	*Segundo neto da princesa Sultana, filho de seu filho Abdullah*
Pequeno príncipe Khalid	*Terceiro neto da princesa Sultana (segundo neto homem), filho de sua filha Amani*

Outros personagens notáveis

Xeique Abdul Aziz bin Baz (falecido)	*Clérigo saudita, antigamente o Grande Chefe religioso muçulmano da Arábia Saudita, e clérigo favorito da princesa Amani*
Batara	*Motorista indonésio da princesa Sultana*
Laila	*Jovem saudita que evitou um casamento precoce ao receber ajuda de seu irmão para abrir e administrar seu próprio salão de beleza, algo muito difícil para uma mulher na Arábia Saudita*
Fatima	*Esposa saudita abusada sexualmente e mãe de gêmeas*
Dra. Meena	*Uma mulher saudita e médica muito respeitada, de origem pobre*
Nadia	*Uma jovem saudita assistente social*
Noor	*Mulher beduína envolvida em um caso de abuso doméstico*
Sabeen	*Empregada doméstica indonésia da princesa Sultana*
Faria	*Uma jovem saudita vítima de mutilação genital*
Shada	*Uma jovem acusada de ser uma bruxa*
Dalal	*Uma menina de 13 anos de idade que sofreu abuso sexual e morreu nas mãos do pai*
Amal (falecida)	*Uma menina de 5 anos de idade que foi estuprada e assassinada pelo próprio pai*

Capítulo 1

Por amor às filhas

"Amani! Você só consegue chegar aonde suas pernas alcançarem!", gritou Maha, minha filha mais velha. Para realçar seu desdém, ela ainda urrou, enquanto virava para se afastar da irmã: "E nem um passo além!"

Tremi de medo. Onde, e com quem, minha linda filha aprendera a lamentar como uma possuída? Nos últimos sete anos, Maha havia adotado a Europa como sua terra, e eu passara muitas noites ansiosa e preocupada com a nova vida de minha mais corajosa filha em terras alheias. Seria esse uivo uma indicação de que ela estava vivendo uma vida psicótica a milhares de quilômetros de sua mãe?

Eu tinha pouco tempo para refletir sobre o estranho uivo de Maha. Amani, minha segunda e mais jovem filha, entrou em ação, seu rosto roxo de raiva quando saltou como uma gazela do deserto na direção da irmã mais velha. Se eu não estivesse presente, minhas duas filhas adultas teriam, certamente, trocado bofetadas, possivelmente, caindo ao chão para uma luta corpo a corpo, como ocorreu uma vez quando crianças.

Agarrei Maha pelo braço e a puxei com todas as minhas forças. Ela caiu sobre mim, e Amani tropeçou e colidiu com Kareem, meu marido, que entrara na sala de estar em busca da explosão de gritos femininos.

Meu querido marido é um dos pais que por mais tempo sofreu no mundo árabe: antes da visita de Maha, ele tinha anunciado que não toleraria mais Maha e Amani se comportando como crianças. Afinal, Amani já era uma mulher casada e mãe. Nossa filha mais nova, normalmente, vivia tranquila, declarando-se feliz em seu casamento e no papel de mãe de um menininho.

A vida de Maha era muito oposta: vivendo como solteira em uma das maiores cidades da Europa, ela trabalhava como executiva em um dos negócios do pai, desfrutando de uma vida social normal com as amigas. Repetidas vezes Maha demonstrou sua habilidade para administrar facilmente a maioria das situações dos adultos.

Kareem rapidamente fitou-me, sem acreditar no que acontecia, antes de elevar a voz para gritar, para que fosse ouvido em meio ao protesto de Amani e aos gritos furiosos produzidos por Maha. "Isso vai acabar! Agora!", Kareem ordenou.

Embora ignorassem frequentemente as demandas da mãe, minhas filhas raramente deixavam de responder apropriadamente às ordens do pai. Senti-me a espectadora de um milagre quando os gritos e insultos delas instantaneamente silenciaram.

Nesse momento, minha irmã Sara entrou silenciosamente na sala. Ela havia chegado mais cedo para a festa familiar planejada para celebrar a visita de Maha. A expressão de Sara era, como sempre, elegantemente controlada, mas seus grandes olhos escuros ficaram significativamente maiores ao observarem que sua irmã e o cunhado transpiravam muito enquanto agarravam com força a filha adulta.

Sara olhou com atenção para a cena estranha por alguns momentos antes de seus lábios se abrirem em um sorriso. "Minhas sobrinhas queridas, as brigas ainda provocam tal encanto em vocês, mesmo depois de dois ossos e um dente quebrados?"

Sara estava relembrando a mais violenta das batalhas de minhas filhas, após Amani ter estupidamente esticado um arame fino pelo saguão que conduzia a uma sala especial para conter gatinhos recém-nascidos. Amani acreditava obcecadamente que seus gatinhos eram tão preciosos que alguém poderia tentar roubar os animais e vendê-los na feira árabe ao ar livre.

Por ironia do destino, Maha havia sido a vítima involuntária ao correr inocentemente pelo saguão. Ao tropeçar no arame, a queda violenta de Maha resultou em dois pulsos quebrados, uma vez que esticara as mãos para apoiar todo o seu peso. Ao ouvir o barulho, a jovem Amani correra para descobrir a identidade do ladrão de gatinhos e encontrou sua irmã se contorcendo em dor. Amani, não percebendo que Maha estava sofrendo de verdade, acusou furiosamente a irmã de planejar roubar todos os gatinhos apenas para livrar nossa casa de oito animais de estimação.

Quando Amani era adolescente, nossa família viajou a Meca para a peregrinação. Durante o evento religioso, a fé de Amani foi transformada; outrora uma menina cuja fé estava adormecida; agora surgia uma jovem mulher que desejava adotar todos os aspectos de nossa fé islâmica com preocupante intensidade. Desde essa experiência religiosa que tinha mudado sua vida Amani criara o hábito infeliz de lançar uma sombra de dúvidas no comportamento de todos, muitas vezes acusando pessoas próximas de atos imorais ou criminosos.

Quando Amani tentou olhar por debaixo do corpo de Maha para se certificar de que não havia nenhum gatinho escondido lá, uma Maha raivosa deu uma cotovelada no rosto da irmã, quebrando-lhe um dente.

Embora o acontecimento não tivesse sido divertido naquele momento — uma vez que eu e Kareem tivemos de explicar para nosso médico de família a natureza constrangedora dos machucados de nossas filhas —, o comentário de Sara e sua natureza tranquila foram o antídoto perfeito contra a raiva. Kareem e eu trocamos olhares e rimos alto ao lembrarmos daquele momento longínquo quando o comportamento de nossas filhas, muitas vezes, se assemelhava à caça e ao confronto de animais selvagens soltos em nossa casa.

Amani, mal-humorada, não aprovou nossa risada. Ela se afastou do pai, limpando o corpete do vestido com as mãos como se nada muito preocupante além de um tombo houvesse acontecido. Em seguida, cumprimentou sua tia Sara com uma troca de beijos rotineira, mudando o assunto ao perguntar sobre a neta de Sara que estava adoentada, cuja pequena vida havia sido recentemente ameaçada por um episódio sério de coqueluche. Maha, triunfante como uma guerreira vitoriosa, soltou-se com força de sua mãe e tocou o ombro da tia favorita com um gesto de afeição antes de se retirar para servir uma bebida gelada feita de limões frescos espremidos. Ela e Amani, então, escolheram deliberadamente ocupar lados opostos da sala, representando o papel perfeito de estranhas uma para a outra.

Amo minhas duas filhas tanto quanto qualquer mãe pode amar seus filhos, mas, mesmo adultas, elas continuam testando minha paciência. Anos atrás, apeguei-me à esperança de que a maioridade traria maturidade, mas, infelizmente, estava enganada. Olhando para minhas filhas, vi que ambas mostravam uma arrogante expressão de satisfação. Contive um desejo muito forte de esbofeteá-las.

Mesmo durante conversas corriqueiras com Sara e Kareem, eu questionava nossa vida, perguntando-me por que duas irmãs dos mesmos pais não poderiam encontrar algo em que concordassem. Desde a adolescência, nossas filhas se confrontavam sobre cada aspecto de nossa vida saudita.

Maha nasceu forte e independente, e desde jovem dedicou vigilante atenção às restrições culturais e sociais impostas às mulheres sauditas. Ao longo dos anos, sua raiva foi aumentando em relação às injustiças dos costumes sociais de nosso país referentes ao gênero feminino; cresceu odiando cada restrição e, muitas vezes, expressando sua determinação de pôr cada uma delas à prova. Amani adotou as crenças mais conservadoras e tradicionais de nossa terra, desde que fossem direcionadas às mulheres. Havia momentos em que me parecia que Amani acreditava que as algemas que confinavam as mulheres não eram apertadas o suficiente.

Ao longo do tempo, cheguei à triste conclusão de que as mulheres na Arábia Saudita estariam em melhores mãos sendo governadas pelos clérigos misóginos do que por uma mulher conservadora como minha própria filha. Foram muitas as vezes em que questionei minhas habilidades como mãe, me perguntando onde havia errado com minha outrora doce e obediente Amani.

Após anos de episódios e incidentes traumáticos, a tranquilidade chegou ao nosso lar apenas quando Maha convenceu a nós, seus pais, de que nunca conheceria a verdadeira felicidade enquanto fosse forçada a viver na Arábia Saudita. Kareem e eu ficamos realmente preocupados que ela, de fato, colocasse à prova, propositalmente, cada severa lei social e tribal relacionada às mulheres se obrigada a residir no reino. Nossa Maha é uma menina corajosa — destemida e persistente no que diz respeito à autoridade. Talvez cometesse um ato considerado tão sério culturalmente que provocasse um coro de desaprovação pública seguido de um clamor por nosso tio, o rei, para fazer de nossa filha um exemplo.

Após muitas conversas longas, Kareem e eu providenciamos que Maha entrasse para uma universidade na Europa. Felizmente, a personalidade agressiva de nossa filha se abrandou consideravelmente após sua mudança. Ela estava tão contente na Europa que, tempos mais tarde, aceitamos que nossa filha iria construir seu lar longe do nosso reino desértico. Desde então, Maha fez poucas viagens à Arábia Saudita, embora nós a visitássemos frequentemente.

Ao contrário da irmã, Amani apreciava a vida feminina na Arábia Saudita, muitas vezes declarando que não havia país tão bom para as mulheres como nossa terra. Ela acreditava de todo o coração estar protegida dos vícios do mundo, em vez de proibida de fazer escolhas pessoais sem a opinião de seu pai, que era, e ainda é, seu tutor masculino. Antes de arranjarmos o casamento de Amani, Kareem exigiu a condição de que ele, o pai, permanecesse como seu tutor. Meu marido não suportava a ideia de homem algum ter tal poder sobre sua filha. De acordo com esses documentos legais, após a morte de Kareem, o filho mais velho de Amani assumiria como seu tutor, fosse qual fosse a idade dele no momento da morte do avô. Então, poderia acontecer de uma criança ser nomeada tutora de Amani. Para mim, esse é um conceito ridículo, contra o qual eu acredito que as mulheres deveriam lutar com todas as forças, mas minha filha alega que não teria nenhum rancor caso chegasse o dia em que ela fosse uma mulher adulta controlada por um tutor que é seu filho!

Poucas pessoas fora do reino compreendem que cada mulher saudita nasce no sistema mais rígido dominado pelos homens, no qual um homem será seu tutor. Esse é o caso até mesmo no ano 2014 (1435 A.H. no calendário islâmico). O tutor masculino nomeado tem total controle sobre a mulher, desde seu primeiro dia de nascimento até o último segundo de sua vida. Embora as obrigações de um tutor não estejam especificadas nas leis sauditas, os direitos do tutor de dominar poderiam estar entalhados na pedra. As cortes sauditas reconhecem a obediência ao tutor como lei, mesmo que a mulher seja adulta. Uma mulher precisa da autorização de seu tutor antes de entrar na escola, se casar, divorciar, abrir uma conta bancária, procurar emprego ou até se submeter a uma cirurgia. Conheci pessoalmente quatro situações nas quais uma saudita morreu porque seu tutor estava viajando e, portanto, não pôde fornecer a permissão para uma cirurgia de emergência.

Nenhuma mulher na Arábia Saudita consegue escapar do manto do tutor, embrulhado firmemente em torno do corpo dela como um vício, mantendo-a prisioneira permanente de cada desejo dele. O tutor masculino é seu rei pessoal, sempre presente para decidir cada aspecto de sua vida. Tal tutor pode concluir que a mulher manchou a honra familiar e deverá ser condenada à morte, caso ele assim decida. Não há ninguém no país que possa intervir, nem mesmo a polícia ou os membros da segurança do governo. Estou dizendo a verdade. Admito que, nos dias de hoje, seja raro um tutor determinar que sua esposa ou filha seja condenada à morte, mas, caso ele decida fazê-lo, ela morrerá. É assim a vida de uma mulher saudita vivendo sob o controle de um tutor. Na realidade, vários casos foram noticiados na mídia internacional recentemente, embora outros continuem não relatados. Crimes horrendos de assassinatos serão revelados em um capítulo adiante.

Até eu, capaz de cuidar de mim mesma, nunca vivi um dia sem um tutor. Meu pai foi meu tutor até eu me casar com Kareem. Para mim, meu pai foi um tutor muito cruel, embora eu esteja viva hoje porque ele nunca considerou me matar quando o envergonhei e decepcionei. Na época de nosso casamento, Kareem aceitou o manto de tutela da filha mais nova de meu pai. Caso meu marido faleça antes de mim, meu filho Abdullah será meu tutor.

É bem verdade que tenho uma situação mais segura do que a da maioria das mulheres sauditas, uma vez que meu marido e eu nos amamos verdadeiramente. Muitas foram as vezes em que meu marido declarou que não desejaria viver se eu morresse, logo, sempre concluí que ele nunca me mataria. Os sentimentos afetuosos de Kareem por mim me dão enorme poder e uma sensação de segurança. Então, após deixar a casa de minha família, a tutela passou a ser um dilema pessoal insignificante para mim.

De fato, meu marido falou de forma carinhosa sobre a tutela no início de nosso casamento. Lembro-me desse dia como se tivesse acontecido há apenas algumas semanas. Meu lindo marido jurou sobre nosso mais sagrado livro, o Alcorão, dizendo: "Sultana, somos tutores em confiança. Eu sou seu tutor. Você é minha tutora. Recorreremos um ao outro em caso de necessidade em qualquer problema de nossa vida."

Apenas uma vez Kareem quebrou nossa promessa, e essa vez foi quando ele tentou tolamente me forçar a aceitar uma segunda esposa. Esse plano não teve êxito para meu marido. Os que me conhecem pessoalmente, ou que leram minha história, sabem que eu fui a vencedora nesse conflito matrimonial. Isso, acredito, seja porque estou disposta a morrer se estiver convicta o suficiente com relação a uma situação, enquanto meu marido protege atentamente a própria vida, assim como a minha.

Porém, naquele momento, eu tinha mais problemas do que a tutela para combater, pois ouvia Maha continuar a falar em voz baixa, insultando a educação saudita de Amani.

Eu estava feliz por Amani ter tido uma instrução universitária. Na realidade, durante os anos de ensino médio, Amani expressara pouco desejo de entrar para uma universidade, insistindo que uma boa mulher muçulmana não precisava de nada além de marido e filhos. Fiquei muito abalada com a resolução de minha filha de não querer completar sua educação. Kareem lidou com a situação sensatamente, ao chamar a atenção para as etapas importantes pelas quais ela ainda teria de passar, o que incluía uma educação universitária. O assunto de um marido somente seria levantado caso Amani completasse sua graduação.

Após conversar com autoridades religiosas, Amani ficou satisfeita em saber que a educação não era incompatível com nossa fé islâmica. Tranquilizada, portanto, ela se matriculou na Faculdade de Artes e Humanidades, no Departamento de Línguas e Literatura Árabe da Universidade para Mulheres de Riade, mais tarde renomeada Universidade Princesa Nora bint Abdul Rahman, em homenagem à irmã mais amada de nosso avô, o primeiro rei, Abdul Aziz Al Sa'ud. Para nossa surpresa e júbilo parental, Amani optou naturalmente para atividades extracurriculares, admitindo que apreciava as aulas no Departamento de Línguas e Literatura Árabe. Ela tirou notas altas em todas as disciplinas e se graduou após quatro anos de estudo.

Sonhava em ver Armani tornando-se professora de literatura para outras meninas, uma vez que ela se mostrava muito apaixonada pelo que estudava, mas logo me vi lamentando com tristeza quando Amani anunciou que nunca trabalharia. Havia muitas possibilidades de conhecer homens de fora de sua família para arriscar entrar no mundo da mulher trabalhadora. Ela nunca falaria ou trabalharia com qualquer homem que não fosse seu marido, pai, irmão, filho ou outro parente de sangue masculino próximo ou da família. Amani alegava que sua aprendizagem havia sido completa de forma que ela pudesse representar melhor sua religião, fé e valores islâmicos e, também, muito importante, para ser uma mãe melhor para seus filhos.

Kareem disse para eu não me opor: "Sultana, não se esqueça de que 58% dos universitários na Arábia Saudita são mulheres; apesar disso, somente 14% dessas moças conseguem um emprego. É justo também que Amani não ocupe um cargo que outra moça saudita precise verdadeiramente."

Fiz uma careta para suas palavras, mas não pude negar que Kareem dissera uma verdade lastimável. Embora Amani nunca fosse necessitar de um salário para suprir as necessidades da vida, nosso país está repleto de moças instruídas que anseiam por empregos providenciais. Claro que estou contente por ser permitido a tantas moças sauditas ingressarem na faculdade, o que nem sempre foi o caso em meu país.

Mesmo assim, para as mulheres da Arábia Saudita, assim que um obstáculo é superado, outro aparece. Ao mesmo tempo em que a educação das mulheres está sendo aceita pela maioria dos homens, muitos pais recusam a ideia de suas filhas trabalharem; eles querem garantir que os homens que não são membros da família não tenham acesso físico às suas filhas. Além disso, muitos maridos recusam a permissão para suas esposas trabalharem, embora muitos prometam o contrário durante o período de noivado. Ademais, muitas empresas não gostam de mulheres trabalhando em suas instalações, pois temem que a convivência entre homens e mulheres crie problemas com o sistema religioso. Tais homens de cara zangada afirmam que as mulheres e o demônio caminham de mãos dadas quando elas se misturam com homens estranhos a elas. Lamentável para as pobres mulheres sauditas que querem usar sua inteligência e instrução para trabalhar na profissão escolhida, pois há muitas barreiras no caminho.

Faltando poucos meses para a graduação na faculdade, Amani nos pressionava para arranjarmos um casamento com um primo apropriado da realeza. Ela não mencionava o nome de ninguém especificamente; pedia apenas que ele fosse um homem originário de uma boa e conhecida família real, de bom caráter e religioso. Recusou com firmeza a oportunidade de ver uma fotografia de seu futuro noivo, tão caridosamente fornecida pela irmã dele Amani se enfurecia quando o irmão Abdullah a provocava com alusões ao fato de que seu primo implorava para ver o rosto de sua futura noiva e que ele, Abdullah, deveria aliviar a ansiedade do rapaz mostrando uma fotografia de Amani. Ela ficava tão perturbada que implorava em prantos ao pai que interviesse, e ele o fez, proibindo nosso filho de importunar a irmã com esse assunto.

Abdullah é uma alma alegre que provoca implacavelmente as irmãs, mas somente Maha mostra um eventual sinal de humor às suas travessuras. Se ao menos minhas duas filhas compartilhassem a personalidade divertida e extrovertida de meu filho, eu seria uma mãe cheia de alegria. Kareem também reconhece que nosso filho é uma pessoa fácil de se lidar e, muitas vezes, disse para mim. "Sultana, Deus escolhe desafiar nossa tolerância com Amani e Maha."

Nas vezes em que ficou pessoalmente decepcionado comigo por uma coisa ou outra, ele sentia grande prazer em complementar com um insulto: "Minhas filhas herdaram da mãe a propensão a gerar tumulto." Certamente, ambas chegaram a esta terra pré-programadas com as mais exaustivas das disposições.

Porém, tendo uma personalidade oposta à da sua mãe e irmã, Amani aprecia tudo que tem a ver com ser uma mulher dominada pelos homens. Ela também é uma mensageira da obediência rígida a tudo que é religioso. Desde a adolescência ela usa o véu negro completo com enorme satisfação, acreditando ser imoral para qualquer mulher expor o rosto em público. Ela ainda cobre as delicadas mãos com luvas pretas e os pés e as pernas com grossas meias pretas, apesar do sufocante calor no reino — na realidade, mesmo quando visitamos Jidá, a cidade portuária conhecida por sua umidade altíssima.

Sempre disse que tal traje é extremamente perigoso no calor da Arábia Saudita, e minhas preocupações se comprovaram quando

Amani nos visitou, em gravidez avançada, em nossa casa em Jidá. Como não estava familiarizada com alguns de nossos empregados masculinos recém-contratados, ela tendia a usar o véu pesado desde que acordava até dormir. Minha pobre filha temia que um deles pudesse captar um vislumbre de sua face descoberta, embora esses homens fossem confiáveis e estivessem acostumados a estar próximos de mulheres em nossas casas.

Uma manhã, ela desceu as escadas vestida com véu completo, aborrecendo a mim e até surpreendendo sua tia Sara, que geralmente aceitava o comportamento contrastante de minhas duas filhas com um sorriso. Comecei a vociferar meus pensamentos, dizendo que considerava ridículo que Amani se cobrisse totalmente quando estava em casa. Além disso, eu gosto de conversar com alguém que posso ver e, mais especialmente, tenho satisfação em olhar para o rosto de meus filhos. Nesse momento, Sara me dirigiu um olhar de advertência e mordi o lábio, perguntando: "Você gostaria de um suco gelado, minha querida?"

Amani passou correndo por mim, dizendo: "Não, mamãe, prefiro um passeio no jardim." Uma de nossas empregadas indonésias abriu a pesada porta de vidro e madeira para que Amani pudesse entrar no jardim especial de mulheres que Kareem havia tão cuidadosamente projetado para as mulheres de nossa família. O jardim é surpreendentemente grande e salpicado de inúmeras e enormes plantas e muitas samambaias; o efeito tinha o propósito de ser algo semelhante a uma floresta tropical. Excessivamente protetora da gravidez de minha filha, gritei: "Não se perca no meio de todas essas plantas, querida Amani." Minha filha não respondeu.

Logo eu e Sara nos distraímos com um jogo de *komkom*; trata-se de um jogo divertido que muitas vezes jogamos em Jidá porque, para jogá-lo, são necessárias conchas que as crianças podem ocasionalmente encontrar no litoral do Mar Vermelho. Dois dos oito netos de Sara jogavam conosco. Era divertido assistir às crianças atirando as conchas no chão e eu esqueci do tempo momentaneamente. Quando Abdullah entrou na sala de estar e perguntou por Amani, repentinamente percebi que ela estivera no jardim por aproximadamente uma hora.

Fiquei de pé e lancei-me porta afora na direção do jardim, chamando por minha filha. Gritei de maneira amedrontadora quando vi seu corpo esparramado no chão, o tecido negro de sua túnica preta drapejada sobre uma pequena samambaia, esvoaçando na brisa do mar.

"Amani!", gritei.

Rapidamente, Abdullah veio atrás de mim, assim como vários de nossos motoristas, que ouviram meu grito e vieram correndo na direção do jardim, normalmente proibido para eles.

Por um momento, pensei que minha querida filha estivesse morta; enfim, sufocada até a morte por todo aquele tecido preto pesado, suas meias e luvas pretas. A vestimenta de Amani, provavelmente, pesava mais do que ela mesma, pois sempre fora delicada em tamanho. Embora estivesse grávida, pesava somente 40kg.

Abdullah e um dos motoristas ergueram Amani e a carregaram para dentro da casa refrigerada. Enquanto se esforçava para segurá-la com cuidado, pois estava visivelmente grávida, seu véu acidentalmente foi puxado de sua face e a longa saia preta ficou suspensa acima da cintura.

Naquele momento, não me importei, embora as meias pretas de Amani somente chegassem até os joelhos, o que deixava as coxas brancas visíveis a todos.

Minha filha foi colocada no maior dos cinco sofás na área de estar e comecei a retirar a pesada cobertura preta. Ao retirar o véu, prendi a respiração ao ver sua face, a qual estava vermelha-escura, quase roxa na aparência, os olhos revirados, expondo os brancos, uma visão das mais alarmantes.

A essa altura um dos criados já havia localizado Kareem em seu escritório, e meu marido estava ao meu lado, pedindo toalhas molhadas frias para colocar na face de Amani. Seguindo as instruções de Kareem, Abdullah dirigiu com muita velocidade para a casa do nosso médico de família, um doutor palestino muito experiente que vivia a uma pequena distância de nós. Abdullah recebera a ordem de conduzi-lo até nós para cuidar de nossa filha.

Naquele momento, achei que estivesse enlouquecendo. Amani, deitada, parecia um defunto. Kareem chamava atenção para o fato de que nossa filha estava respirando calmamente; logo, não havia necessidade alguma que eu arrancasse meus cabelos, algo que nem mesmo eu sabia que estava fazendo. Entretanto, assim que tirei as mãos da cabeça, vi que dezenas de longos fios negros estavam pendurados em meus dedos apertados.

Olhei ao redor e constatei que todas as empregadas, motoristas e jardineiras estavam comprimidos em nossa grande área de estar, mas antes de ter tido tempo para lhes dizer que saíssem, nosso médico chegou. Nunca fiquei tão feliz em ver seu rosto vermelho e corpo pequeno, gorducho, embora, no passado, ele, muitas vezes, tivesse me irritado com seu hábito de colocar as mãos para trás e andar em círculos, murmurando de forma incoerente, mergulhado em seus pensamentos.

Sempre quis saber imediatamente de cada aspecto de um problema médico de meus filhos. O médico parecia preocupado ao se apressar para examinar nossa filha, pedindo a todos que se afastassem para que ela tivesse condições de respirar. Segurei no braço de Kareem, olhando fixamente para minha filha no momento exato em que Amani abriu os olhos. Inesperadamente, ela viu o grande rosto do médico palestino observando a face dela; na mesma hora, arfou e desmaiou.

Enfim, Amani voltou a ter boa saúde. O médico nos comunicou que o problema fora o calor e disse, em voz baixa mas firme, para Amani que ela não deveria vestir tais roupas pretas pesadas no calor e na umidade de Jidá. Sabia pela sua expressão que ela nunca seguiria as ordens do médico e que eu deveria me lembrar de não viajar para Jidá durante os meses mais quentes do verão. Nossa família permaneceria em Riade, onde o ar é seco, o que torna a vida mais tolerável para mulheres cobertas com véu.

A dolorosa experiência psicológica de Amani estava longe de terminar. Ela ficou muito escandalizada quando, mais tarde, descobriu que todos os empregados em nossa casa de Jidá haviam vislumbrado parte de seu rosto descoberto e que três dos motoristas tinham até mesmo visto, de relance, partes de suas pernas. Minha filha ficou tão nervosa que o pai e eu tivemos de prometer que faríamos um rodízio entre os empregados de Jidá e Riade quando fôssemos visitar nosso palácio em Jidá. Ao retornarmos para Riade, aqueles mesmos empregados seriam enviados de volta para Jidá. Seria um carrossel de empregados somente porque Amani ficaria muito constrangida na companhia dos que tinham visto sua face e suas pernas.

Tudo que era necessário para a paz de espírito de Amani parecia ridículo para mim, mas não havia nada que eu não fizesse para diminuir o estresse de um dos meus filhos e, sobretudo, minha filha grávida. O tempo passou, e Amani deu à luz um menino.

Minhas duas filhas não se viam há mais de um ano; apesar disso, fogos de artifício irromperam entre Amani e Maha rapidamente. Na verdade, Maha chegara no reino apenas três dias antes, mas minhas duas meninas já estavam brigando sobre quase todos os aspectos da vida diária das mulheres sauditas.

Kareem saiu para se restaurar na companhia da noite, avisando a Maha: "Filha, por favor, retire-se para seu quarto e prepare-se para esta noite. Já está na hora de nossos convidados chegarem."

Sorri feliz por Kareem ter lembrado a Maha da noite divertida que estava por vir. Afinal, esperávamos um grande número de convidados para ver Maha. Desde o dia em que recebemos a notícia de que ela viria nos fazer uma visita incomum, havia sido planejada uma festa de boas-vindas para recepcioná-la. Quase toda a família organizara suas agendas ocupadas para que pudessem fazer parte da celebração.

Sara e eu passáramos muitas horas planejando a noite. Havíamos decidido servir as comidas árabes favoritas de Maha, inclusive *al-kabsa*, pasta de gergelim e frango com tomates. Kareem providenciou que uma comida separada fosse servida nos jardins dos homens, de forma que nossa filha vegetariana Amani não visse o camelo totalmente recheado com carneiros, frangos, ovos e arroz. Tínhamos receio de que nossa Amani, amante de animais, pudesse destruir tal prato se estivesse à vista. No passado, Amani descobrira um filhote de camelo cozido e fez com que fosse enterrado em nosso jardim antes de nossos convidados chegarem. Por essa razão, um grande segredo cercava o prato de camelo, uma especialidade que nossos convidados poderiam saborear e apreciar.

Haveria também uma variedade de iguarias francesas. O chefe de cozinha francês de Sara estivera ocupado nos dias anteriores, fazendo sua deliciosa sopa de verduras espessas, *terrine* de salmão e *pot-au-feu*. Um avião enviado à França retornara com todos os queijos e baguetes franceses especiais.

Fui ver se Maha teria obedecido ao pai. Ela acenou que sim com a cabeça, mas não moveu um músculo para sair de sua posição no sofá.

Assim que Kareem saiu da sala, Amani recomeçou sua desavença com a irmã. Tentando atrair Sara para a discussão, perguntou: "Tia Sara, o que pensa sobre as mulheres dirigirem?" Em seguida, antes que Sara pudesse pensar em responder, as palavras de Amani continuaram a transbordar de seus lábios: "Você não concorda que se as mulheres sauditas dirigirem, seus véus causarão problemas de visibilidade e ocasionarão acidentes? Caso um acidente ocorresse, ela seria forçada a ter uma conversa ilícita com o outro motorista. E se ele fosse um homem, um estranho para ela?"

Sara ficou em uma situação embaraçosa, então, entrei na conversa, dizendo: "Querida, por favor, faça uma gentileza para sua mamãe e deixe tais assuntos polêmicos para outro momento, mais apropriado."

Antes que Amani pudesse reagir, Maha resmungou com raiva, mas saiu da sala apressadamente. Esperava que ela tivesse seguido o conselho do pai para arrumar o cabelo e se maquiar.

Antes que a tensão pudesse ter evaporado da sala, no entanto, Maha retornou. Vi que ela apanhara sua carteira de motorista internacional e a agitava para Amani de uma forma agressiva, dizendo: "Minha irmãzinha é uma daquelas tolas que tem uma graduação, mas é ignorante!"

Nada parava Amani, igualmente teimosa e determinada como Maha. "A carteira de motorista feminina é uma fonte de vícios inegáveis. A habilitação feminina conduz a isso, e isso dispensa explicação."

Muitas vezes, Amani citava uma fátua emitida por diversos clérigos sauditas e eu reconhecia suas palavras como vindas do xeique Abdul Aziz bin Baz, um clérigo saudita que foi o chefe religioso muçulmano da Arábia Saudita de 1993 até sua morte, aos 88 anos, em 1999.

Baz proclamara muitas sentenças polêmicas, uma delas a de que a Terra era plana. Ele dissera: "A Terra é imóvel e estável e foi estendida por Deus para a humanidade como uma cama e berço, amarrada por montanhas para que não balance." Após essa declaração, ele foi ridicularizado por vários jornalistas. Meu pai disse uma vez a Kareem que seu (meia) irmão mais velho, o rei Faisal, ficara tão irado por Baz atormentar todos os sauditas com sua ignorância que ordenara a destruição de qualquer jornal ou livro que citasse as palavras de Baz. Mais tarde, Baz declarou que o Sol girava em torno da Terra, embora tenha desmentido essa declaração após meu primo, o príncipe Sultan bin Salman, ter passado algum tempo a bordo do ônibus espacial *Discovery*. Ao retornar à Arábia Saudita, soube-se que ele jurara ao clérigo que havia visto a Terra do espaço, e que a Terra girava e não era imóvel.

As outras sentenças de Baz tinham a ver com manter todas as mulheres em separado ou em isolamento e, por isso, sempre tive aversão ao homem. Outros discordavam de mim, porque ele era amado por muitos. Era um dos clérigos favoritos de Amani, embora tivesse morrido quando ela ainda era criança.

Amani sabia as fátuas de Baz de cor sobre as mulheres serem proibidas de dirigir e orgulhosamente, citava: "A depravação leva as mulheres inocentes e puras a serem acusadas de indecências. Alá atribuiu um dos mais severos castigos para tal ato para proteger a sociedade da expansão das causas da depravação. Mulheres dirigindo carros, no entanto, é uma das causas que levam a isso."

Maha, então, dançava pela sala, cantando suas palavras em voz alta: "Sou livre, Amani, enquanto você, de bom grado, usa correntes!" Saltava no ar como uma bailarina, segurando sua carteira de motorista como um troféu.

Minha filha é realmente dramática demais.

Maha continuou seu discurso bombástico: "Sou livre! Minha irmã usa correntes!"

Amani irrompeu em fúria.

Sara e eu ouvimos com consternação a discussão contínua. Estávamos preparadas para intervir caso houvesse violência física.

Maha dançava na direção da irmã: "Ouça, Amani. Você está na Idade das Trevas. Você poderia ser inteligente, mas busca a ignorância e parece gostar de representar fraqueza e incompetência, para que os homens decidam tudo por você, quando é totalmente capaz."

"Tudo que você faz é ilícito, Maha", Amani proclamou de forma arrogante, com a maior certeza.

"Sou livre, Amani, para viver. Sou livre para pensar por mim mesma. Sou livre para dirigir. Sou livre para ter pensamentos sobre tudo que quiser. Sou uma mulher livre dessa loucura que você adota com todo o coração!"

Minha cabeça girou como a Terra com a afirmação seguinte de Maha, e até Sara se espantou. "Hoje eu enganei todos aqueles homens velhos idiotas. Vesti-me como homem e peguei a Mercedes nova de Abdullah para um passeio pela cidade."

"Maha!", gritei, chorando. "Maha, por favor, diga-me que isso não é verdade! Você humilhará seus pais se for pega vestida de homem e dirigindo um automóvel."

"Ah, mamãe", respondeu Maha com uma risadinha, "não corri perigo. Não usei maquiagem. Abdullah desenhou um bigode muito convincente em meu rosto com lápis. Abdullah foi quem falou nas lojas, então, ninguém ouviu qualquer voz feminina."

Minha voz foi ficando mais aguda. "Meu filho sabia disso?"

Os lábios de Maha expressavam frustração. "Seu filho concorda comigo, mamãe. Ele é da opinião de que todas essas regras antiquadas contra as mulheres deveriam desaparecer, assim", estalando os dedos. "Espero que um futuro melhor esteja à espera de nós quando um dos príncipes jovens como Abdullah for escolhido para ser rei. Se for meu irmão, ele colocará um fim a essas tolices. Então, e somente então, voltarei a viver em meu país."

Eu estava prestes a falar muito mais, dizer a Maha que, por acaso, eu sabia que Abdullah não tinha nenhuma pretensão de ser rei da Arábia Saudita, pois meu filho não é um homem que tem essa faísca de desejo de governar outros, mas, naquele momento, ouvi vozes de diversos familiares vindo pelo longo corredor na direção da sala de estar. Nossa companhia estava chegando. A hora da festa familiar há muito esperada chegara.

"Falaremos mais sobre isso depois, Maha", prometi, com uma voz austera, enquanto saía com pressa da sala para cumprimentar nossos convidados. No caminho, virei-me para Sara: "Querida irmã, por favor, arrume minhas filhas e traga-as para a festa."

Sara acenou com a cabeça em concordância. "Não se preocupe, Sultana", ela disse. "Logo nos juntaremos a você."

Mantive um olhar confiante durante a minha caminhada saindo da sala pelo longo corredor. Foi quando meus ombros caíram, de desespero e exaustão: havia testemunhado mais uma cena muito desagradável entre minhas duas lindas filhas.

Nos últimos anos, muitas vezes, havia me percebido absorta tendo maravilhosos devaneios sobre como minha família finalmente se reuniria em harmonia. Tivera esperança de que meus sonhos se tornariam realidade naquela noite.

Durante anos procurei ter um relacionamento agradável com o homem que me deu a vida, apesar dos anos que ele passou me infligindo dor, sua filha mais nova. Antes da cena horrível entre Amani e Maha, eu estava alegre por meu pai ter finalmente aceitado um convite para vir à minha casa. Porém, nesses dias em que Amani e Maha estavam com tal temperamento intransigente, eu sabia que, se a desordem irrompesse em sua presença, eu nunca mais veria meu pai novamente. Em sua velhice, ele evitava conflitos sem hesitação, e eu sabia que ele certamente não toleraria uma cena desagradável entre essas duas jovens mulheres. De fato, repercutiria mal tanto em mim quanto em meu marido se tal cena acontecesse.

Veio-me à mente a ideia de esquecer a festa e me proteger atrás da impenetrável porta de aço que Kareem havia recentemente instalado.

Essa precaução foi tomada após Kareem ter encontrado com um de seus primos, um importante oficial da inteligência saudita no Ministério do Interior. O primo de Kareem revelou informações preocupantes sobre o interrogatório de um jovem saudita que, de um cidadão cumpridor da lei, transformou-se em alguém que pegou a perigosa febre do radicalismo. O jovem havia passado recentemente algum tempo na Síria enquanto lutava naquela guerra civil. Durante o interrogatório, o jovem revelou informações preocupantes da inteligência, relatando que os operadores da al Qaeda estavam se infiltrando, através de nossas fronteiras com o Iêmen, em pequenos povoados em nosso próprio reino. Desses pequenos povoados, eles tinham planos de atacar os membros do governo saudita. Um dos esquemas favoritos deles era a conspiração para matar os membros da família real saudita, pessoas como Kareem, eu e nossos filhos.

Continuei andando pelo longo corredor para meu destino, qualquer que ele fosse. Tentei focar minha mente, mais uma vez, nas horas vindouras, rezando para Alá para que a noite que chegava trouxesse felicidade e diversão.

Capítulo 2

A festa

Como o alarme de uma sirene, diamantes chamam a atenção da maioria das mulheres. Eu não ouço mais esse chamado. Perdi meu desejo por joias caras quando descobri a imensa alegria que se pode extrair da ajuda aos outros. Atualmente, quando me mostram joias requintadas, não imagino aquelas pedras preciosas cintilando em meu pescoço, penduradas nas minhas orelhas ou envolvendo meu pulso; em vez disso, contemplo o que o valor dessas joias conseguiria fazer. Talvez elas permitissem que uma criança ansiosa por estudar pudesse frequentar uma escola boa ou que uma mãe doente sentisse a alegria da tranquilidade de saber que viveria para voltar a criar os filhos após receber cuidados médicos caros.

Eu me dirigia a uma situação em que teria tal oportunidade, uma vez que as vozes alegres animando o corredor levavam-me a acreditar que os membros de minha família já desfrutavam do prazer de uma reunião empolgante. Porém, eu estava errada. Joias caras eram o maior motivo de tal comoção.

Ao entrar na maior de nossas salas de estar, ouvi as vozes inconfundíveis de três de minhas irmãs mais velhas. Fui tomada de um grande desânimo ao ver minhas irmãs, Tahani, Dunia e Haifa, gritando ofegantes, aglomeradas em um círculo sobre o colar de diamantes novo de Dunia, o qual pendia do pescoço até quase a altura de sua cintura.

Sara descrevera a joia para mim alguns dias antes, mas fiquei surpresa ao ver que o colar longo poderia dar três voltas no pescoço de Dunia. Muitas centenas de diamantes haviam sido usados para fazer tal peça de tamanho considerável. Era muito maior do que eu poderia ter imaginado. Permaneci olhando fixamente e avaliando aquele colar. Cada diamante valia uma pequena fortuna. Cada diamante poderia pagar a educação de uma criança. Cada diamante poderia sustentar uma família pobre por um ano. O brilho ofuscante dos diamantes de Dunia não me atraíam.

Sara mencionara que nossa irmã havia pago muitos milhões de dólares pelo colar. Por ser uma mulher que só se importa com as futilidades da vida, Dunia dedicava muitas horas procurando a joia mais extraordinária e ansiando adquirir todas.

Não compreendíamos a seriedade da obsessão de Dunia até Sara comprar um livro especial de mesa, *My Love Affair with Jewelry*, e dar-lhe de presente. O livro exibia a coleção de joias da lendária atriz americana Elizabeth Taylor. Desde a juventude Sara sempre tentara estimular nossa família a ler livros, até mesmo livros ilustrados, com pouco texto. Ela acreditava que o "passeio guiado" por Elizabeth Taylor proporcionaria muitas horas de prazer a Dunia. Na prática, o livro causou uma doença bizarra que criou uma crise.

Dunia tornou-se histérica, uma mulher sem pensamentos claros, gritando que precisava ter o diamante Krupp, uma pedra de 33,19 quilates que tinha sido um presente do marido de Elizabeth Taylor, o ator Richard Burton. Dunia chorava por horas por um segundo diamante, uma pedra de 69,42 quilates que Richard Burton também comprara para a esposa.

O médico de Dunia foi chamado. Após prescrever sedativos, determinou um mês de repouso total na cama, com cortinas fechadas, para que a paciente não pensasse no mundo fora de seu palácio e em todas as joias que poderiam ser adquiridas. Ele convocou as filhas de Dunia e disse-lhes que não deveria haver nenhuma discussão sobre joias.

Para nosso espanto sem fim, o médico diagnosticou a doença de Dunia como o primeiro caso conhecido de "vírus das joias de Elizabeth Taylor"! Durante a recuperação de Dunia, uma de suas filhas, sensatamente, desapareceu com o livro de joias; na realidade, ela o queimou para que a mãe não ficasse tentada a mais uma vez sofrer de inveja ao ponto de ficar doente.

Tinha esperança de que Dunia estivesse recuperada da angústia de Elizabeth Taylor naquele momento, e ela parecia muito satisfeita com seu colar de voltas de diamantes. Eu a ouvi dizer em voz clara, pois era para ser ouvida: "Não fale nada, mas este colar é mais caro do que as joias mais admiráveis que tio Fahd comprou para Jawhara."

Ao se referir ao tio Fahd, Dunia estava falando do rei Fahd, que era meio-irmão de nosso pai e o tio abençoado que todos amávamos muito. Sua morte, no primeiro dia de agosto de 2005, foi um golpe terrível para minha família mais próxima, pois esse foi o dia em que o centro do poder saudita se mudou para outra unidade de nossa grande família.

Nosso avô, o rei Abdul Aziz, teve muitas esposas, de diversas tribos sauditas, e essas esposas lhe deram muitos, muitos filhos — e ainda mais filhas. Embora todos os filhos *pudessem* ser considerados na linha de sucessão ao trono, apenas 12 dos filhos de meu avô eram realmente candidatos ao trono.

Jawhara era a esposa favorita de nosso tio Fahd e mãe de seu mais amado filho, o mais jovem, Abdul Aziz bin Fahd. No nosso mundo, o filho mais velho é o mais importante aos olhos do pai e da comunidade; mas o mais novo é, geralmente, o mais amado. As duas posições, a primeira e a última, têm um determinado favoritismo.

A princesa Jawhara é uma mulher inigualável. Mesmo após nosso tio muito amado falecer, Jawhara manteve o respeito de nossa família. Ela era parte do cortejo que acompanhava o meio-irmão de seu marido e sucessor, o rei Abdullah, em viagens para fora do país. Tal situação raramente ocorre na Arábia Saudita. Após a morte do marido, as mulheres, geralmente, se isolam em segundo plano, nunca mais são vistas ou se sabe delas, exceto nos mais recônditos confins de sua família imediata.

Sempre suspeitei de que várias de minhas irmãs tinham inveja da beleza de Jawhara e de sua posição especial. Porém, sempre gostei dela, por inúmeras razões, sobretudo porque ela veio a público falar sobre educação para meninas muito antes de outras mulheres terem sido corajosas o suficiente para se expressarem. Naqueles dias, até mesmo a esposa de um rei, geralmente, permanecia invisível para o público. Porém, Jawhara usava sua inteligência para melhorar nossa terra, adquirindo renome para ela mesma e para nosso país. E, apesar de sua posição poderosa, sempre achei que ela era uma pessoa bondosa que não se considerava superior a todos à sua volta. O reino da Arábia Saudita precisa de muitas dessas mulheres para nos levar ao futuro.

Provavelmente, Dunia era uma das irmãs mais invejosas, porque, sendo a esposa favorita do rei Fahd, Jawhara havia acumulado enorme riqueza. Ela deve ter possuído mais joias do que a maioria das mulheres da família real juntas.

Olhei fixamente para minha irmã, uma mulher bonita que tinha riqueza, saúde e o amor de sua família; no entanto, nenhum desses atributos saciava sua sede de adquirir mais de tudo, sobretudo joias. Dunia é dez anos mais velha do que eu; no entanto, não aprendeu durante toda a sua vida que bugigangas caras não trazem felicidade. Ela não tem compreensão alguma dessa importante verdade. Sinto-me triste por minha irmã, pois temo que ela nunca saberá o que é a verdadeira felicidade.

Nesse momento, Dunia compartilhou orgulhosamente: "Minhas irmãs, também participei do desenho do colar. O designer declarou que minhas sugestões tornaram esse colar muito singular."

Nesse instante, minha atenção se desviou de Dunia, porque vi meu irmão Ali aparecer na porta. Andando vagarosamente, ele olhou maliciosamente para uma de nossas empregadas, uma linda menina indonésia chamada Sabeen, que significa "aquele que segue". Sabeen — nova em nossa casa — era uma menina inocente, feliz por estar ganhando um salário bom para enviar aos pais, que pagavam pela educação de seus dois irmãos mais novos. Lembrei-me de que deveria advertir Sabeen para ficar longe do alcance de Ali. A querida menina era uma adorável adição ao nosso grupo de empregados e eu pretendia protegê-la de todos os homens libidinosos. Essa promessa incluía homens da minha própria família, uma vez que meu irmão e dois de seus filhos eram bem conhecidos por seus desejos de levarem para a cama todas as mulheres atraentes que estivessem em suas órbitas. Olhei para Sabeen e sorri de modo encorajador. Ela equilibrava cuidadosamente uma bandeja carregada de copos de suco gelado de abacaxi, maçã e amora.

Suspirei profundamente e olhei brava para meu irmão, tão ocupado observando a linda Sabeen, que nem reparou meu descontentamento. Continuei a olhar fixamente por outras razões. Eu não via Ali há mais de um ano e fiquei surpresa em perceber grandes bolsas sob seus olhos e uma papada balançando enquanto ele andava. Até mesmo sua pança sacudia com cada passo que dava. Ele era uma visão balançante.

Meu irmão é um homem comodista e, como tal, envelhecera mais precariamente do que a maioria. Desde a adolescência Ali não fizera esforço algum para refrear seu apetite por diversos vícios, inclusive comer e fumar em excesso. Amani, que é íntima de uma de suas filhas, recentemente informara que Ali havia até começado a beber em excesso.

Por ser uma pessoa que já contou mentiras e escapuliu sem ser notada para beber bebidas alcoólicas proibidas, sei muito bem que tais bebidas são nocivas para o corpo humano, como também o são para nosso bem-estar psicológico. Tenho orgulho de dizer que não tomo uma gota sequer de bebida proibida há mais de sete anos, embora admita que tenha sido muito difícil vencer o vício de bebidas alcóolicas a cada vez que me estressava ou deprimia com as travessuras de meus filhos ou ficava zangada com meu marido.

Repentinamente, ouvi meu nome e lá estava a "pequena Sultana" correndo em minha direção. Ah, que alegria! Minha primeira netinha — minha única neta mulher e xará — é uma beleza festejada. O cabelo negro e lustroso vai até a cintura; a pele cor de oliva é perfeita, e o mais característico em sua aparência são os olhos, tão negros quanto a noite. Alá abençoou-a com uma aparência rara e linda.

Embora seja um grande dom dado a uma pessoa sem que ela tenha feito esforço algum, a beleza física significa pouco em comparação ao caráter de uma pessoa. Sou muito grata por nossa pequena Sultana ter vindo ao mundo predeterminada por Deus para gozar de uma inteligência elevada, uma disposição radiante, uma boa alma e um espírito generoso, que reconhece instantaneamente os menos privilegiados. Embora tivesse somente 7 anos na época, ela era cuidadosa em dedicar bondade e generosidade aos outros. Desde os 6 anos, frequentemente esvaziava o quarto de brinquedos, jogos, roupas e livros favoritos para que o pai pudesse distribuir os itens queridos na seção de crianças dos hospitais locais ou para os pobres nos pequenos povoados.

Nunca me esqueci do momento em que descobri essa sua característica de caridade. Estava visitando a casa de meu irmão Abdullah quando testemunhei a generosidade notável da pequena Sultana. Havia estado na Europa visitando Maha e no meu retorno à Arábia Saudita passara por Londres para fazer compras em um de meus lugares favoritos, a imensa loja de departamentos Harrods. Lá, havia escolhido algumas luxuosas roupas de estilistas para diversos membros de minha família, em particular para meus netos. Nessa ocasião, comprei alguns adornos encantadores para o longo cabelo da pequena Sultana. A Harrods tem diversas linhas de grifes dos mais exclusivos laços, fitas e pregadores de cabelo de metal brilhoso para meninas ou mulheres tornarem atraentes seus cachos. Naturalmente, também escolhi alguns jogos e brinquedos especiais.

Estava animada para entregar os presentes para os dois filhos de meu filho, a pequena Sultana e seu irmão mais novo, Faisal, que era um mero bebê, que ainda nem andava. Faisal estava tirando uma soneca quando cheguei, então, sentei-me para desfrutar da pequena Sultana abrindo seus presentes.

No início, minha neta vibrava, examinando cuidadosamente seus vestidos, as pequenas bolsas, os acessórios de cabelo, sapatos, jogos e brinquedos. Mas, em seguida, ela ficou quieta de forma suspeita. A pequena testa franziu e seus lábios cerraram totalmente, como se estivesse pensando em algo muito sério para uma criança. Meu coração se partiu quando ela se sentou aos meus pés, abraçou meus joelhos e disse, com sua voz de bebê: "*Jadda* [significando vovó], eu tenho coisas bonitas em excesso para uma criança."

"O quê?", exclamei, dirigindo um olhar questionador para minha nora Zain, a mãe da pequena Sultana.

"*Jadda*, uma professora na escola falou sobre pessoas pobres. Aprendi que há pessoas em nosso país que não têm roupas, livros nem brinquedos bons. Quero dividir seus presentes com uma menininha que não tenha nada."

Foi um dos poucos momentos em minha vida que fiquei sem palavras. Para mim, a pequena Sultana era muito jovem para ter tais ideias e pensamentos. Todo mundo sabe que crianças são, muito frequentemente, egocêntricas, porque são crianças. Eu queria que os meus três netos fossem crianças sem nenhuma preocupação ou tormento. Sem saber o que dizer, levantei os braços e dei um olhar questionador para a mulher de Abdullah: "Zain? O que é isso?"

Zain, que é sempre muito comunicativa, também estava perplexa. "Isso é novo, com certeza — algo muito estranho para mim."

Voltei a concentrar-me em minha neta, dizendo: "Querida, você é um docinho por desejar dividir seus presentes. Isso é muito bom, pois a caridade é uma das atitudes mais importantes que se espera de um muçulmano. Portanto, concordo com sua vontade de dividi-los. Mas por que não vamos ao seu quarto e escolhemos alguns dos seus vestidos e brinquedos usados?" Fiz um intervalo por um momento. "E, então, pode aproveitar os lindos presentes que sua *Jadda* trouxe para você de Londres."

A pequena Sultana fitou-me pensativamente com um sinal de decepção. "*Jadda*, você quer dizer que eu deveria manter os presentes mais bonitos para mim e dar as coisas velhas para os outros?"

"Sim. Foi isso que eu quis dizer, minha bonequinha", respondi um pouco entusiasmada demais, pois ansiava ver a pequena Sultana vestindo as roupas que eu comprara.

Minha amada neta olhou-me por um longo momento; em seguida, respondeu sabiamente, pronunciando suas palavras com lentidão: "*Jadda*, se eu der algo que não queira mais, não é o mesmo que não dar nada?"

Surpresa e envergonhada a ponto de ficar sem palavras, fiz que sim com a cabeça. Levantei-me para começar a reunir todas as preciosidades que tinha comprado para a pequena Sultana, colocando-as na maior das sacolas de compras e deixando-as em um canto do quarto. "Sim, querida, você está certa", disse. "Vamos falar com seu pai para termos certeza de que encontraremos algumas menininhas que não têm nada. Logo elas terão muitas coisas lindas."

Parti sabendo que, daquele dia em diante, eu precisaria comprar tudo em dobro, na esperança de que a pequena Sultana ficasse feliz dando um e mantendo o outro para si.

Mais tarde, quando conversei sobre a reação da pequena Sultana com meu filho Abdullah, ele não ficou muito surpreso, dizendo: "Mãe, essa pequeninha está nos dando uma lição." Ele sorriu com orgulho.

Meu filho ama a filha loucamente, pelo menos comparado com muitos pais sauditas que ainda estão firmemente fixados no sonho de ter um filho em vez de uma filha. Ele ama a filha com um amor puro desde o momento em que ela veio ao mundo.

Abdullah é tudo que sempre sonhei que se tornaria quando crescesse. Ele é inteligente, bondoso e generoso. E, mais importante, meu filho acredita piamente que as mulheres são tão dignas de respeito quanto os homens. Isso é uma raridade em minha cultura.

Infelizmente, outros não pensam como Abdullah; por exemplo, as reações dos parentes maternos da pequena Sultana — os pais, avós, irmãos e primos de Zain. Até meu filho, que é um príncipe poderoso, pode fazer pouco com os que honram o nascimento e a existência de seu filho Faisal e, ao mesmo tempo, ignoram sua pequena filha. Felizmente, Zain caminha de mãos dadas com o marido, e ela, também, se decepciona com o comportamento da família. Porém, na Arábia Saudita, deve-se pisar com cuidado; e, além disso, Zain tem uma personalidade meiga e amorosa que evita confronto.

E, então, acontece que, apesar de minha neta ter nascido uma princesa rica, sua vida não é perfeita. Embora para seu pai, mãe e avós paternos ela seja a Lua e as estrelas, ela precisa lidar com a questão de ter nascido menina nesta terra, uma criança sem valor verdadeiro.

No entanto, a pequena Sultana está enfrentando esses preconceitos com a sabedoria de alguém muito mais velho do que ela. Embora seja tão forte quanto a avó Sultana, ela enfrenta as adversidades com sabedoria e calma e não seguindo meu método de reagir à discriminação contra o sexo oposto com hostilidade e agressão.

Por ser uma mulher que lutou a vida toda para conscientizar os que desprezam e menosprezam mulheres, tais reações em relação à minha amada neta não só me entristeceram, como também criaram muita decepção e raiva em mim. Através dos anos, de qualquer modo, aprendi que não se pode forçar alguém a adotar as crenças e os valores de outra pessoa. Quem sabe minha neta tenha mais sucesso do que eu, uma vez que ela tem uma personalidade mais mansa do que a sua avó. No passado, receio que eu tenha sido muito agressiva, o que, muitas vezes, afastou as pessoas.

Agora a pequena Sultana estava em um bom momento, presente na festa de família, gritando de alegria como se não nos tivéssemos visto há meses, quando, na realidade, passara horas com ela no dia anterior.

"*Jadda! Jadda!*", gritou a pequena Sultana ao me alcançar, acenando para que eu me abaixasse para que ela pudesse beijar meu rosto e dar as fofas bochechinhas para eu beijar.

Enquanto tocava seu rosto e seus cachos perfumados, Ali veio para o meu lado, cutucando-me e dizendo: "Louvado seja Alá, essa belezinha será uma excelente esposa para algum homem."

Girei como um tigre raivoso em direção ao meu grosseiro irmão, que já pensava em minha neta como esposa-escrava de algum homem, talvez de um de seus netos indisciplinados, o qual, certamente, se tornaria um homem como Ali. Sussurrei em seus ouvidos para que a pequena Sultana não pudesse escutar: "Sua língua enrola de feiura, pronunciando palavras revoltantes, meu irmão. Esta menina não servirá a homem algum."

Ali, como sempre, fez uma careta de espanto à minha resposta pungente, pois meu irmão vivera a vida toda sem ajustar suas filosofias às ideias avançadas. Ele não tem noção alguma sobre sua ignorância em relação à humanidade. No dia em que Alá o levar desta Terra, eu temo que partirá convencido de que todas as mulheres nascem somente para servir aos homens na cama e na cozinha.

Naquele momento, a pequena Sultana correu para cumprimentar Maha, que entrava na sala com a confiança e o poder impressionantes de uma mulher que sabe que controla o próprio destino. Todos se viraram para olhar para minha filha surpreendente, que ficava cada vez mais requintada fisicamente a cada ano.

Silenciosamente, rezei a Alá para que permitisse que Maha deixasse de lado suas hostilidades contra nossa terra e tradições até que a noite chegasse ao fim.

Meu irmão notou a entrada de Maha também. Ali nunca tivera um bom relacionamento com nenhuma de minhas filhas, possivelmente porque Maha e Amani tiveram uma criação mais tolerante do que as filhas dele. Minhas filhas sabem que são amadas e que seus sentimentos e suas opiniões são valorizados por nós, seus pais; as filhas de Ali vivem com medo do pai.

Ali deleitava-se com os problemas que eu enfrentava nas mãos de minhas filhas. "Ah, Sultana", ele revidava com um sorriso falso e realizado, ao olhar furiosamente para Maha, "só agora me lembro. Maha voltou, então suponho que o infortúnio esteja visitando seu palácio. Perdoo seu mau humor, minha irmãzinha."

Meu mau humor estava certamente aumentando, pois podia sentir meu corpo todo queimando. Minha língua estava prestes a desferir uma rancorosa resposta quando minha irmã Sara se aproximou, neutralizando a situação. "Ali, irmão, temos seus pratos árabes favoritos especialmente preparados exatamente como você gosta." Sara olhou ao redor da sala. "Diga-nos, onde está Sita?"

Sita era a esposa mais recente de meu irmão, a oitava mulher desde que ele se casara pela primeira vez quando ainda era jovem. Ali, como meu pai, tem direito a apenas quatro esposas de uma vez, de acordo com o islamismo. No entanto, ambos os homens têm o costume de se divorciarem das esposas que lhes desagradam para que possam casar-se com mulheres jovens.

Sita é de uma beleza impressionante, oriunda de uma pobre família síria sunita. Salman, um dos filhos mais novos de Ali, conhecera o irmão de Sita em um café em Damasco durante as férias nessa área. O irmão de Sita mencionara que a irmã mais velha dele era tão bonita que os pais a estavam guardando para alguém com tanto ouro quanto fosse seu peso. Quando tal homem aparecesse, eles concordariam com o dote de noiva em ouro. Salman, que atingira a idade em que um jovem homem anseia casar, ficou interessado naquela que deveria ser mais impressionante fisicamente do que uma estrela de cinema. Ele pediu para ver uma fotografia, a qual foi finalmente produzida, e

Salman ficou instantaneamente impressionado. A jovem mulher era atraente o suficiente para despertar os sonhos de um jovem homem. Ele partiu da Síria com a foto no bolso, retornando à Arábia Saudita, onde contou a história ao pai.

Ali ficou interessado, mas por outras razões. Assim que meu irmão conivente viu o encanto e a beleza da futura esposa, perguntou sua idade. Sabendo que ela era três anos mais velha do que o filho Salman, meu irmão encontrou a desculpa. Ele insistiu que a menina era muito madura para um menino de apenas 21 anos. Ali recusou de forma dura o pedido de Salman por um dote de ouro, embora a quantia não fosse mais do que o que meu irmão gastava em coisas inúteis todo mês.

Apesar dos pedidos do filho, uma semana mais tarde o insensível Ali enviou seu representante para se reunir com a família e arranjar o próprio casamento com Sita. Sem negociar, Ali pagou o dote exigido, que era o peso de Sita em moedas de ouro. O preço foi caro, porque Sita é uma menina alta, e, embora não seja gorda, também não é magrinha.

Sara havia me dito: "Ah, Sultana, o filho de Ali deixou o palácio enfurecido e se recusa a voltar ao reino. Pode ser que nunca volte a falar com o pai novamente, e quem pode culpá-lo?"

Como era de se esperar, Ali tratou do assunto com pouca importância, segundo Sara. "Meu irmão", respondera furiosamente. Com certeza, a maioria dos homens deseja agradar os filhos e fazê-los felizes, mas Ali sempre se colocaria na frente de qualquer um, até mesmo do próprio filho.

No começo, preparei-me para ter pena de Sita, pois meu coração doía por qualquer mulher casada com meu irmão. No entanto, observei que ela era tão feliz por ter casado com riqueza que parecia não notar que o marido era corpulento e mais de 30 anos mais velho do que ela; ele aparenta até ser mais velho. Na realidade, durante uma festa para uma de minhas sobrinhas, Sita havia nos contado sutilmente: "Minha família se alegra, pois sua fortuna está feita. Ali insistiu que eles mantivessem meu ouro de dote e eles construíram uma bela casa e estão matriculando meus irmãos mais novos em uma das melhores escolas. Meu bom marido contratou três de meus irmãos e, então, agora, eles podem pagar um dote de casamento, também. Todos planejam se casar em menos de um ano."

Eu não conseguia imaginar Ali demonstrando a Sita quaisquer sentimentos carinhosos, embora Sara tenha dito que o observara sendo muito atencioso com a sua mais nova esposa. Eu supunha que os sentimentos de Ali por Sita eram expressos por causa da atividade no quarto deles, mas até Sita não parecia insatisfeita, logo, guardei minha compaixão para outros — para aqueles que verdadeiramente estavam sofrendo.

A esta altura ouvi o burburinho aumentar e olhei na direção da entrada, onde meu pai de idade avançada estava a caminho da sala. Ele estava ereto, mas mal. Dois de seus empregados seguravam seus braços, um de cada lado, enquanto um terceiro ficava atrás dele, caso cambaleasse para trás. Meu pai está se aproximando do fim de sua vida e, apesar de nossa história inconstante, meus sentimentos suavizaram-se ao longo dos anos, uma vez que toda filha anseia pela afeição do pai.

À medida que se arrastava pela sala, ele foi cercado por quase todos na festa. Olhando para sua forma frágil, e lembrando o homem forte e poderoso de outrora, as lágrimas me vieram aos olhos. Naquela época, estava me empenhando em pensar nos bons momentos que tive com meu pai. Tentara ser caridosa com ele e agora acreditava que havia muito a agradecer. Meu pai era a razão de muitas boas pessoas viverem nesta terra.

Como Ali, meu pai era um especialista em se divorciar das esposas menos favoritas para abrir espaço para uma nova e, portanto, meu pai havia se casado com 12 mulheres durante o curso de sua longa vida. Nove dessas mulheres deram-lhe filhos, 27 filhas e vinte filhos, dos quais 45 ainda estão vivos. Suas filhas e seus filhos deram à luz muitos netos e, agora, esses netos estão gerando bisnetos. É muito bom que nossa família tenha acumulado grande riqueza, pois há muitas bocas para alimentar, muitos cérebros para instruir e muitos corpos que exigem roupas e abrigo.

Embora nunca tenha sido um pai amoroso para as filhas, foi um homem que proporcionou conforto para a família, e isso conta, suponho. Seus filhos e netos o amam com grande intensidade, pois ele sempre demonstrou afeição para os nascidos homens.

Alguns anos antes, meus filhos tinham dado ao pai uma cadeira de trono deslumbrante coberta com joias de bijuteria como uma brincadeira. De forma muito comovente, eles disseram que sabiam que ele nunca seria rei da Arábia Saudita, mas era um rei aos olhos deles. Esse trono tem um assento dourado e pedras cintilantes recobrem as costas e as pernas da cadeira. É um trono muito impressionante e deu origem a muita conversa estimulante entre nossos convidados, uma vez que muitos acreditam que as joias e o ouro são reais, quando, de fato, isso não é verdade.

Meu pai nunca tinha visto o trono, mas agora seus olhos se iluminavam de prazer ao localizar a encantadora cadeira. Ele acenou para Abdullah mostrando que queria se sentar nela.

Todas as crianças sorriram e aplaudiram quando meu pai se sentou no lugar de honra. Lá ele se sentou, olhando para o mar de rostos e concedendo sorrisos para todos, como um rei benevolente. Ele até deu um amplo sorriso para as filhas, netas e bisnetas.

Eu me sentia feliz, contente por meu pai estar tendo um momento raro de alegria na velhice. Eu soubera por Sara que ele estava com o coração muito amargurado por estar envelhecendo e por estar enfermo e ficava, frequentemente, com um humor mais irritadiço.

Em seguida, observei que Abdullah e Amani estavam saindo da sala, rapidamente retornando com seus dois filhos, para apresentá-los ao bisavô, que nunca os havia visto. Abdullah deitou o filho Faisal no berço, enquanto o pequeno Khalid estava protegido com muita alegria nos braços de Amani. Permaneci em silêncio vigilante visto que meu pai sorria com satisfação e, ao mesmo tempo, acenava com a cabeça em aprovação a meus dois netos

Tudo estava bem com o mundo até que a agitada pequena Sultana correu para ficar ao lado do pai dela. Meu coração submergiu com medo de meu pai insultar minha neta, exatamente como tinha me ofendido quando era criança.

Porém, a pequena Sultana não sabia que deveria ser cautelosa com meu pai. Ela olhou com ponderação para ele e para o trono que ele ocupava, em seguida, para alegria de todos, ela fez uma sincera e perfeita reverência.

Meu pai apreciou o momento, sorrindo com prazer para a filha de Abdullah. Suponho que, nesse instante, meu pai tenha acreditado que era um rei de verdade. Ele roçou as mãos na cabeça e no rosto da pequena Sultana e disse algo cortês. Uma expressão de pura alegria surgiu na pequena face de Sultana, e essa alegria estava espelhada no rosto de Abdullah. Meus parentes começaram a aplaudir e a se animar, pois haviam visto algo que nenhum de nós jamais sonhara possível. Meu pai dera sua atenção total e admiração franca para uma menina.

Então, Kareem caminhou para o meu lado e abraçou minha cintura, dando-me um aperto gentil com as mãos. Meu marido e eu olhamos um nos olhos do outro intensamente, sabendo que cada um de nós estava tão feliz quanto era possível estar. Há ocasiões na vida em que tudo parece perfeito, e esse era um desses momentos.

Capítulo 3

Meu pai

Muitas vezes, no decorrer dos anos, senti duas emoções opostas simultaneamente — alegria e tristeza. Naquela maravilhosa noite, as relações familiares fluíam belamente, trazendo-me a alegria rara do parentesco. Conhecendo bem minhas duas filhas, fiquei preocupada que, antes de a noite terminar, elas criassem uma cena que fosse estragar a festa. Se isso tivesse acontecido, a tristeza teria ofuscado o prazer, embora eu tivesse a esperança, naquela ocasião, de que não seria o caso.

Explosões prazerosas se sucederam, no entanto, quando os atrasados para a festa chegaram. Assad, o marido dedicado e sempre amoroso de Sara, entrou subitamente com um amplo sorriso, as mãos apertando as de sua linda filha, Nashwa.

Nashwa é a segunda filha de minha irmã, nascida no mesmo dia em que dei à luz meu terceiro e último bebê, Amani. As nossas filhas nasceram com personalidades complexas e problemáticas. Sinceramente, por mais difícil que Amani possa ser, prefiro meus contratempos com Amani aos desafios de Sara com Nashwa, a qual testava a conhecida paciência de Sara em mais ocasiões do que possivelmente eu conseguiria calcular.

É complicado descrever Nashwa em sua juventude. Como é possível descrever o poder e a força de um tsunami? Francamente, Nashwa pode ser mais bem-descrita como uma criança barulhenta em sua infância, uma criança selvagem em sua adolescência e, em seguida, como um milagre realizado diretamente por Alá, exatamente no dia de seu 19º aniversário, Nashwa tornou-se a filha modelo: seu temperamento ficou mais equilibrado e ela, certamente, mais agradável. A outrora barulhenta e inoportuna Nashwa tornou-se uma jovem tranquila e contente, e sua inteligência resplandecia. A energia que gastava anteriormente em questões proibidas da vida feminina na Arábia Saudita foi direcionada para os estudos. Tão imprevisto quanto um raio de Sol inesperado e ofuscante que explode na Terra, Nashwa mudou da menina desobediente que era para uma menina impecável. Em um instante, Nashwa se transformou em uma mulher tão extraordinária quanto a mãe.

As notas de Nashwa já haviam sido tão ruins que nenhuma escola na Arábia Saudita teria aceitado sua matrícula caso ela não fosse uma princesa. No entanto, após aquele dia impressionante, ela começou a escalar para o topo da sala no primeiro ano da universidade. Em pouco tempo, superou todos os colegas de sala. Nashwa, então, expressou interesse por arquitetura, mas, como não havia nenhuma universidade na Arábia Saudita à altura de suas aspirações, ela se transferiu para uma universidade de prestígio nos Estados Unidos, graduou-se na área que desejava, obtendo as maiores notas e honras no campo escolhido. Após a graduação, ela não almejava mais permanecer no exterior, como minha Maha. Nashwa estava ansiosa para retornar à Arábia Saudita e usar sua instrução e talento para ajudar a projetar diversas construções em Jidá, aclamada por seus projetos exclusivos. Com um sentimento de admiração, Sara contava que sua filha, outrora traiçoeira e perspicaz, era séria e dedicada à sua arte, sempre falando de negócios e interessada somente no trabalho.

Contudo, havia ainda uma preocupação sufocando o coração de Sara. Minha irmã estava ficando cada vez mais apreensiva por

Nashwa nunca expressar interesse na possibilidade de se casar e ter filhos, mesmo após o pai Assad assegurar-lhe de que ela poderia ter uma carreira, ser esposa e mãe. Nashwa, como Maha, era extraordinariamente afortunada por ser parte da família real e filha de um homem que desejava que as filhas se sobressaíssem.

Sara e eu somos abençoadas por termos conhecido os homens com quem nos casamos, dois irmãos com atitudes parecidas com relação ao amor, ao casamento e aos filhos. Não havia nenhum preconceito sexista demonstrado por Assad ou Kareem no que se referia às filhas.

Visto que Amani celebra o dia de seu aniversário no mesmo dia de Nashwa, Sara sempre achou que nossas filhas deveriam certamente compartilhar uma rara compreensão e intimidade naturais. Sara, que testemunhara o quão admiravelmente bem Amani aceitara o casamento e a maternidade, começou a sonhar que essa felicidade e satisfação pudessem influenciar Nashwa. "Sultana", ela sugeria repetidas vezes, "por favor, convide Nashwa para se juntar à sua família nos dias em que Amani vier com o pequeno Khalid."

Não consegui conter o riso diante da sugestão de Sara. Minha querida irmã entendeu de forma errada a realidade da história de Amani com Nashwa. Nossas duas filhas nunca realmente gostaram uma da outra. Quando crianças, eram companheiras de brincadeiras, mas só porque se encontravam o tempo todo. Logo que Amani viveu a experiência do encontro religioso com Deus em Meca, o qual mudou sua vida, todas as pretensões de amizade chegaram ao fim. A culpa era de Amani — minha filha começou a quase perseguir a prima, a impulsiva e instável Nashwa, fazendo de tudo para convertê-la ao seu modo purista de pensar e viver. Nashwa resistiu a todas as suas tentativas; na realidade, ela parecia detestar Amani. De fato, muitos membros da família também sentiam que Amani podia ser insuportável por causa da forma como falava e se comportava. Até seus irmãos não conseguiam suportar suas críticas fortes e agressivas.

Nunca me esquecerei do dia horrível em que Rana, minha sobrinha — filha de minha irmã mais velha, Nura — quase foi morta ao tentar escapar de Amani.

Eu havia levado Maha e Amani comigo para visitar Nura. Geralmente nossas meninas se entretinham uma com a outra enquanto Nura e eu desfrutávamos de uma visita agradável, conversando sobre as atividades em nossa extensa família Al Sa'ud. Com milhares de tias, tios e primos, sempre há histórias fascinantes para se revelar e analisar. Outras vezes, minha irmã e eu ficávamos no modo memória. Podíamos passar horas relembrando aqueles momentos inocentes com nossa amada mãe, lembrando pequenas histórias sobre a extraordinária mulher que nos deu a vida, nos amou, se empenhou para nos ensinar a distinguir o certo do errado e, sobretudo, lutou para proteger suas dez filhas de nosso rígido pai.

Essa visita especial a Nura ocorreu cerca de um ano após Amani ter se tornado religiosa ao extremo. Nura, que é uma das mulheres mais tranquilas e gentis do mundo, com simpatia, nos cumprimentou, chamando suas duas filhas mais novas para se juntarem a nós para o chá. Quando o chá foi servido, ficamos todas admiradas ao ver aqueles minissanduíches. Eles eram feitos exatamente como os sanduíches servidos no chá da tarde dos hotéis britânicos mais luxuosos.

Nura ensinara aos filhos modos encantadores, então, minhas geralmente ruidosas meninas haviam sido submetidas à afabilidade, a se sentarem em silêncio, comendo a deliciosa comida de maneira grata, uma vez que ambas haviam dormido até depois do almoço. A visita social tinha, portanto, começado muito bem.

Assim que terminamos nosso pequeno banquete, todos falamos o habitual "*Alhamdulilah*", que significa "Graças sejam dadas a Deus". A querida Amani prosseguiu dizendo as palavras "*An'am Allah alaikum kather Allah kherkum*", pedindo a Alá que fosse generoso com nossa anfitriã. Nura ficou contente com Amani por aquelas belas palavras e desejos e esboçou um sorriso.

Acariciei os joelhos de minha filha, para que soubesse que eu estava contente com seu comportamento.

Naquele momento, uma das empregadas tímidas do Sri Lanka, de Nura, entrou na sala para recolher os pratos e guardanapos. Outra empregada apareceu com água morna para lavar nossas mãos. A água escorreu entre nossos dedos e caiu em uma pequena tigela de porcelana ali colocada para aquele específico objetivo. Todos tocaram levemente os lábios e a boca com aquela água, também. Recebemos pequenas toalhas de mão para secar a água dos lábios e das mãos.

Como é de costume, uma terceira empregada entrou na área balançando um vasilhame de incenso fumegante, o qual agitamos em nossa direção com a mão direita. Finalmente, uma quarta empregada derramou perfume de aroma doce em nossas mãos.

Ficamos todas renovadas com tudo indo perfeitamente bem e, agora, aguardávamos ansiosamente por várias horas de visitação e compartilhamento de notícias.

A filha mais nova de Nura, Rana, educadamente se desculpou e saiu da sala por um instante, para retocar o batom. Ao retornar, ela carregava nas mãos um pequeno porta-joias cravejado com pedras, dizendo a Maha: "Olhe este estojo. As pedras parecem diamantes, mas não são." Ela deu risadinhas, falando: "Não estou mais comprando pedras verdadeiras porque mamãe diz que é melhor não esbanjar dinheiro, visto que o óleo que está sendo extraído da terra nunca mais será visto."

"Isso é verdade, Rana", disse Maha com um aceno de cabeça.

Desde pequena, Maha estivera bem ciente de nossa terra e do desperdício de tantos recursos. Maha nunca fora uma menina que pedia mais do que precisava e, assim sendo, ela olhou para Rana com um novo apreço — todos nós gostamos de alguém que compartilha de nossas ideias.

Rana sorriu alegremente, sentindo-se parte importante da tarde. O sorriso imenso atraiu a atenção para seu batom, o qual era de uma tonalidade lilás neon brilhante muito ousada, algo que não se via na Arábia Saudita conservadora naqueles dias.

Inesperadamente, a visita agradável transformou-se em um pesadelo desagradável. Por razão alguma que eu pudesse imaginar, Amani irrompeu com uma crítica cruel à sua prima. A voz de Amani era baixa; mas as palavras, severas: "Rana, você está envolta em pecados com essa sombra de olho azul horrível em suas pálpebras e esse batom medonho em seus lábios grandes. Querida prima, lembre-se, por favor, de que você é uma muçulmana, e isso que está fazendo é proibido por Deus."

"Amani!", arfei com vergonha. "Peça desculpas à sua prima." Dei uma olhada para Nura, que estava em um estado de perplexidade. "Nura, querida irmã, sinto muito pelas palavras rudes de minha filha."

"Não se desculpe por mim, mamãe", esbravejou Amani com irritação. "Só estou tentando ajudar minha prima a viver como nos é mandado. Você deveria se unir a mim para ajudar Rana a viver a vida de uma religiosa." Amani levantou-se e começou a andar na direção de Rana para proferir ainda mais reprovações. Foi quando a pobre Rana saiu correndo da sala, chorando, pois estava lamentavelmente magoada com as palavras implacáveis de minha filha.

Nura olhou para Amani com descrença, pois tem o bom coração de uma mulher que nunca feriria os sentimentos dos outros. Ela criara os filhos para serem igualmente cuidadosos. Nura usou as mãos para ajudar a se levantar; em seguida, se movimentou o mais rápido que o corpo pesado permitia, gritando por Rana: "Querida, não fuja."

Maha ficou em pé e empurrou a irmã. Maha é uma menina alta e grande, forte e vigorosa, enquanto Amani é delicada.

"Amani!", Maha gritou. "Você é louca, ou só má?" Maha olhou para mim: "Ela é má, mamãe!"

Concordei com tristeza, acenando com a cabeça. Não podia negar que, muitas vezes, as palavras de Amani eram cruéis. No entanto, apesar da veemência com que ela defendia suas opiniões, nunca havia qualquer desculpa para tal hostilidade.

Ainda incerta com relação ao que eu deveria fazer para que a tarde se tornasse agradável e feliz novamente, não soube como agir. Em seguida, ouvi Rana gritando alto. Foi quando meu coração mergulhou em desespero. De repente, lembrei-me de Nura me dizendo que Rana passara por muitos momentos desagradáveis no último ano. Primeiro, a pele toda de seu rosto se abrira em furúnculos vermelhos e grandes. A razão, o dermatologista nunca conseguiu diagnosticar. Rana começou a usar o véu constantemente, a qualquer hora do dia ou da noite. A mãe dela me contou que ela até dormia com o véu, para evitar que as empregadas, que, às vezes, entravam nos ambientes privados, vissem aqueles furúnculos vermelhos. E, em seguida, antes que aqueles furúnculos feios estivessem cicatrizados, ela caiu da escada de mármore na casa de Ali porque não conseguia ver claramente através do véu que usava para esconder sua face. Os degraus eram em declive e ela fraturou o nariz. Desde esse acidente o nariz de Rana havia desenvolvido uma protuberância nada atrativa; a pobre menina estava tão descontente com sua nova aparência que passara muitas horas infelizes chorando, alardeando ser feia; ela pensava que nenhum homem se casaria com ela, embora fosse uma princesa com muita fortuna.

Fiquei devastada com o fato de Amani ter escolhido infligir suas opiniões pessoais sobre o que uma mulher deveria ou não fazer com relação à aparência pessoal — e, sobretudo, quando envolvia um membro da família que já tinha sérias inquietações em relação à própria aparência.

Mandei rapidamente uma mal-humorada Amani para casa, com nosso motorista, nem mesmo me importando em advertir minha filha de que haveria consequências para sua crueldade. Kareem não conseguia tolerar crueldade para com os outros e seria ele quem lidaria com nossa filha.

Maha e eu pediríamos emprestado um dos motoristas de Nura assim que nos desculpássemos apropriadamente e assegurássemos à Rana que ela era uma menina muito atraente e que seu batom era de um matiz que até eu poderia usar. Na realidade, decidi, naquele momento, que compraria um daquela cor e usaria na próxima vez que visse Rana.

Porém, por enquanto, eu me encontrava no meio de uma crise imensa. Rana não podia ser encontrada. Nura e eu ficamos quase histéricas enquanto uma busca era realizada na casa. Os empregados nos ajudaram a procurar embaixo de cada cama, em cada closet e nos guarda-louças grandes e em cada banheira e chuveiro e até atrás de cada arbusto no jardim das mulheres, mas sem sucesso. Fiquei apavorada com a ideia de que a filha de minha irmã pudesse fazer algum mal a si mesma devido às palavras insensíveis de minha filha. Eu nunca me recuperaria de tal catástrofe.

Após três horas de buscas frenéticas o som altíssimo da voz de Maha pôde ser ouvido em cada canto do palácio de Nura. "Rana está aqui! Rana está aqui!"

Nura e eu olhamos uma para a outra. "Louvemos Alá! Rana foi encontrada!", minha irmã gritou chorando.

No entanto, mais notícias graves estavam por vir. Meu coração realmente parou de bater, pelo menos por alguns instantes, quando Nura e eu perseguimos o som da voz de Maha até um grande ambiente em uma das partes do palácio que eu nunca vira. Era a área de armazenamento de alimentos, contendo até sete refrigeradores e dez congeladores grandes alinhados ao longo da parede.

A pobre menina envolvera o corpo em um cobertor e se comprimira dentro de um grande congelador que fora recentemente adquirido, mas que ainda não havia sido utilizado para armazenar alimentos. Os empregados da cozinha estavam aguardando a temperatura do congelador alcançar o ponto ideal. Felizmente, o cobertor era felpudo e grande o suficiente para cobrir a cama fora das medidas que o marido de Nura construíra especialmente para ele. Ele era um dos homens mais altos e gordos da família Al Sa'ud, logo, suas necessidades eram as de um homem de volume avantajado. Uma grande parte desse cobertor ficara presa na porta do congelador, permitindo a entrada suficiente do ar no congelador, o que evitou a morte de Rana por sufocamento!

Dei um gemido dissonante quando Nura retirou aquele cobertor do corpo da filha. A tonalidade da pele do rosto e dos braços de Rana parecia uma estranha sombra azul causada pelo frio. Cobri minha boca com a mão porque estava em choque e receosa de que pudesse gritar. As lágrimas de Rana tornaram-se pingentes de gelo, muito semelhantes a algumas estalactites que vira em uma caverna anos antes quando Kareem e eu estávamos na Europa.

Nunca me sentira tão deprimida, ao observar a face quase congelada daquela menina e ver a expressão apavorada no rosto de Nura. Tinha sido boa a ideia de mandar Amani para casa, pois se ela estivesse por perto eu receava que pudesse ter batido em minha filha.

Maha e dois dos empregados carregaram Rana para a cama de sua mãe. Lá, ela foi envolvida com cinco cobertores e alimentada na boca com uma sopa morna e chá quente. Quando Nura relaxou na cama com a filha, abraçando-a e cobrindo sua face de beijos, Maha e eu partimos, cada uma escondendo da outra seu sofrimento e tristeza.

Fiquei tão desesperada e confusa que até hoje não consigo lembrar o castigo que Kareem determinou para Amani. No entanto, sei que desde esse incidente ela tem sido mais cautelosa com seus ataques verbais. Ela começou a limitar seus insultos aos membros de nossa própria família, os quais estão muito preparados e desejosos para se defenderem dela.

Rana, naturalmente, evitou Amani desde aquele dia, e quem poderia culpar a pobre menina. Nenhuma das filhas de Nura compareceu ao casamento de Amani, e eu compreendi por quê, embora Amani aparentasse não perceber que suas palavras ásperas haviam causado sua própria condenação familiar.

Nunca me recuperei do choque daquele dia. Embora minha irmã permanecesse amorosa e gentil até o momento de sua morte, eu estava envolta em vergonha. No leito de morte de Nura, eu ainda chorava e me desculpava por aquele episódio terrível criado por minha filha. Nunca me esquecerei de quando minha gentil irmã tocou meus lábios com seus dedos, dizendo-me do seu jeito para que eu esquecesse aquele dia longínquo.

Nura já morreu há muitos anos, e sinto muita saudade dela. Depois da morte de minha adorada mãe, Nura tornou-se minha mãe substituta.

Após um suspiro profundo de tristeza pensando em minha falecida irmã, minha atenção se voltou para a festa e a noite à nossa frente. Olhei ao redor da sala, procurando minha irmã Sara. Sabia que ela, muito provavelmente, usaria a noite para estimular uma aproximação entre Amani e Nashwa. Conhecendo Amani, eu era contra tal plano, pois ele não satisfaria os desejos de Sara. Nashwa e Amani nunca se desviaram dos caminhos que escolheram. Uma, era independente, galgando sua carreira; a outra, não desejava nada mais do que servir ao marido e dar à luz filhos. Ambas estavam felizes com suas escolhas. Ao longo dos anos, aprendi a fazer algo que Kareem sempre disse ser impossível: segurar minha língua e não tentar mudar o imutável.

Balancei minha cabeça em descrença quando vi Sara correr no meio da multidão de celebrantes da família para alcançar minha filha e poder atrair uma Nashwa resistente para o círculo de Amani. Minha irmã sorridente pegou o pequeno Khalid e o segurou próximo ao rosto de Nashwa, pensando em influenciá-la com a beleza daquele pequeno menino. Suspirei de puro amor para minha irmã. Com certeza, ela nunca deixaria de tentar levar o que acreditava ser felicidade incontestável para todos que amava.

Agradeço a Alá diariamente por Ele ter escolhido tal pessoa como Sara para mim, como minha irmã adorável.

Um coral de vozes femininas desviou minha atenção de Sara. Ah! Havia um visitante inesperado. Munira, minha sobrinha resignada, fazia uma aparição surpresa na festa. "Munira", disse, andando rapidamente em sua direção, "você é minha convidada preferida nesta noite."

Eu acenei com a cabeça para seu filho mais velho, um menino querido que era naquela época o protetor de minha sobrinha.

Munira sorriu feliz pela primeira vez em muitos anos, abraçando-me e beijando-me sem moderação. "Ah, tia, obrigada por me convidar. Essa é a primeira vez que saio desde... você sabe..."

Nossos olhares se cruzaram e eu pisquei confirmando que sabia do que se tratava. Eu compreendi. Não disse a Munira que minhas irmãs e eu havíamos, de fato, celebrado quando o marido dela Hadi sofrera um infarto fulminante e morrera sem saber que suas vítimas femininas em breve estariam livres. Quatro meses antes, Alá avaliara que havia chegado a hora da vida do odiado Hadi ter um fim na Terra, o amigo mais desprezível de meu irmão, Ali. Na morte de Hadi, minha querida sobrinha tornara-se livre daquele tirano.

Hadi atraíra minha atenção pela primeira vez muitos anos antes, quando minha família estava passando férias no Cairo, no Egito. Ele e Ali haviam comprado uma menina virgem da mãe dela com o objetivo de fazer sexo. Hadi nunca corrigira suas formas desumanas; na realidade, ele se tornara mais maligno com o passar dos anos. Aquele homem vil continuava a viver sua vida com prazeres pervertidos, seduzido fatalmente pelo controle violento de todas as mulheres em sua esfera de influência.

Acredito que tenha sido por isso que ele era tão atraído pela imagem da filha mais velha de Ali, Munira. Ela era um ímã que ele não conseguia ignorar. Munira foi uma menina tímida cujas ações do pai a fizeram ter um medo genuíno de todos os homens. Desde os primeiros dias da adolescência, Munira expressara pavor ao casamento; implorava para ser poupada do que os sauditas acreditam ser o único e verdadeiro destino para uma mulher: o de ser esposa e mãe.

E, então, ocorreu que Ali a prometeu em casamento ao seu mais cruel conhecido: Hadi. Sara e eu imploramos ao nosso irmão para considerar o temperamento ímpar de sua filha: ela era a menina mais tímida que qualquer um de nós jamais conhecera. Porém, Ali riu dos medos de Munira, dizendo que Hadi a curaria de qualquer medo do quarto. Hadi era um homem que exigia todos os direitos sexuais em todas as horas do dia e da noite. Ao longo do tempo, ele acreditava que tais ataques sexuais, certamente, levariam sua filha a uma forma certa de pensar. A opinião de Ali era inabalável. O corpo de Munira pertencia ao marido.

Munira foi condenada.

Por anos ela viveu no sofrimento e com horror do marido. Ele parecia excitado com o medo que a esposa tinha dele e com o horror que ela sentia do ato sexual. Embora tenha se casado com seis mulheres ao longo dos anos, até o dia de sua morte, Hadi tinha mais atração por nossa preciosa Munira, uma mulher que passou a maior parte da vida se escondendo do marido; então, quando encontrada, chorava e implorava a Hadi para deixá-la em paz. Certamente, suas ações a levaram a mais abuso, inclusive o de açoitamento físico.

Em um determinado momento, acreditamos que Munira faria algo proibido a todos os muçulmanos: cometer suicídio. No momento mais deprimido, ela até escreveu um poema de partir o coração, e o passou para Sara.

Eu havia memorizado o poema de Munira. Desde a noite no deserto em que o li pela primeira vez, frequentemente me achava repetindo as palavras — palavras motivadas por pura infelicidade. O poema me levou às lágrimas muitas vezes; dirigiu minha mente para a pobre Munira, imaginando se minha sobrinha estaria naquele momento sofrendo um ataque sexual.

Enterrada viva, por princesa Munira Al Sa'ud

Vivi e conheci o que é sorrir
Vivi a vida de uma jovem com promessas auspiciosas
Vivi a vida de uma jovem que sentia o entusiasmo do sexo feminino
Vivi o sentimento de ansiar pelo amor de um homem bom
Vivi a vida de uma mulher cuja promessa foi interrompida
Vivi a vida de alguém cujos sonhos foram destruídos
Vivi sentindo medo imenso de qualquer homem

Vivi em meio aos medos causados pelo fantasma de uma
 união diabólica
Vivi para ver o demônio disfarçado de homem, regendo cada
 uma de minhas ações
Vivi como mendiga desse homem, implorando que me
 deixasse em paz
Vivi para testemunhar meu marido ter o prazer de ser um
 homem
Vivi para ser violentada pelo homem a quem fui entregue
Vivi apenas para sofrer estupros todas as noites
Vivi para ser enterrada ainda viva
Vivi para desejar saber por que os que alegam me amar,
 ajudaram a me enterrar
Vivi todos esses sentimentos e ainda nem tenho 25 anos

Neste momento, aquelas palavras não mais expressam a realidade dos pesadelos de Munira. Ela, finalmente, foi emancipada. Hadi estava morto, em sua sepultura de areia, e não mais livre para estuprar meninas e mulheres. E o poema de Munira se espalhou pelo mundo nas páginas dos livros sobre minha vida. O poema sempre me lembra de que meu objetivo na vida é ajudar mulheres que não têm para onde se dirigir. E espero que suas palavras despertem outras mulheres fortes para nunca virarem as costas para uma mulher em apuros.

Vi quando minhas irmãs e sobrinhas correram na direção de Munira, para recebê-la de volta ao mundo dos vivos e dos alegres. Todos nós rimos com o prazer mais puro quando Munira confidenciou: "Meus filhos estão me levando de férias! Para a Europa! Irei a Londres e a Paris!"

Essas notícias eram sensacionais para todos nós. Hadi nunca permitira que Munira viajasse com ele e a família quando eles saíam do reino para passar férias em terras estrangeiras. Acredito que Hadi tivesse medo de que sua esposa fugisse para procurar ajuda de uma organização de mulheres no Ocidente, caso tivesse a oportunidade

Porém, agora, ela estava indo viajar para lugares maravilhosos que vira em fotografias entregues escondidas a ela pelos amados filhos. Munira, que quase não falava havia muitos anos, agora dominava a conversa, compartilhando seus pensamentos com todos ao seu redor. "E depois de visitar cada galeria em Paris, irei para Londres e organizarei meus passeios por mais museus!"

"Que desperdício de mulher maravilhosa!", murmurei em voz baixa, mas agora as correntes de Munira haviam sido quebradas; ela estava livre para usufruir da beleza da vida. Era difícil desviar os olhos da face radiante e do sorriso de Munira, mas eu o fiz quando Mohammed, de 30 anos de idade, o filho jovial de Reema, a segunda de minhas irmãs a ter falecido, veio em minha direção. Quase desmaiei ao ver que Mohammed segurava sobre a cabeça uma imensa fotografia ampliada de minha mãe, já falecida há muito tempo.

Embora estivesse jovem na fotografia — certamente nos primeiros dias de seu casamento —, eu a teria reconhecido de qualquer maneira.

Gritei tão estridentemente que o burburinho de vozes foi interrompido. "Mamãe!", gemi em voz alta. "Mamãe!" Houve um aumento dos murmúrios de excitação, uma vez que poucos sabiam a causa de meus gritos. No entanto, eu tinha uma boa razão para gritar. Minha querida mãe havia morrido quando eu era muito pequena. Nunca tivera visto uma fotografia dela. Acreditava que tal fotografia não existisse. Durante os dias de vida de minha mãe, as imagens de humanos eram consideradas algo proibido. Certamente, poucas pessoas, alguma vez, tiraram fotografias de mulheres muçulmanas na Arábia Saudita. Duvido que minha mãe alguma vez tenha considerado deixar tirarem uma fotografia dela. Muito provavelmente, ela teria se escondido de qualquer um que carregasse uma câmera com a intenção de tirar sua fotografia.

Kareem correu para o meu lado. "Sultana, o que aconteceu?" Em seguida, ele viu o que eu vira. Kareem se virou para o filho de Reema. "Mohammed? O quê? O que é isso?"

Mohammed estava muito contente consigo mesmo. Estava satisfeito com a grande fotografia que carregava nos braços e emocionado com a comoção que causara. Começou a rir e a gesticular na direção de meu pai, que ainda estava alegremente empoleirado no trono falso de Kareem. "Você deve perguntar ao meu avô. Ele é quem está por trás desta surpresa."

Meu pai? Fitei meu envelhecido pai em silêncio, sentado no meio de admiradores, aparentemente alheio ao fato de suas filhas estarem circulando a fotografia da mãe delas. Senti uma fagulha de curiosidade sobre onde ele achara a fotografia. Em seguida, fui acometida de um golpe de raiva por ele nunca tê-la me mostrado.

Quase instantaneamente meu ressentimento desapareceu e, em seu lugar, senti um ímpeto de agradecimento por ele ter finalmente produzido tal fotografia. Sentia uma confusão de sentimentos fortes.

Entrementes, Sara e minha outra irmã haviam corrido para ficar ao meu lado. A mão de Sara acariciou levemente a face fotografada de nossa mãe.

"Mamãe", ela sussurrou, os lábios tremendo de emoção.

Apesar da pouca idade de mamãe na fotografia, todas as filhas dela a reconheceram instantaneamente.

"É realmente mamãe", disse Dunia, com certeza absoluta. Ela parecia ter esquecido o colar caro pela primeira vez desde o início da festa.

Uma chorosa Haifa desfaleceu nos braços do filho mais novo, um adolescente. Haifa não conseguia falar.

Tahani permaneceu calada, balançando a cabeça antes de fazer um sinal para a filha mais velha se aproximar. "Você tem de ver sua avó!"

Maha, Amani e Abdullah se juntaram, o mais próximo que puderam, a mim e à fotografia de minha mãe. "Essa é realmente a vovó?", meu filho perguntou, com uma voz cheia de admiração.

Finalmente, consegui falar: "Sim, meu filho, essa é sua avó, a mais amável e melhor mãe que já existiu."

Maha e Amani limpavam as lágrimas de seus rostos.

"Vovó era maravilhosa", murmurou Amani com espanto abafado.

"Sim, ela era linda como uma estrela de cinema", sussurrou Maha.

Eu olhei fixamente em silêncio, estudando o retrato impressionante de minha querida mãe. Quando eu era criança, nunca havia pensado em minha mãe como uma mulher bonita. Ela era, bem, minha mãe. No entanto, pensando na beleza excepcional de oito de suas dez filhas, fui tomada pela ideia de que as filhas de mamãe herdaram sua grande beleza. Examinei a fotografia com ainda mais atenção. Os anos haviam desgastado minha memória. Tinha me esquecido que ela possuía um pequeno sinal de nascença no lado direito da face, cerca de meio centímetro acima do canto de seus lábios. Eu não me lembrava mais do quanto seus lábios eram cheios, o tipo de lábios que as jovens hoje desejam tanto que estão dispostas a se submeter ao procedimento doloroso de ter uma agulha enfiada na pele. Portanto, eu fiquei impressionada ao perceber que a pequena Sultana herdara os lábios grossos de minha mãe. Abri um largo sorriso, sabendo que os lábios da pequena Sultana, daquele momento em diante, traziam minha mãe de volta à vida em minha mente.

Havia também perdido a lembrança de seus olhos grandes e expressivos — olhos que eu via quase todos os dias quando olhava nos olhos de minha irmã Sara. Estranhamente, o cabelo de mamãe estava descoberto na fotografia e eu percebi que herdara seu cabelo grosso preto, caindo em ondas por sobre os ombros.

Mamãe estava viva em todos nós!

Olhei fixamente e repetidas vezes, sabendo que o que nunca esquecera era a doçura do sorriso de minha mãe.

Repentinamente, fui dominada pela emoção. Teria caído de joelhos se Kareem e Abdullah não tivessem me levantado e me conduzido a uma cadeira. "Mamãe, mamãe, mamãe", gritei. Nunca quisera sentir tanto o toque de minha mãe como naquele momento.

Mohammed começou a andar na direção de meu pai com a fotografia de mamãe. Posicionei-me ereta, determinada a não deixar aquela fotografia fora do alcance de meus olhos. Kareem e Abdullah guiaram meus passos, e minhas irmãs e eu seguimos Mohammed enquanto ele se encaminhava para meu pai.

"Vovô", eu o ouvi dizer, "Trouxe a fotografia, como disse que eu deveria fazer. Você disse que haveria uma comemoração, mas receio que tenha promovido um dilúvio de lágrimas femininas."

Meu pai posicionou a cabeça de forma ereta e olhou para as filhas, as quais choravam lágrimas de alegria misturadas com tristeza, pois sua mãe há muito estava morta e longe de seu alcance.

Meu pai olhou através da multidão de mulheres até os olhos pousarem em meu rosto. "Sultana", ele disse, "venha aqui, minha criança."

Pela primeira vez em minha vida meu pai me chamara com um tom amável.

Constrangida por ter sido escolhida, hesitantemente caminhei em sua direção, tremendo ligeiramente. "Sim, papai, estou aqui", disse, enquanto me ajoelhava aos seus pés, mais pela fraqueza do que por subserviência.

"Sultana", falou em voz calma. "Estou chegando ao fim da minha vida. Minha filha, nos últimos anos, tenho pensado em tudo que fiz, ou não fiz, na minha vida."

Concordei com a cabeça, uma vez que não sabia o que mais deveria fazer.

Meu pai olhou por alguns momentos para o retrato de minha mãe, ainda seguro firmemente pelas mãos de meu sobrinho, Mohammed.

"Sultana, quando sua mãe soube que estava morrendo, chamou-me ao seu leito de morte. Naturalmente, respondi ao seu chamado. Quando vi que ela estava, de fato, morrendo, senti uma profunda tristeza; ela fora uma boa mulher e a melhor esposa e mãe por todos aqueles anos. Sua mãe exigiu muito pouco de mim por todos os anos em que estivemos casados." Ele fez uma pausa. "Mas fez dois pedidos em seu leito de morte."

Meu pai fez uma pausa por um momento. "Sua mãe amava todos os 11 filhos, Sultana. Não acredito que ela tenha amado você mais do que qualquer uma de suas filhas ou filho." Nisso, meu pai olhou para minhas irmãs e sorriu. "Mas, Sultana, eu creio que suas irmãs, as quais são todas mães, compreenderão que ela tinha uma preocupação maior com sua filha caçula. E essa filha era você.

"Sua mãe pediu que eu dedicasse um cuidado especial para você, minha filha. Ela sonhara que você, Sultana, carregaria uma grande tristeza consigo pelo resto da vida, pois você era demasiadamente jovem para perder a mãe. Sei que sua mãe também sentia que você era uma filha emotiva que precisava da mão firme de uma mãe.

"Seu segundo pedido foi que eu presenteasse você com a única fotografia já tirada de minha primeira esposa, a qual eu havia permitido a um fotógrafo estrangeiro — um homem da Inglaterra — que a tirasse um mês após casarmos. Essa fotografia ficou escondida de todos os olhos, menos os meus." Os olhos de meu pai se fecharam, e tive a sensação de que ele estava olhando para o passado, lembrando os primeiros dias em que mamãe era a jovem recém-casada e tudo parecia possível. Seus antigos sonhos foram interrompidos por uma explosão de tosse, a qual levou alguns segundos. Alguns empregados lançaram-se em sua direção com lenços nas mãos, e outro deu batidinhas leves em suas costas.

Finalmente, ele terminou a história. "Concordei com os pedidos de sua mãe, Sultana. Dei minha palavra a sua mãe de que eu não seria muito duro com você. Disse também que, no dia de seu casamento, eu daria a fotografia dela de presente para você. Ela queria que você guardasse seu retrato em um lugar especial para que todos os filhos pudessem sentir a alegria de ver a mãe deles quando era uma jovem mulher.

"Embora tenha sentido alguma amargura de você, minha filha, não entendo por quê. Acredito que eu tenha mantido minha primeira promessa, sempre sendo afável com você quando merecia uma repreensão por comportamento rebelde. Eu até permiti que você conhecesse seu marido antes do casamento. Não puni você severamente por algumas de suas condutas somente por causa da promessa que fizera à sua mãe.

"Mas, Sultana, não cumpri a promessa de lhe dar esta fotografia de sua mãe. Não foi intencional. Eu esqueci. Depois de sua morte, a fotografia foi retirada de seu lugar secreto, embalada e guardada em um lugar seguro. Apenas recentemente um de nossos empregados encontrou a caixa cuidadosamente amarrada e a trouxe até mim, perguntando se deveria ser aberta. Admito que não tinha a menor ideia do que poderia estar dentro daquela caixa e, quando foi aberta por mim, uma avalanche de lembranças me assolou.

"Soube, então, de que havia me esquecido de uma promessa que fizera para sua mãe há tantos anos.

"E, então, mandei colocar uma moldura nova e, agora, minha filha, é sua para expor em sua casa e ter esse retrato de sua mãe que você pode saudar todos os dias."

Um silêncio reinava no ambiente, pois todos em nossa família sabiam que meu pai e eu não compartilhávamos um relacionamento íntimo. Todos esperaram para ver se eu amaldiçoaria meu pai por todos os anos de favorecimento do filho em detrimento das filhas.

No entanto, não o fiz. Senti uma paz imensa, com toda a raiva e hostilidade que guardara no coração por tantos anos milagrosamente evaporando. Eu não tinha mais aversão a meu pai. Na verdade, sentia grande tristeza por ele estar próximo da morte e nunca termos vivido um laço íntimo, o tipo de relacionamento que Kareem e nossas filhas tanto desfrutavam. Derramei lágrimas de pesar.

"Papai", disse finalmente. "Desculpe-me por não ter sido uma filha melhor."

Meu pai tinha passado por sentimentalidades suficientes a essa altura. Ele me tocou no ombro e disse: "Não se preocupe, filha. Lembre-se apenas de seu pai como um homem bom que não a trancou em um quarto ou bateu em você com uma vara."

Pisquei, sabendo que, aos olhos de meu pai, a ausência de abuso físico o fizera um bom pai.

Por alguma razão, sorri e, pela primeira vez em minha vida, senti grande alegria e amor pelo homem que era meu pai. Levantei-me e dei um abraço sincero nele, dizendo-lhe: "Eu amo você, papai."

Ouvi o aplauso de meus parentes e virei para eles sorrindo, esperando ver aprovação em cada olhar. No entanto, estremeci ao ver meu irmão Ali olhando furiosamente para mim; soube então que, durante a minha vida, ele atiçara as chamas da decepção de meu pai em relação a mim, sua filha mais nova.

Eu alcançara um lugar promissor com meu pai, mas sabia que a batalha com meu único irmão continuaria.

Fiz um gesto desprezível com a mão para Ali enquanto pedia a Abdullah que recebesse a fotografia de minha mãe das mãos de Mohammed. Em seguida, disse a minhas irmãs: "Esta fotografia de mamãe pertence a todas nós. Decidiremos juntas o melhor lugar para pendurar este retrato para que todas vocês o vejam assim que entrarem em minha casa."

Minhas irmãs ficaram felizes e assim me disseram, sem nenhuma delas expressar ciúme de que nossa mãe tivesse se preocupado mais com sua filha mais nova e mais instável.

Logo nossos convidados começaram a partir. Apenas Ali não se despediu ou me agradeceu pela noite. Embora sentisse que algum assunto inacabado com Ali resultaria daquela noite, não dei importância para a ideia. Não queria estragar minhas lindas lembranças com preocupações sobre algo que poderia nem vir a acontecer.

A noite fora uma das mais adoráveis que já vivi. Antes de irmos deitar, Kareem e eu desfrutamos de uma caminhada em nosso jardim, conversando sobre a família e sobre os momentos alegres que passáramos na companhia de nossos familiares.

Foi um dos poucos momentos em minha vida no qual não tinha nada do que reclamar. Uma paz se apossou de mim e amei cada momento de suavidade que me cercava. Sussurrei uma oração: "Obrigada, Alá", e me cobri com a beleza da noite, minha alma inquieta temporariamente em paz.

Capítulo 4

Sim, as mulheres podem governar

Desde a infância já vivi muitos momentos extraordinários, com bons e maus se alternando em um piscar de olhos. Muitos de meus problemas na infância aconteceram porque eu era mulher e lutava para governar minha própria vida. Isso não é necessariamente algo bom em uma sociedade dominada por homens: todos os homens na minha vida, sobretudo meu pai e meu irmão, achavam ser direito deles me dominar — com violência, se necessário. Não obstante as punições que me impuseram, nunca deixei de lutar. Por quê? A razão é simples: desejava estar no comando de meu destino e tomar minhas próprias decisões.

Após me casar e tornar-me mãe de um filho e duas filhas, meus problemas continuaram. Na realidade, o ritmo excitante desses altos e baixos aumentou: não sou uma esposa que aceita facilmente as regras do marido. Exijo me expressar em tudo que afeta minha vida, e a vida de meus filhos. Felizmente, Kareem é um homem inteligente e sabe que a felicidade será ilusória se apenas uma pessoa no casamento tiver poder. Dessa forma, criei minhas filhas para sentirem o poder das escolhas pessoais e para saberem que devem governar as próprias vidas também.

Minhas duas filhas nunca deixaram de expressar seus pontos de vista. Devido à natureza particularmente sincera delas, e ao fato de que nenhuma delas cede facilmente, nossas vidas, muitas vezes, foram bem tumultuadas. Até depois que Abdullah e Amani saíram de nossa casa para se casarem e que Maha se mudou para longe da Arábia Saudita, a confusão e o caos emocional geral persistiu em nossa vida familiar.

Essas revoltas, no entanto, têm valido a pena, pois os membros de nossa família reconhecem que os sentimentos das mulheres são valiosos. A liberdade pessoal gera revolta. As mulheres são pacatas, passivas e infelizes quando os homens ao redor delas se comportam como tiranos. Kareem e eu amamos Abdullah, mas o afeto por nossas filhas é igual ao amor por nosso filho. Na nossa família, as mulheres são assertivas; os homens, tranquilos. Kareem e Abdullah esforçam-se ao máximo para evitar o confronto, enquanto minhas filhas movem-se felizes na direção oposta. Por causa dessas diferenças de personalidade muitas foram as vezes em que os desejos de nossas filhas se sobrepuseram aos desejos de nosso filho. Isso não é típico em um lar saudita, ou até em um lar real comum, onde aos homens é conferido tal status elevado que até a princesa mais mimada desiste de sua vontade para satisfazer as exigências de um príncipe.

Muitas vezes, o querido Abdullah nos acusa de permitir que as mulheres governem nossa casa completamente. Todas as vezes em que se sente manobrado ou em inferioridade numérica por causa de suas irmãs, nosso filho lamenta e resmunga: "As mulheres governam este palácio!"

Embora eu sinta no coração a dor dele, fico feliz por Kareem e eu termos construído um lar democrático, onde as mulheres estão tão aptas quanto os homens a saírem vencedoras em uma disputa familiar.

No entanto, quaisquer que sejam as peculiaridades por trás de nossa realidade, os distúrbios familiares criam sofrimento incontestável para meu marido, que, com o passar dos anos, tem cada vez mais certeza de que não consegue tolerar o tumulto infindável provocado por nossas filhas intransigentes. Houve momentos horríveis em que Kareem chegou a pensar em fugir dos filhos.

Foi um episódio envolvendo Amani que levou, pela primeira vez, Kareem a essa ideia surpreendente. O incidente ocorreu durante a visita de Amani, Abdullah e os respectivos cônjuges e filhos à nossa casa em Taif. O governo saudita e a maioria de nossos primos Al Sa'ud fogem do calor de Riade no verão e se acomodam na agradável Taif. A altitude da cidade é acima de 1.800 metros e o clima é tão moderado que a área é conhecida por seu mel, figos, uvas e outras frutas deliciosas. Desde a infância passo os meses mais quentes do verão saudita em Taif, para escapar do calor do deserto de Riade e da umidade do litoral de Jidá. As férias são sempre agradáveis e relaxantes para nós, pois Taif é uma cidade pequena, comparada a Riade. Há mais de 5 milhões de habitantes vivendo em nossa capital atualmente, enquanto Taif tem aproximadamente 500 mil residentes.

Quando Amani está presente, todos sabem que nossa família será observada vigilantemente por minha filha excessivamente religiosa. Amani nunca perde nenhuma das cinco obrigações diárias de rezar; inclusive, ela acrescenta três orações extras por dia para agradar a Deus. Por ser assim, quando estava em Taif em um ano, sob o mesmo teto da família, ela observou que o irmão, que sempre tivera dificuldade em levantar cedo, havia pulado duas manhãs da oração da alvorada conhecida pelos muçulmanos como oração *Fajr*.

No segundo dia, Amani não conseguia mais conter seu desgosto, o qual vinha aumentando há mais de 24 horas. Finalmente, ela irrompeu; levantando-se indignada do tapete de oração no meio de sua prece, ela correu para o apartamento privativo de Abdullah. Minha filha surpreendeu todos os que rezavam quando começou a golpear a porta com os punhos, gritando em voz alta, "Abdullah! Irmão! Você está se envergonhando! Não sabe que rezar é melhor do que dormir?"

A confusão se sucedeu quando a esposa de Abdullah, Zain, saiu do quarto, confusa com a gritaria e pensando que alguma crise estava acontecendo. Minha neta, a pequena Sultana, acordou e começou a chorar, temendo que algo estivesse errado com a mãe. Abdullah, semivestido e assustado, saiu então cambaleando de seu apartamento, olhando furiosamente em todas as direções. Ao ver a expressão agressiva de Amani e constatar a causa da agonia de sua família, meu filho deixou claro que já suportara o suficiente da irmã intrometida. O Abdullah calmo e relaxado mudou em um instante e, pela primeira vez na vida, olhou furioso para a irmã mais nova, a face se transformando em uma careta feia ao mesmo tempo em que gritava: "Amani, que Deus paralise sua língua!" Meu filho virou-se com uma fúria aguda, mas não antes de atirar um segundo insulto: "Cuide de suas próprias orações, Amani", resmungou ele. "E espero que uma mosca gorda pouse sobre sua boca grande!"

Esse é um insulto grave, pois todos os muçulmanos sabem que é importante manter a higiene da boca e as mãos e os pés limpos, sobretudo durante o momento de oração. Essa foi uma afronta significativa de meu paciente filho!

Quando Abdullah juntou a esposa e a filha e bateu a porta na cara de Amani, eu o ouvi gritar: "Não, Amani! Você não pode ditar as regras sempre!"

Depois de ouvir esse conflito furioso, fiquei aliviada porque meu gentil filho não seria pressionado para sempre por sua irmã dominadora.

Ao mesmo tempo que é conspicuamente insensível com os outros, minha filha mais jovem é intensamente sensível com ela mesma, e uma cena barulhenta irrompeu mais adiante quando a chorosa Amani correu para o pai para reclamar que Abdullah a desrespeitara sem razão alguma. Estava apenas tentando manter seu irmão muito amado no caminho certo para o paraíso, ela alegou.

Ouvi atentamente, triste por Amani estar tentando manipular o pai dessa forma. Isso é algo que determinei não fazer: acredito que enfrentar a resistência com autoridade e convicção é sempre o melhor a ser feito para conseguir resultados e obter respeito. A menos que a situação seja extrema, e vida humana não esteja em perigo, não uso ou recorro à minha feminilidade. Não choro ou lastimo. Sei que há momentos em que as mulheres estão erradas, também; certamente, Amani demonstrou isso em mais de uma ocasião.

Kareem ouviu com atenção, mas não se deixou seduzir pela filha mais nova, como fizera muitas vezes no passado. "Por favor, diga-me quais foram suas ações ou que palavras disse, Amani, para causar tal ataque de seu irmão."

As lágrimas de Amani tornaram-se verdadeiras quando ela percebeu que o pai não tomaria o seu partido e repreenderia o irmão sem antes questioná-la. Embora tenham sido necessários muitos minutos para que Kareem acalmasse a situação, ele nunca questionou Abdullah sobre as acusações falsas de Amani. Meu marido e eu conhecemos bem nossos filhos.

Após Amani retornar para suas orações e Abdullah prometer se juntar a nós para tomar o café da manhã, meu marido, exausto, chamou-me para segui-lo até nossos aposentos. Após fechar e trancar a porta, ele sussurrou: "Sultana, vou tramar nossa fuga. Estou procurando um refúgio secreto em uma terra distante. Vamos fugir de nossos filhos desagradáveis", falou ele, com um olhar sério.

Confusa, perguntei: "O que você está dizendo, marido?"

Ele me acalmou: "Não se preocupe. Veremos nossos filhos de vez em quando. Talvez planejemos uma visita anual em uma praia na França, para umas férias com a família. O restante do ano, desfrutaremos da vida sem nossos filhos e suas constantes brigas." Ele parecia preocupado e muito sério a respeito desse plano. "Faça uma lista de lugares onde gostaria de morar, querida, e comprarei uma bela casa lá. Mas se assegure de não contar para nossos filhos."

Não desrespeito meu amado marido, mas admito que ri de seu plano ridículo. Não obstante a péssima conduta de meus filhos, não conseguiria suportar ficar separada deles por mais de algumas semanas. Amo meus filhos e netos com todo o meu coração. Nesse instante, estava determinada a dominar Kareem.

Abracei meu pobre e perturbado marido enquanto destruía sua fantasia de tranquilidade. "Você está sonhando, marido", disse. "Até o dia em que uma mortalha branca seja colocada sobre meu corpo imóvel e eu seja enterrada nas areias de nossa terra, eu e você sempre permaneceremos prisioneiros dos dramas da vida de nossos filhos."

Kareem ficou aborrecido por vários dias e eu adverti nossos filhos sobre seus comportamentos. Disse-lhes que o pai estava muito sobrecarregado com os constantes confrontos, que ele estava tendo pensamentos loucos sobre abandoná-los. Essa revelação atraiu a atenção deles, e por vários meses a partir de então Amani se comportou da melhor maneira.

Porém, os conflitos entre irmãos começaram novamente no mesmo ano, especialmente entre nossas duas filhas. Como pais, os conflitos criados por nossos filhos ainda nos atormentam, uma confusão seguida de outra, como um gigantesco tsunami lançando onda após onda castigando o litoral.

Contudo, não são só nossos filhos os responsáveis pelos problemas que surgem em nossa família. Às vezes, os membros agregados à família desempenham seu papel ao causar conflitos e distúrbios. Portanto, não foi surpresa alguma que o que deveria ter sido uma das noites mais agradáveis e recompensadoras de minha vida tenha terminado em lágrimas.

Esse incidente particular envolveu minha filha Maha e a filha de meu irmão, Medina; elas criaram uma das cenas mais horrendas com que já deparei — e essa cena resgatou a lembrança da fúria de meu irmão Ali em todas as nossas mentes.

Essa situação perturbadora ocorreu três dias após as festividades em minha casa — e várias semanas antes da volta programada de Maha para a Europa. Maha e Amani concordaram em se reunirem de uma forma pacífica o tempo necessário para nós três trocarmos ideias com minhas irmãs sobre o local e a posição ideais em minha casa para expor a linda fotografia de nossa mãe, o retrato precioso que fora redescoberto após muitos anos.

Minhas irmãs e eu, junto com nove de nossas filhas, havíamos resolvido o melhor horário para nos encontrarmos e planejamos deleitar-nos com um chá da tarde. Esse seria um encontro comemorativo em honra de nossa mãe. Infelizmente, nenhuma das netas de mamãe nascera a tempo para ter lembranças de sua avó maravilhosa.

A tarde ansiosamente esperada finalmente chegou. Sara e eu nos sentamos sozinhas, esperando nossas irmãs e suas filhas, pois tínhamos pedido que chegassem mais cedo. Olhei rapidamente para o relógio dourado todo trabalhado na mesa lateral antes de expressar minhas preocupações: "Espero que todos cheguem na hora." (Os sauditas são notórios por chegarem atrasados a quase todos os encontros, sejam reuniões de negócios ou reuniões festivas. Soube que homens de negócios estrangeiros reclamam dessa peculiaridade.)

Sara pegou seu telefone celular: "Vou ligar para minhas meninas."

Sara dissera que as filhas chegariam juntas, uma vez que todas seriam conduzidas pelo motorista indonésio mais confiável da família. Embora o telefone de Sara não estivesse no meu ouvido, assim que a ligação foi completada pude ouvir por acaso o riso barulhento e a conversa empolgada das meninas. Ao contrário de minhas meninas, as filhas de Sara se adoram e seus momentos juntos são geralmente cheios de alegria.

Olhei para o rosto de minha irmã e comecei a me preocupar quando vi sua testa se franzir. Após arfar um suspiro alto, ela desligou a ligação, dizendo-me: "Elas estão presas no engarrafamento."

Estalei a língua por causa do aborrecimento. Desde que nasci, a cidade de Riade tem sido incomodada pelas construções ou consertos e manutenções e pelo congestionamento do trânsito. Por quê, eu não sei, pois há muitos comitês municipais especialmente formados, cujos membros estudam continuamente e planejam os melhores métodos para o controle do trânsito, mas nada nunca alivia os engarrafamentos medonhos de meu país. Até os membros da casa real Al Sa'ud têm de tolerar o aborrecimento das filas de carros. Salvo se for o rei da Arábia Saudita, o príncipe da Coroa ou uma das princesas da mais alta posição, não haverá medida específica alguma para liberar os engarrafamentos e possibilitar uma movimentação rápida no trânsito.

"Assad me disse que são os jovens que causam todos os problemas", Sara declarou com convicção serena. "Ele diz que recentemente se reuniu com nosso primo Turki bin Abdullah, que informou Assad sobre as notícias assustadoras de que nosso país tem a taxa mais alta de acidentes rodoviários na região inteira."

"Bem, nossa cidade se transformou de um pequeno povoado para uma cidade de mais de 5 milhões de habitantes em apenas poucas gerações", lembrei-a. "Talvez as altas estatísticas resultem naturalmente porque poucos se desenvolveram em muitos."

A mente de Sara repentinamente se concentrou nas estatísticas impressionantes que o marido mencionara; logo ela não prestava nenhuma atenção a mim. "E, até mais preocupante, Sultana, temos as taxas de mortalidade mais altas em acidentes rodoviários de quase qualquer país no mundo, se você pode acreditar nisso! São os rapazes que dirigem embriagados, que fazem aquelas derrapagens bobas e façanhas dirigindo em duas rodas que estão criando muitos problemas de trânsito."

"Bem, certamente Turki sabe do que está falando", respondi.

Nosso primo Turki — um dos filhos do rei Abdullah — era bem-posicionado para saber sobre tais assuntos, uma vez que era vice-ministro do governo da região de Riade. E eu, assim como Sara, já tinha ouvido sobre os jovens que dirigiam embriagados e das façanhas de derrapagens, atividades muito perigosas para o bem-estar dos jovens sauditas.

"O tédio está matando nossos jovens sauditas", falei com autoridade. Dei de ombros e ergui as mãos: "O que há para eles fazerem?"

"Sim, ouvi muitas histórias tristes", respondeu minha irmã.

"Ah, vamos falar de algo agradável, Sara", disse, não querendo pensar em todas as mães sauditas que um dia poderiam velar seus filhos: meninos inegavelmente bons, mas, após serem contaminados pelo tédio, apostavam corrida com seus carros em duas rodas, quase garantindo que logo seriam enterrados em uma cova.

Pedi a uma de nossas empregadas para renovar nosso chá antes de continuar minha conversa com Sara.

"Vamos conversar sobre mamãe", sugeri, entusiasmada.

Uma expressão de felicidade voltou ao rosto de Sara. "Que sorte a nossa o empregado de papai ter encontrado a fotografia de mamãe."

"Sim, sim", concordei.

Pela aparência física e comportamento de papai, todos sabíamos que seu tempo na Terra era limitado. Tivesse falecido antes de o empregado ter descoberto o caixote de madeira misterioso, muito provavelmente teríamos perdido a fotografia de nossa mãe para sempre.

"Eu não percebera a imensa beleza de mamãe!", falei, pensando que das dez filhas de minha mãe, apenas Sara se comparava à beleza rara dela. No entanto, a esplêndida genética marcou todas as filhas de alguma forma; embora minhas duas irmãs falecidas, Nura e Reema, se parecessem mais com meu pai.

Sara sorriu. "Ah? Bem, você era jovem quando ela morreu, Sultana. Todos pareciam velhos para você. Sempre soube que mamãe foi uma das mulheres mais bonitas em toda a família Al Sa'ud. Eu ouvi conversas de vários primos de que a percepção de sua beleza era amplamente conhecida."

Enquanto tomava meu chá, pensava na beleza de mamãe, perguntando-me como não havia reparado em tal encanto. Exatamente quando abria a boca para perguntar a Sara como uma mulher conseguia manter a boa aparência após dar à luz 11 filhos, ouvi a voz de minhas irmãs no corredor. Sara e eu andamos de braços dados para cumprimentá-las. Aquele dia seria um dos dias mais importantes de nossas vidas.

Pedi à minha empregada Aisha para buscar Maha e Amani em seus respectivos quartos. Apesar do casamento de Amani e da mudança de Maha para a Europa, ambas tinham aposentos espaçosos em nossa casa, para usarem sempre que desejassem. Só Abdullah desistira de seu aposento em nossa casa, embora sua nova casa fosse muito próxima da nossa e ele nos visitasse diariamente, se estivesse no reino.

Sara e eu ficamos juntas, cumprimentando felizes nossas irmãs e sobrinhas. As filhas animadas de Sara irromperam pela porta, vibrando por terem finalmente escapado do trânsito de Riade. Os cumprimentos ruidosos eram agradáveis a todos.

Ao ver Amani e Maha entrarem no espaçoso saguão, fiquei satisfeita de nenhuma delas parecer estar mal-humorada. Ao ver seus rostos amáveis, meu humor atingiu o pico da felicidade. "Hoje será um dia maravilhoso", anunciei para minhas filhas, irmãs e sobrinhas.

Após os refrescos, nos acomodamos para esperar a chegada do filho de Reema, Mohammed, e meu filho, Abdullah. Ambos eram esperados para chegar muito em breve, uma vez que lhes havia pedido que chegassem 30 minutos após as meninas; não queria que o evento fosse apressado, então, concedi tempo suficiente para as mulheres na família trocarem cumprimentos e novidades apropriadamente e, em geral, falarem umas com as outras. Meu filho e seu primo supervisionariam a colocação do retrato de mamãe, o qual repousava em um canto da sala, coberto por um tecido de seda verde. Tinha envolvido o retrato para que a cerimônia de descerramento tivesse ainda mais importância.

Minha irmã Dunia declarou em voz alta, para que fosse ouvida por todos: "Louvor a Alá! Nunca mais precisarei usar minha memória para invocar a imagem de mamãe."

"Sim", concordei. "Quero passar muitas horas sentada olhando fixamente para sua beleza elegante, lembrando de tudo que ela foi, e ainda é, para suas filhas."

A filha de Ali, Medina, nascida de sua terceira esposa, repentinamente fez um barulho estranho e eu me virei para olhar para ela, pensando que poderia estar se sufocando, ou, talvez, tendo um surto de emoção diante da possibilidade do descerramento do retrato da avó. Raramente eu ficava na companhia de Medina, pois ela tornara público desde o início de sua adolescência que não se importava comigo ou com minhas filhas. Sempre supus que ela acreditara na propaganda do pai contra mim. E por que não? A maioria dos humanos defende o que aprendeu na infância. Essa é a única razão por que eu, raras vezes, tenho raiva de Medina; ao contrário, ponho a culpa no verdadeiro culpado — meu irmão Ali.

Sinceramente, fiquei surpresa de ver Medina vir à reunião em minha casa, mas fiquei satisfeita, esperando que ela tivesse amadurecido e se aproximasse e desfrutasse relações amigáveis comigo e com sua família estendida.

De repente, Medina saltou da cadeira e surpreendeu a todos quando se dirigiu para a fotografia de mamãe, que ainda estava coberta pelo tecido de seda. Segurou o tecido e retirou-o do retrato, e enquanto todos olhávamos em completa surpresa, ela olhou com raiva para mim — os olhos cheios de fúria — e, em seguida, gritou: "Esta fotografia em breve estará em nosso palácio. Meu pai diz que ele tem de tê-la. Este retrato pertence ao lar do único filho da vovó."

Pequenas ondas de choque percorreram todo o meu corpo. Fiquei sinceramente paralisada. Antes desse incidente, não percebera o quanto Medina se parecia com o pai fisicamente; mas quando ela falou de modo ríspido comigo, os olhos fixos em mim e o rosto marcado com uma expressão ameaçadora, ela parecia exatamente como ele quando enfurecido.

Sara levantou-se e falou alto e de uma maneira enérgica, surpreendendo a todos porque minha irmã raramente fala em um tom que não seja suave e baixo: "Medina, segure a língua e cale a boca!"

Foi quando percebi os dentes grandes de Medina, os quais nesse momento pareciam pontiagudos. Inalei sonoramente.

"Não, tia", Medina respondeu, em um tom mais sutil, pois poucos em nossa família jamais se voltam contra Sara. "Vim hoje representando meu pai. Este retrato pertence a ele. Ele é o tutor das irmãs e o único homem da família. Ele guardará este retrato e convidará vocês para um encontro anual para que elas possam vê-lo!"

Para nosso absoluto espanto e preocupação, Medina, que é fisicamente grande e foi sempre mais forte do que a maioria — uma menina que era conhecida por bater nos irmãos —, ergueu o retrato de mamãe e lançou-se na direção da porta, segurando a grande fotografia emoldurada sobre a cabeça.

"Rápido, faça algo, ela está fugindo com o quadro!", gritou uma de minhas sobrinhas.

Todos gritamos; então, acionei nosso altíssimo sistema de alarme, o qual foi certamente ouvido longe. Ao nos pegar desprevenidas, Medina conseguiu escapar e passou pela entrada, saindo pela porta da frente em um lampejo.

Eu a persegui, mas Maha, uma corredora veloz, rapidamente me passou. Éramos uma caravana de mulheres agitadas: eu seguia Maha, e minhas irmãs e sobrinhas me seguiam. Os acontecimentos mudaram tão rápido que logo estava testemunhando uma visão horripilante: minha filha em luta corporal com a prima.

"Maha! Cuidado com o retrato de mamãe!", gritei, apavorada que ele pudesse ser destruído durante a briga delas.

Maha ouviu minha advertência e aliviou a mão do pescoço de Medina, uma vez que o quadro ameaçava cair nas pedras da entrada de nossa garagem. Foi quando Medina aproveitou a oportunidade para comprimir o retrato de mamãe no banco de trás do Rolls-Royce novo do pai.

Evidentemente, ela instruíra o motorista a ficar pronto para fugir, pois o motorista de Ali não estacionara na área usual, com o restante dos carros. Ouvi o motor funcionando. O motorista estava pronto para escapulir de nossa área. Medina fez um único movimento sem dificuldades e pulou no banco de trás do carro em movimento, lento, no início, antes de ganhar velocidade. Meu coração congelou quando vi Maha fazer uma tentativa de agarrar a maçaneta da porta. Fiquei satisfeita de ver que ela não conseguira. Não foi agradável ver minha filha se desequilibrar e cair rolando na colina coberta de grama, mas fiquei aliviada por ela não ter se machucado, graças sejam dadas a Deus.

Porém, o inimaginável havia acontecido. O veículo que carregava a fotografia preciosa de mamãe se fora.

Como se esse terrível incidente não tivesse sido suficiente, enquanto nos juntávamos na rua, vimos repentinamente Maha correr em direção a uma Mercedes que pertencia a uma de minhas irmãs ou a uma de minhas sobrinhas e pular no assento do motorista. Com a maioria dos motoristas relaxando e tomando chá em um dos pavilhões charmosos de nosso pátio, não havia nenhum para deter minha filha. Infelizmente, devido à segurança de nossa casa, que ficava atrás de cercas e portões altos, os motoristas haviam deixado as chaves na ignição.

Uma das filhas de Sara gritou: "Maha está dirigindo!"

Com a mão na boca, não consegui pronunciar uma palavra.

Amani tocou meu braço, dizendo: "Vou chamar papai." Em seguida, lançou-se para dentro de casa.

Antes de fechar os olhos em pleno terror, a última cena que vi foi minha filha fazendo o que é proibido na Arábia Saudita — dirigir um carro —, e ela o fazia em uma velocidade considerável.

"Ela está dirigindo muito rápido! Ela vai morrer em uma batida", berrava Dunia.

"Não, Maha é uma motorista muito habilidosa", murmurou Sara. "Ela não tem medo de nada. Ela alcançará Medina e voltará com o retrato de mamãe."

Em pouco tempo Amani correu para o meu lado, relatando as notícias tranquilizadoras de que o pai dela havia saído do escritório e estava a caminho do palácio de Ali, o qual não era muito distante do nosso. Eu suspirei, rezando para que Kareem conseguisse contornar essa enorme crise familiar.

Sara convenceu nossas irmãs histéricas e suas filhas estressadas a regressarem para suas casas, prometendo a todas que no momento em que a fotografia de mamãe voltasse ao seu lugar legítimo elas todas seriam avisadas e, mais uma vez, nós nos reuniríamos para a cerimônia de descerramento.

Evitei declarar que me asseguraria de que guardas estariam em serviço e dando proteção de forma que nem meu irmão nem quaisquer de seus filhos teriam permissão para entrar na área de nosso palácio.

Naquele momento, Abdullah e Mohammed apareceram. Achando que estávamos tão animadas para vê-los que havíamos nos reunido na entrada da garagem para recebê-los, eles ficaram assustados de ver nossas lágrimas e ouvir nossos gritos. Quando lhes contamos sobre a catástrofe, ambos expressaram espanto, mas mostraram uma determinação instantânea para corrigir uma injustiça terrível. Meu filho e meu sobrinho correram para seus carros. A cabeça de Abdullah apareceu na janela aberta do carro quando passou por nós, e ele gritou: "Não se preocupe! Vamos encontrar o papai no palácio de Ali. Traremos vovó para casa!"

Achei que talvez não fosse uma boa ideia colocar Abdullah em perigo, mas ele se fora antes que eu pudesse detê-lo.

Sara, Amani e eu tentamos acalmar nossos empregados e motoristas assustados, os quais haviam, nesse meio-tempo, se juntado a nós. Eles tinham ouvido nossos gritos de horror e estavam, muito compreensivelmente, amedrontados. O caos reinava! Os empregados e motoristas gritavam, enquanto as empregadas choravam; alguns estavam com medo de que nosso rei tivesse morrido, enquanto outros acreditavam que o país estivesse sendo atacado.

Por fim, todos entenderam que não havia nenhuma calamidade nacional, apenas uma crise familiar que precisava ser administrada com rapidez.

Entramos de volta no palácio para esperar por informações, embora tenha se passado muito tempo até sabermos de qualquer notícia.

Finalmente, nossos entes queridos retornaram, mas só de olhar soubemos que não estava tudo bem. Amani gemeu quando Kareem, Abdullah e Maha apareceram. Os três cobertos de sangue ou, pelo menos, assim acreditávamos, com base nas evidências diante de nossos olhos. O que parecia sangue pingava dos rostos e das mãos deles. Pensando que todos haviam se envolvido em um acidente de carro horrendo, esforcei-me para me movimentar, mas rapidamente descobri que as pernas eram incapazes de suportar meu corpo. De novo, eu estava em choque.

Quando consegui me levantar, não sabendo bem o que fazer ou quem precisava de atenção primeiro, olhei para Kareem, que parecia estar cambaleando. Apelei a ele: "O quê? O quê?"

Kareem engolia em seco procurando respirar, mas levantou as mãos, as palmas visíveis para mim; elas estavam de uma cor rosada.

Sara estava igualmente preocupada e desejava uma explicação também: "O que aconteceu?"

Com voz assustada, Amani então perguntou: "Pai, você está ferido?"

"Não, não estamos feridos", disse Kareem, finalmente.

Fiquei muito confusa naquele momento e fiz um gesto para o corpo de meu filho: "O que é esse sangue, então?"

Por um momento de parar o coração tive medo de que eles tivessem machucado Medina, ou, possivelmente, Ali tivesse sido machucado. Embora eu seja uma pessoa que luta contra a injustiça e seja conhecida por beliscar meus filhos ou puxar suas orelhas quando se comportam mal, não gosto de violência.

Maha, cujo corpo todo, da cabeça aos pés, estava coberto em líquido vermelho, finalmente disse: "Isto não é sangue, mamãe. Isto é tinta vermelha. Seu irmão, a peste da filha dele e vários de seus filhos jogaram tinta vermelha em todos nós."

Não consegui compreender o que estava ouvindo. "Tinta?"

Abdullah, então, explicou tudo. "Sim, mamãe. Quando chegamos, Maha já havia tirado a fotografia das mãos de Medina. Rapidamente colocamos o retrato no porta-malas grande de papai. Mohammed, achando que a crise terminara, saiu. Em seguida, nós três tolamente ficamos juntos na entrada da garagem discutindo como retornaríamos com o carro da tia Dunia sem que Maha dirigisse e, enquanto conversávamos, aquela gangue de ladrões saiu de trás dos grandes arbustos próximos da entrada da garagem e veio em nossa direção, jogando baldes de tinta vermelha.

Não conseguia imaginar tal cena. Esse foi um dos raros momentos em minha vida que fiquei sem reação.

Sara, que conhece todo tipo de tinta, até tinta de parede, devido aos anos como artista, contraiu os lábios e gentilmente perguntou: "Essa tinta é à base de água?"

A pregunta imprevista de Sara instantaneamente gerou certo alívio, e todos nós começamos a rir histericamente.

"À base de água?", Abdullah perguntou.

Kareem se esforçou para recuperar o controle de seus sentidos. Ele ria tanto que foi necessário algum tempo para que pudesse fazer ao filho uma última pergunta: "Abdullah, filho, como você deixou de perguntar a Ali se a tinta era à base de água?"

Abdullah, ainda rindo de maneira incontrolável, finalmente desmoronou no chão, arruinando meu querido tapete branco, enquanto Maha se apoiava com as mãos ensopadas de tinta nas costas de meu sofá favorito, estragando o tecido dourado exclusivo que procurara tão apaixonadamente por toda a Ásia.

Porém, não me desesperei nem por um segundo: importava-me somente com a segurança daqueles que amo.

Felizmente, apenas o orgulho deles foi ferido, pois descobriu-se que a tinta *era* à base de água e, portanto, meus três amores puderam, após alguns dias de banhos múltiplos e muito se esfregarem, remover a tinta vermelha do cabelo e da pele. Não conseguimos deixar de pensar sobre onde Ali e os filhos tinham achado latas de tinta vermelha para o ataque.

Alguns meses mais tarde Medina telefonou para Amani para gabar-se de seu papel no drama daquele dia, revelando que Ali estava no processo de construção de um salão de dança para sua nova esposa síria Sita, que contratara uma dançarina da Argentina para ensiná-la o tango. Sita, que gosta de decorações extravagantes, insistira para que o grande salão fosse pintado com um tom vivo de vermelho, e foi aquela tinta que estava ao alcance quando Ali e os filhos procuraram algo para usar no ataque à minha família.

Para nossa alegria sem fim, o retrato de mamãe não foi danificado. Se não tivesse sido enfiado na mala do carro de Kareem, Ali e a família teriam imprudentemente coberto o retrato de mamãe com tinta vermelha, arruinando-o totalmente de modo irrecuperável. A fotografia de nossa mãe, a qual suas filhas consideravam um grande tesouro, estaria perdida para sempre.

O fato de o retrato de mamãe ter estado próximo da devastação total fez com que minhas irmãs ficassem ao meu lado com determinação, e, dessa vez, todas estavam muito desapontadas com seu único irmão, que, obviamente, preferia destruir o retrato de mamãe a vê-lo exposto em minha casa. Até hoje minhas irmãs e as filhas ainda sentem uma imensa fúria com relação a Ali. Elas todas já disseram a ele que a raiva delas alcançara uma intensidade tamanha que nem ele nem os membros de sua família são bem-vindos em suas casas. Elas dizem que é hora de ensinar uma lição a Ali: embora não sejam homens, suas irmãs *não são* desprovidas de direitos. E, portanto, pela primeira vez em nossa família, as mulheres ditaram as regras.

Sara estava tão desapontada com o irmão mais novo que se aproximou de nosso pai para revelar o comportamento negligente de Ali e Medina. Sara relatou que até nosso pai expressara uma imensa raiva pelo que Ali e Medina haviam feito. Papai disse que eles se colocaram contra os desejos de nossa mãe e a promessa que fizera a ela em seu leito de morte. Para ele, Ali e os filhos haviam causado vergonha à família.

Abdullah trouxe um sorriso para meu rosto quando discursou sobre a situação, dizendo: "Mamãe, a maioria das pessoas acha que as mulheres sauditas precisam de um homem para protegê-las. Mas, nesse caso, é um homem saudita, meu tio Ali, que precisa de proteção."

"Se ao menos fosse assim, meu filho", respondi.

Porém, ao menos todos agora sabiam que era Ali quem tinha o espírito maldoso e não sua irmãzinha, a quem ele sempre culpava por tudo. E isso me trouxe um pequeno conforto.

A última coisa que soube foi que papai estava tão furioso que, quando surgia uma ocasião de ver Ali, ele recusava os esforços do filho para beijar sua mão ou para se juntar a ele em uma refeição em sua casa. Ali, que se acostumara desde que era bebê a ser tratado como uma criança preciosa, ficou tão chocado por ser o objeto do desapontamento e desgosto do pai que programou uma viagem ao exterior, planejando ficar quieto e indefinidamente em seus palácios na França e na Espanha.

Ali não se arrependeu, no entanto, e foi um choque quando me contaram que meu irmão pedira a todos em sua família que rezassem para Alá para que eu perdesse minha visão. Meu irmão me odeia tanto que não deseja que eu desfrute da maravilhosa fotografia de minha mãe.

Seu antagonismo extremo foi, e sempre fora, uma grande inquietação para Kareem e meus filhos, pois quem sabe de que outra forma o ressentimento dele pode se manifestar no futuro. Com certeza, o conhecimento de suas orações vingativas me causara certa ansiedade, e marquei diversas consultas com especialistas para acompanhar quaisquer problemas de visão. Ficava muito aliviada a cada vez que ouvia os médicos dizerem que meus olhos ainda eram os de uma jovem sem quaisquer enfermidades ameaçadoras. Alá decidiu não atender os pedidos de Ali em sua oração desejando que eu ficasse cega. As ações de meu irmão, desde a infância, não deixam dúvidas em minha mente de que ele é um homem muito mau.

Após anos de divergências, e até de brigas com meu irmão, acredito que Ali agirá contra mim e minha família algum dia. Talvez ele adie suas conspirações até nosso pai falecer. Não há nada a fazer a não ser esperar por meu destino.

Kareem está tão determinado a proteger o retrato com segurança em nossa casa que contratou peritos especializados, que trabalham protegendo as pinturas mais valiosas nos museus europeus, para virem ao nosso palácio e instalarem um sistema de alarme que disparará caso alguém tente retirar o retrato de mamãe de nossa parede.

Deixe Ali enviar Medina ou qualquer um de sua família imediata para tentar roubar o quadro e eles ficarão surpresos ao depararem com uma resistência bem-elaborada. Não que eles venham a ter a oportunidade, pois nossos empregados sabem que nenhum dos membros da família imediata de Ali está autorizado a entrar na área de nosso palácio.

Apesar de minhas preocupações e medos com relação a Ali, ainda tenho uma enorme alegria. Todas as manhãs em minha casa, em Riade, tenho o prazer de saudar o retrato de minha mãe. Sinto o amor vigoroso que sempre senti por mamãe, e seu amor por mim. Ao olhar para seu lindo rosto, tenho a sensação de que ela está me abraçando, tão certamente quanto seus amorosos braços costumavam me envolver quando eu era bebê. Embora esteja em sua sepultura há muitos anos, seu retrato me dá a sensação de que está mais uma vez ao meu lado. Seu espírito bondoso revitalizou minha força para continuar a árdua batalha que venho travando desde jovem: ajudar qualquer mulher que encontre que possa precisar de assistência.

Em uma manhã agradável, olhei fixamente para minha mãe e sorri, dizendo-lhe: "Mamãe, em um curto espaço de tempo as mulheres sauditas começaram a percorrer um maravilhoso caminho para a liberdade. Muitas começaram a governar as próprias vidas."

Incógnito para mim, enquanto falava essas palavras, meu dedicado filho Abdullah entrara na sala e estava parado a poucos passos atrás de mim. Ele sorriu e olhou para o retrato da avó; então, envolveu-me em um abraço sincero.

"Sim, vovó!", ele gritou. "Acredite em sua filha, Sultana. As mulheres mandam!"

E, então, com o coração cheio de satisfação e expectativa por melhores vidas para todas as mulheres, continuo minha jornada.

Capítulo 5

Dra. Meena:
a riqueza da educação

A maior riqueza de todas é a educação. Enquanto grandes fortunas podem ser perdidas, a educação não pode ser tirada, ou cancelada, ou anulada. A educação se multiplica como nenhum outro investimento, porque ela estimula uma fome que nunca se sacia. É por isso que tenho passado grande parte da vida adulta difundindo a ideia de que a educação é riqueza.

A verdade sensacional é que, enquanto desafios assustadores para as mulheres em meu país ainda persistem, muitos progressos foram alcançados em todos os aspectos da vida cotidiana de uma mulher.

Nossa vitória mais importante foi na esfera da educação. A primeira escola para meninas na Arábia Saudita foi fundada em 1956, e em apenas duas gerações a educação tornou-se disponível para quase todas as mulheres sauditas.

Na minha infância, a educação era restrita, sobretudo, às elites. Minhas irmãs e eu fomos ensinadas por uma tutora estrangeira particular, uma mulher que foi contratada especificamente para ensinar as filhas da família real — claro, somente os verdadeiramente ricos podiam empregar tal professora.

Poucos sauditas plebeus julgavam que o aprendizado fosse essencial para suas filhas; a ambição principal da maioria das famílias era educar os filhos. Meu tio, o rei Faisal, e sua esposa, Iffat, que desfrutavam de um casamento excepcionalmente moderno, no qual a mulher participava das tomadas de decisões, ativou uma espécie de revolução ao trabalharem conjuntamente para tornar a educação para meninas alta prioridade.

No entanto, apesar dos melhores esforços de meu tio, poucas meninas sauditas ganharam uma educação além da leitura e da escrita básicas. Após o assassinato do rei Faisal por um de seus sobrinhos, em 1975, outros assuntos de estado tiveram prioridade e o progresso para tornar a educação acessível às mulheres foi paralisado. Na minha infância, os objetivos para o aprendizado das mulheres eram tão desanimadores que haviam poucas oportunidades para as meninas obterem o nível de educação que poderia levá-las a um doutorado ou uma graduação em medicina.

Lembro-me nitidamente do momento em que percebi que uma mulher poderia até mesmo trabalhar no campo da medicina. Foi no dia em que nosso motorista da família acompanhou mamãe, Sara e eu a um atendimento no consultório de uma dentista. Nós três estávamos sofrendo há algum tempo com dores de dentes excruciantes. Os dentes de trás de mamãe estavam apodrecendo. As gengivas de Sara estavam vermelhas e inchadas por razões desconhecidas para nós. Eu tinha mordido uma bala dura com tanto entusiasmo que lascara um dente na altura da gengiva.

O atraso para obter tratamento dentário foi resultado de haver muito poucas dentistas em Riade. Papai nunca permitiria que um dentista do sexo masculino visse a esposa dele com o rosto descoberto e olhasse dentro de sua boca, embora, por mais estranho que possa parecer, ele tenha permitido que um médico examinasse o corpo nu dela quando ela sentia dores tempos depois.

Mais tarde, mamãe confidenciou à filha mais velha, Nura, que tinha ouvido por acaso as instruções de papai para seu assistente, cujo trabalho era inspecionar todos os aspectos de tratamentos médicos para as mulheres na família, e essas instruções eram muito precisas e diretas. Ele decretara que, embora a esposa estivesse proibida de tirar o véu da face, ela poderia tirar a roupa. Desde que um médico não visse a face dela, não era impróprio para ele ver seu corpo. Tais concepções em minha cultura são inexplicáveis para mim.

Surpreendentemente, outras restrições mais severas permanecem para algumas mulheres sauditas; é raro passar um mês sem notícias de alguma pobre mulher que morreu só porque o marido se recusou a permitir que um médico a examinasse.

Assim que uma dentista inaugurou um consultório em Riade, o assistente de meu pai marcou uma consulta para nós. Se não me falha a memória, a dentista era uma mulher do Líbano, um país onde a educação não era rara para as mulheres. Lembro de sua expressão calma e de como era tão atenciosa com nossa mãe e suas duas filhas. Agora, adulta, percebo que ela provavelmente sentiu muita pena da gente. As mulheres árabes de outros países parecem sempre compreender que, apesar de nossa riqueza em petróleo, mulheres na Arábia Saudita são tragicamente pobres no que tange à liberdade pessoal. Embora mulheres de terras árabes menos ricas possam cobiçar nossa fortuna, elas nunca cobiçaram as muitas restrições severas impostas às nossas vidas.

Seja o que for que aquela dentista gentil possa ter sentido por nós, Sara e eu ficamos impressionadas com a juventude e o conhecimento dela. Até aquele dia, toda mulher que encontráramos não tinha uma carreira ou um emprego fora de casa.

Eu era muito jovem na época, mas Sara era mais velha e mais confiante. Ela fez muitas perguntas à dentista — sobre esse instrumento ou aquela máquina, ou onde ela obtivera sua graduação — e me recordo de como minha mãe ficou ruborizada, constrangida com o jeito desembaraçado da filha. No mundo de mamãe, esperava-se que as mulheres sauditas ficassem satisfeitas em ser esposa ou mãe, e qualquer desejo ou ambição para trabalhar fora de casa era recebido com mágoa, até descrença.

Enquanto nós, mulheres, dávamos minúsculos passos em direção à liberdade nas décadas de 1960 e 1970, tudo mudou para pior em 1979. Esse foi o ano perturbador, quando a Revolução Islâmica do Irã ocorreu e o monarca e ditador daquele país, conhecido como o xá da dinastia Pahlavi, foi deposto. Ele foi substituído pelo aiatolá Khomeini, o líder da Revolução Islâmica. Desde o começo, Khomeini deixou claro que era um homem que considerava as mulheres detestáveis; esse sentimento era espantosamente comum em homens religiosos.

Os homens na minha família ficaram amedrontados de que algo semelhante pudesse ocorrer na Arábia Saudita. Isso porque nosso país está repleto de homens que acreditam que Alá fala somente com eles. Com quase todo homem acreditando que é a única pessoa privilegiada por conhecer a verdade de Alá, discórdias infinitas ocorrem.

Meu tio, o rei Khalid, e seus irmãos acreditavam que a Arábia Saudita estivesse seguindo os passos do Irã. Essa crença surgiu nos últimos meses do ano de 1979, quando descontentes protestando contra o mandato de minha família fizeram reféns centenas de peregrinos que estavam em adoração na Grande Mesquita em Meca. A batalha subsequente durou duas semanas e custou a vida de muitos militantes, assim como os reféns e soldados sauditas que defendiam o governo de Al Sa'ud.

Ouvi, ansiosa, quando meu pai repetiu as palavras que nosso rei Khalid dissera, palavras que expressavam suas preocupações e aflições por nosso país, e pelo domínio de sua família nesta terra.

Pobre rei Khalid. Ele era um homem devoto que levava suas responsabilidades reais mais a sério do que a maioria, portanto, foi compreensível que ele tenha ficado perturbado com o caminho que muitos muçulmanos estavam tomando.

Depois que a crise da Grande Mesquita terminara, e os insurgentes sobreviventes haviam sido decapitados, os homens na minha grande família Al Sa'ud se reuniram para desenvolver um método de pacificar os radicais. Foi quando os homens que conheço como parentes confiscaram todos os direitos das mulheres sauditas, alegando que a liberdade para as mulheres aumentaria a fúria dos homens mais religiosos e ameaçaria a Coroa.

E foi quando, como mulheres, nossos passos incipientes na direção da liberdade sofreram paralisação. Os longos anos de nossa "estiagem" de liberdade pessoal resultaram em estagnação; não era mais dada atenção ao avanço das mulheres.

À medida que os anos se passavam, ouvia falar de médicas que trabalhavam em meu país, mas eram mulheres oriundas de outras terras, na maioria das vezes, da Inglaterra, da América e da Ásia. Para mim, essas mulheres não contavam, pois elas não aumentavam as oportunidades das mulheres sauditas. Havia bem poucas médicas árabes vindas de países vizinhos.

Porém, no ano de 2014, quando este livro estava sendo escrito, as mulheres sauditas estavam novamente ganhando terreno. Atualmente, quase todas as meninas sauditas são instruídas, pelo menos até os 16 ou 17 anos. E se os pais concordam, as meninas mais velhas têm permissão para continuar sua educação e obter trabalho em profissões de mais alta posição, como na medicina. Cada vez mais mulheres sauditas estão escolhendo serem dentistas ou médicas pediatras, e também estão se especializando como médicas para mulheres.

A luta tem sido tão intensa que nunca deixei de reagir com entusiasmo em todos os momentos em que soube que uma mulher saudita atravessara os muitos anos de escolarização para obter sua graduação em medicina. Nada me satisfaz mais do que marcar uma consulta com uma médica saudita; na realidade, eu me esforço para localizar as recém-formadas em Riade, Jidá e Taif, pois essas são as cidades onde passo a maior parte do tempo. Adoro encontrar mulheres que alcançaram seus objetivos e gosto de observar seus hábitos de trabalho, de analisar como lidam com a vida profissional no reino. Sei que as dificuldades aqui ainda são muitas. Tenho necessidade de compreender como essas mulheres agem no nível pessoal e de avaliar exatamente o que foi exigido delas para alcançarem objetivos profissionais tão significantes.

Tais pesquisas pessoais me ajudam a tomar decisões mais acertadas quando estou procurando a melhor maneira de ajudar mulheres a conseguirem realizar suas ambições, ou decidindo quais organizações apoiar em meus esforços para aumentar as oportunidades para mulheres em geral.

Apenas duas vezes deixei que médicas se inteirassem de minha missão ardente de gastar grande parte do meu tempo e dos meus recursos para garantir que todas as meninas tenham a melhor educação. É verdade que é bem difícil para mim guardar meus segredos quando estou na presença de uma mulher que admiro muito, uma mulher que não só sobreviveu, mas também conseguiu passar por uma das mais difíceis maratonas do mundo para conquistar uma boa educação e se tornar médica no reino da Arábia Saudita.

De modo geral, há três áreas nas quais pude ajudar mulheres sauditas no campo da medicina. Ajudei meninas que precisavam de educação, que podem ter seguido os estudos nessa profissão. Outras foram mulheres que precisavam de ajuda mais prática: ou haviam solicitado assistência médica aos quadros de diretores de diversos hospitais reais, que tinham, em seguida, contatado membros da família real — fui convocada nessa questão em muitas ocasiões, pois sou uma princesa de alta posição, conhecida por minha generosidade no que se refere às questões que afetam mulheres —, ou havia mães jovens que temiam pela vida das filhas, cujo bem-estar estava sendo ameaçado pelos pais, irmãos ou tios.

Certamente, nenhuma dessas pessoas jamais poderia imaginar que eu era a princesa Sultana, conhecida pelos livros sobre minha vida. Elas sabiam apenas que eu era uma princesa que dedicava muito tempo e dinheiro educando meninas e obtendo recursos do governo para custear tratamentos médicos necessários para aquelas que não podiam pagar.

Porém, a mudança está longe de ser completa no reino. Embora algumas mulheres sauditas estejam achando a vida menos complexa e perigosa do que na minha geração, muitas ainda precisam lutar sozinhas para sobreviver em um sistema construído por homens para manter o poder total sobre as mulheres. As batalhas que elas enfrentam, muitas vezes, servem para demonstrar que os problemas que pessoalmente enfrentei são cômicos e triviais se comparados.

Tendo descrito a dificuldade que há para mulheres sauditas concluírem a graduação em medicina, desejo compartilhar uma história particular sobre uma mulher especial. Frequentemente meus pensamentos vagam para essa mulher indomável, que nasceu em meio a uma das mais trágicas situações, contudo, por meio da força de vontade e educação, saiu das trevas da servidão para a luz. Vou me referir a ela como Dra. Meena, uma mulher saudita que tem o desejo e a habilidade de servir, e quem eu acredito estar alavancando algumas das maiores e mais necessárias mudanças para todas as mulheres da Arábia Saudita.

* * *

Conheci a Dra. Meena em 2012, quando fui convidada, junto com aproximadamente 15 de minhas primas, para assistir a uma conferência sobre educação para meninas sauditas em um dos hospitais reais em Riade. Ao chegar, dei instruções para meu motorista — um simpático muçulmano de meia-idade oriundo da Indonésia, chamado Batara — para dirigir para a frente do hospital de forma que eu pudesse entrar diretamente na sala de reunião. Batara trabalha para meu marido há muitos anos e tem a confiança total de Kareem. Por isso, é indicado como meu motorista pessoal quando estamos na Arábia Saudita. Ele leva seu emprego a sério e está muito satisfeito por ser tão confiável que até viaja de cidade em cidade conosco.

Nesse dia específico, ao perceber que eu iria entrar no hospital sem ele ao meu lado, Batara se opôs respeitosamente, pois considera uma obrigação vital de seu emprego que eu chegue com segurança a qualquer destino. Ele até vai mais longe, a ponto de tentar inspecionar o ambiente em que entrarei, embora nem sempre consiga realizar essa medida de segurança quando há outras mulheres sem véu no local. Várias vezes, quando me estendia mais do que o planejado em uma visita, Batara punha de repente a cabeça em uma janela aberta para observar a cena, assegurando-se de que eu ainda estava entre os vivos. Em uma ocasião divertida, ele criou uma comoção quando seu rosto curioso apareceu em uma janela. Ao não conseguir me identificar no meio de uma grande reunião, deu um grito angustiado, fazendo com que seis ou sete das mulheres mais conservadoras desmaiassem e outras corressem e se escondessem. Embora nossos empregados estejam acostumados a ver meu rosto sem véu, e os rostos de minhas irmãs e de Maha, outras mulheres não vivem tão livremente na Arábia Saudita, e suas famílias as forçam a usar o véu até mesmo quando ajudantes domésticos estão ao seu redor. Após esse dia, tive de ordenar a Batara que nunca mais causasse tal comoção. Ele não poderia aparecer perto de mulheres que não fossem de nossa família!

Porém, como visitara esse hospital mais de uma vez, e também participara de outros encontros nele, sabia exatamente aonde estava indo.

"Não", disse firmemente. "Por favor, estacione meu carro naquele espaço, Batara", e apontei para uma área onde os visitantes reais têm licença para estacionar a qualquer hora do dia ou da noite. Após desligar a ignição, ele deu a volta no carro e abriu a porta para que eu pudesse sair com facilidade. O tecido de minha túnica esvoaçante sempre agarra em uma ponta afiada ou outra e, portanto, não fico infeliz por Batara colocar qualquer tecido pendurado de lado e segurar a porta aberta para mim.

Dei uma olhada para a expressão ansiosa em seu rosto e sorri para mim mesma — não gargalhando, pois feriria os sentimentos dele. Sinto por ele ficar frustrado e ansioso, mas há momentos em que devo ficar sozinha para viver minha vida sem a proteção de um homem.

Ninguém me notou entrar pelas amplas portas do hospital, uma vez que estava usando o véu completo, então, caminhei sozinha e confiante pelo longo corredor que conduzia ao salão onde me aguardavam. Como já participara de diversos encontros naquele mesmo hospital, sabia exatamente aonde precisava ir. Sentia-me tão liberta quanto uma mulher saudita pode se sentir; era quase como se eu estivesse em umas pequenas férias, livre do caos usual da vida cercada por enorme rotina doméstica, repleta de empregados e membros da família.

Não vi nenhuma de minhas primas quando parei um momento para dar uma espiada ao redor do salão. Talvez estivessem todas atrasadas, pensei, uma vez que muitos membros de minha grande família têm a opinião de que é importante chegar por último de forma que os que não forem da família real sejam colocados em uma posição de aguardar pelos nobres. Eu não aprovo essa atitude, mas desde adulta observo que a arrogância é uma doença dos membros da família real. Na realidade, impressiona-me que pouco tenha mudado ao longo dos séculos e que a realeza em todo o mundo acredite estar acima de todos os outros, até mesmo os membros das famílias reais na Europa.

Repentinamente, houve um tumulto quando uma jovem saudita, que provavelmente havia sido designada para recepcionar os convidados, pareceu lembrar-se que havia abandonado seu posto. Observei seu rosto enquanto ela se dirigia para mim e imaginei que estivesse constrangida, provavelmente pensando que fora infeliz ao ter saído de seu posto exatamente quando um membro da família real chegara. Pude facilmente ver que aquela linda menina estava com medo — possivelmente apavorada — de que eu pudesse ter ficado aborrecida por seu descuido. Porém eu não me importei nem um pouco e, além disso, ela apresentava um sorriso tão grande que eu gostei dela imediatamente.

Sorri de volta, mas, certamente, ela não conseguiu ver meu rosto amistoso, pois eu estava coberta com o véu, o odioso traje que ainda uso quando me aventuro em público em Riade. Espero que chegue logo o dia em que a desaprovação das moças sem véu não mais contagiará a sociedade de Riade. Até hoje há adolescentes morando em Riade que, ensinados pelos pais e clérigos, consideram as mulheres cidadãs de segunda classe e arremessam pedras no que consideram ser uma visão ofensiva: um rosto de mulher descoberto. É meu desejo sincero que venha logo o dia em que as ideias de cidadãos ultraconservadores de Riade progridam a ponto de se igualarem aos residentes de mente mais liberal de Jidá, para que, pelo menos, um rosto descoberto não provoque violência nas ruas.

A jovem parecia empolgada por estar recepcionando um membro da família real, mas era muito tímida para iniciar uma conversa quando se aproximou de mim para me ajudar a retirar minha túnica. Com um movimento ligeiro, livrei-me do véu negro e em seguida perguntei a ela: "Você cobre seu rosto quando está na rua?" Fiquei imaginando se ela era ousada o suficiente para se rebelar, como eu fora quando jovem.

A mulher sorriu timidamente. Porém, antes de me responder, ela se desculpou: "Desculpe-me, princesa. Fui chamada por um momento."

"Ah, não se preocupe. Não sou indefesa." Olhei para ela novamente: "Diga-me, o que você acha do véu, o véu da face?"

Ela ficou surpresa com minha franqueza, mas nunca deixo de debater sobre o véu quando encontro jovens mulheres. Nada revela mais para mim sobre sua personalidade do que a vontade delas de lutar contra qualquer injustiça contra as mulheres e, certamente, contra algo tão pessoal quanto o véu, o qual não é exigido pela fé islâmica, como todos que estão verdadeiramente familiarizados com nosso livro sagrado sabem.

"Uso o véu quando estou em público", disse ela. Então, olhou em volta para se assegurar de que estávamos sozinhas antes de confessar: "Mas não gosto de usá-lo." Ao perceber meu sorriso de aprovação, ela deu uma risada travessa. "Meu pai não se importaria se eu não cobrisse o rosto, mas minha mãe e meus irmãos dizem que o véu serve a um duplo propósito: manter as moscas longe de minha boca e os pensamentos proibidos impedidos de entrar em minha mente."

Ao me dirigir para me reunir com as outras senhoras do encontro, ri com ela, dizendo: "Um dia, espero ver todos os homens que amam tanto o véu usarem um!"

Ela suspirou, um pouco escandalizada com meu comentário, mas pude notar que estava satisfeita de ter encontrado uma princesa disposta a expressar-se tão abertamente.

Caminhei na direção das outras mulheres com expectativa de alegria porque sabia que aquele encontro especial havia sido formado para se concentrar exclusivamente em atingir as adolescentes e estimulá-las a lutar por uma graduação em medicina. Nada me dá maior prazer do que notícias de que estudantes serão assistidas para alcançarem seus objetivos educacionais. Embora meu governo tenha feito da educação prioridade máxima, ainda há muitas famílias que, por falta de conhecimento, acreditam que seja errado educar uma menina. Essas são as filhas que devemos ajudar de qualquer maneira possível.

Foi aí que vi a mulher que um dia viria a ser minha amiga. Observei quando uma figura delgada, vestida em seu jaleco branco de médica, caminhou em minha direção. Sou uma mulher razoavelmente pequena, mas era imensa, comparada a essa médica. O rosto dela era desprovido de qualquer produto de beleza que tantas mulheres usam para realçar os traços; apesar disso, ela era atraente. Embora as mulheres sauditas prefiram cabelo longo, o estilo dela lembrava as mulheres retratadas nos filmes antigos de Hollywood que meu filho Abdullah dizia amar, quando as estrelas usavam um cabelo curto, com franjas. Ao contrário da maioria presente no encontro, ela não usava nenhuma joia além de um relógio simples.

Fomos apresentadas e trocamos cumprimentos amáveis. Procurei conversar com ela, mas essa mulher não era de conversa fútil. Precisei apenas de alguns momentos para entender que aquela médica saudita não era somente um rosto sério e uma mente séria, mas também uma mulher indiferente à realeza. Eu gosto dessa mentalidade, porque sei que ninguém nascido neste mundo tem influência no que se refere à sua herança terrestre. Alá decide tudo; se tivesse sido o Seu desejo, eu poderia ter nascido em meio a grande pobreza em outra terra, distante da Arábia Saudita. Somos todos como Alá deseja que sejamos.

Em pouco tempo todos os convidados esperados tinham chegado e, após os cumprimentos e os refrescos, incluindo o delicioso ponche feito de suco de abacaxi e outras frutas maravilhosas, fomos conduzidas para uma área onde havia um auditório. Ouviríamos histórias pessoais de mulheres nascidas sem privilégio em nossa terra — mulheres que haviam alcançado uma posição alta na vida e obtido essa grande conquista apesar de todas as adversidades. Essas palestrantes iriam esclarecer às mulheres ricas de nossa terra a respeito das dificuldades que tiveram de enfrentar. Esperávamos ir embora com ideias criativas para ajudar outras meninas sauditas envolvidas em lutas semelhantes.

Então, descobri que a Dra. Meena seria nossa primeira palestrante. Estava ansiosa para ouvir sua história. Observei sua pequena figura enquanto ela andava confiantemente para a plataforma elevada. Senti que aprenderia algo muito importante com aquela mulher.

Após ter sido apresentada com aplauso cortês, a Dra. Meena nos contou a história de sua vida. Rapidamente percebi que ela era a única palestrante a quem alguma vez assisti que não fez esforço algum para encantar a plateia com um sorriso. No entanto, sua história pessoal foi muito cativante, expondo como era a vida, e como ainda é, para tantas meninas e mulheres infelizes na Arábia Saudita. Sentei-me na beira da cadeira, encantada com sua elocução simples, mas vigorosa, e com a história que tinha para nos contar.

"Meu começo na vida não indicava nada de bom. Nasci em uma família pobre, em um pequeno vilarejo na área que hoje é conhecida como al-Kharj."

Conheço bem a região natal da Dra. Meena. Esta, como muitas na Arábia Saudita, foi uma área muito pobre na maior parte de sua história. Porém, os habitantes de al-Kharj são mais sortudos do que a maioria em nossa terra, pois há muitos uádis — leito seco de rio no qual as águas correm apenas na estação das chuvas — ou nascentes de água na área. Na realidade, a região é circunscrita principalmente por um vale amplo, chamado Wadi al-Kharj. Com água, os aldeãos conseguem, pelo menos, cultivar grãos e outras plantas. Lembrei-me de meu pai contando para meu irmão Ali histórias sobre o povo de Kharj; eles foram os últimos de toda Néjede a sucumbir ao domínio de seu pai. Porém, mais tarde, o povo da área tornou-se o mais leal à nossa família, juntando-se ao nosso avô, o rei Abdul Aziz Al Sa'ud, em suas batalhas para dominar e unir o país inteiro. Desde aquele tempo as pessoas da região são favorecidas por nossa família, muitas vezes sendo agraciadas com melhorias para as estradas e para o desenvolvimento de negócios e várias outras preferências em comparação com outras áreas do país.

A Dra. Meena continuou sua narração: "Caso alguém, em meu pequeno vilarejo, tivesse previsto que um dia a quarta e última filha de meus pais iria à escola e amaria aprender ao ponto de aspirar ser uma aluna para sempre, teria sido ridicularizado e, possivelmente, agredido com pedradas na cabeça."

A visão que ela nos deu sobre a descrença dos aldeãos e a agressão com as pedras foi considerada um pouco engraçada, mas, sentada em frente à muito melancólica Dra. Meena, ninguém teve coragem de rir, mesmo de modo abafado — nem mesmo a mais ousada de minhas primas princesas.

"Eu fui a última das quatro filhas de minha mãe."

Por toda a audiência de mulheres havia um sussurrar de comiseração por qualquer mulher que tivesse dado à luz quatro meninas. Firmei-me, olhando em torno para as mulheres no salão que expressavam compaixão pelo nascimento de uma mulher. Como me sentia furiosa até hoje com as mulheres que continuavam a apoiar a ideia de que se deveria ter pena da mãe de filhas. Minha mãe deu à luz dez filhas. Como mãe de duas meninas, considero tais reações um insulto pessoal. Porém, segurei a língua, pois aquele não era o lugar para uma desavença que poderia se transformar em confronto.

"Na realidade, meu nascimento assegurou à minha mãe um divórcio precipitado de meu furioso pai, que gritou palavras pavorosas: 'Eu vou me divorciar de você. Vou me divorciar de você. Vou me divorciar de você.' Minha mãe tinha três filhas jovens, e havia acabado de dar à luz uma quarta criança, e agora ela era uma mulher divorciada. Soube que meu pai nem mesmo dedicou um momento para recuperar o fôlego; ao contrário, dirigiu-se para minha mãe e a repreendeu severamente, acusando-a de arruinar sua vida ao dar à luz uma filha após outra. Naquela altura, seu desapontamento havia se desenvolvido em uma fúria horrenda. Ele amedrontou minha pobre mãe ao me tomar à força rudemente, a recém-nascida criança ao lado dela, e sair correndo pela porta de nossa cabana enlameada, erguendo-me por meus pequeninos braços e gritando que estava indo me enterrar viva no deserto. Em seguida, gritou por minhas três irmãs mais velhas para se alinharem em fila e esperarem por sua volta. Ele iria jogar aquelas três no poço do vilarejo. Todas as suas filhas morreriam!

"Um homem — meu próprio pai — estava ameaçando de morte a mim e minhas irmãs da forma mais cruel. Com certeza, eu devia estar gritando de agonia por estar sendo dolorosamente atirada de um lado para outro. Em seguida, ocorreu um milagre, vindo direto de Alá, o primeiro de muitos em minha vida. Minhas irmãs e eu estávamos sendo ameaçadas por um homem, mas, antes que o assassinato pudesse ocorrer, dois homens protegeram nossas jovens vidas. Fomos salvas pelas palavras do profeta Maomé. Suas sábias palavras desceram de séculos para serem proferidas por um de meus tios, que era muito mais inteligente do que o irmão, meu pai. Meu tio encontrara algum valor em suas duas filhas, embora se achasse que ele era mais gentil com as mulheres porque sua esposa o presenteara com cinco filhos antes de dar à luz suas duas filhas. Seja qual tenha sido a razão, ele salvou a vida de quatro jovens meninas ao repetir as palavras do profeta Maomé, que a Paz esteja com Ele, considerando que ele prometeu uma grande recompensa, vinda de Deus, por criar meninas gentilmente e com cuidado. 'Se alguém tem uma menina e não a enterra viva, ou a despreza, ou prefira os filhos [isto é, os meninos] a ela, Deus o levará ao Paraíso.'

"Enquanto continuava a repetir as palavras do Profeta, meu tio não mostrava agressividade, mas vagarosamente moveu-se em minha direção, a criança nas mãos de meu pai.

"Meu pai não queria ser conhecido como um homem que foi contra as palavras do profeta Maomé. Porém, em vez de me passar para as mãos gentis de meu tio, meu pai me atirou, uma criança indefesa, no chão sujo e saiu de nossa casa. Com raiva, ele gritou que estava saindo para organizar nossa partida, dizendo que outro homem poderia alimentar cinco bocas inúteis. Nunca mais quis ver novamente sua esposa divorciada, nem as quatro filhas para quem tinha dado a vida.

"Poucas horas após meu nascimento, minha pobre mãe, que havia resistido a um parto muito difícil sem cuidados médicos, foi expulsa impetuosamente do leito por duas mulheres que foram intimadas a ajudar a juntar seus pertences desprezíveis e as quatro filhas. Aquelas mulheres estavam nos preparando para deixar o único lar que minha mãe conhecera desde o dia de seu casamento.

"Meu pai voltou logo, insistindo que ela vagasse a cabana, fosse para fora e entrasse no banco de trás de seu danificado carro com sua trupe de meninas. Ela seria devolvida aos pais. Meu pai teve até a audácia de insistir que os pobres pais dela fossem forçados a devolver o dote de casamento, que tinha consistido de um conjunto de colar com pulseiras baratas, alguns carneiros e dez galinhas. A essa altura, meus avós não tinham sequer o carneiro para devolver, uma vez que nunca haviam se recuperado da doação de dotes de três filhas. Eles ainda tinham quatro galinhas magras que, às vezes, davam ovos para completar sua escassa alimentação.

"Soube que os passos de minha mãe deixaram rastros de sangue ao cambalear até a porta, chorando, implorando ao marido que lhe desse mais uma chance, prometendo que a quinta criança seria um menino saudável. Ela recebeu uma bofetada por seus apelos sinceros.

"E, então, um segundo milagre ocorreu, poucas horas após meu nascimento, um milagre que protegeu minha vida. Como todas vocês sabem, não obstante o que o Corão diz sobre a custódia de crianças, em nosso país, se um homem reivindica a custódia desde o primeiro dia de vida de uma criança, ninguém o desafia. Sua exigência será atendida em silêncio.

"Graças sejam dadas a Deus, pois meu pai não insistiu na custódia das filhas. Tivesse exigido a tutela, ninguém o teria impedido. Se isso tivesse acontecido, tenho certeza de que ele teria nos matado em pouco tempo, pois como nosso amável tio conseguiria ficar de guarda o tempo todo, todos os dias? Glória a Alá que minhas irmãs amedrontadas e a recém-nascida chorosa, que por acaso era eu, foram autorizadas a partir com nossa mãe.

"Mamãe disse que nosso pai a amaldiçoou a viagem toda, enquanto éramos transportadas com agressividade para a casa de seus pais idosos. E, então, minha pobre mãe se encontrava divorciada, com quatro meninas, mulheres que ninguém queria.

"Em vez de receberem com prazer a filha e as quatro netas, os pais de minha mãe brigaram com o ex-genro, dizendo que ele deveria levar sua família de volta para casa. Eles alegaram não ter um pedaço de pão para compartilhar com a filha e suas crianças. Porém meu pai os amaldiçoou, também, por ter uma filha que apenas conseguia dar à luz meninas.

"Meu pai, como tantos naqueles dias, era um homem ignorante, sem o conhecimento de que é o esperma do homem que determina o sexo de uma criança. Em sua mente não esclarecida, os bebês nasciam do corpo feminino, logo, a mulher era a parte responsável por tudo relacionado com a criança.

"Os pais de mamãe testemunharam, amedrontados, o ex-genro entrar em seu carro instável e deixar o vilarejo. Foi quando eles direcionaram sua hostilidade a ela. Plantaram-se como uma linha de combate unida na porta da humilde casa e disseram à minha mãe para ir embora para Riade, encontrar alguém no governo que a recebesse e às filhas. Meus avós insensíveis, na verdade, empurraram-na para o lado, fazendo uma vergonhosa tentativa de retornar para dentro da casa e trancar a porta para que nenhuma de nós conseguisse entrar.

"Mas minha irmã mais velha era muito inteligente. Ela tinha 6 anos de idade e sempre foi esperta. Sempre amou as histórias contadas pelos beduínos que visitavam nosso vilarejo, sobretudo a história na qual afirmavam que, uma vez que o nariz do camelo estivesse dentro da tenda, o corpo dele viria logo a seguir. Ela sabia que tinha de entrar na 'tenda' ou, nesse caso, na cabana. Entendendo que a situação era terrível, ela se espremeu entre o casal idoso e distraiu nossa avó agarrando-se a uma de suas pernas. Vovó tentou bater nela para fazer com que a largasse, mas minha irmã, mais tarde, alegou que os tapas fracos de vovó não se podiam igualar aos socos cruéis de nosso pai, lembrando a frequência com que ele batia na esposa e nas meninas. Então, ela assimilou os golpes e não encontrou dificuldade alguma para segurar com firmeza. Mamãe aproveitou esse momento oportuno para reunir sua última gota de força e avançar, passando pelo pai. Eu estava amarrada em um pano envolto em torno do pescoço de minha mãe e minhas outras duas irmãs agarradas ao tecido de seu longo vestido."

Pela primeira vez um sinal de sorriso atravessou os lábios da Dra. Meena. Ela disse: "Aquele antigo ditado beduíno era muito sábio, e eu sabia que a história sobre o nariz do camelo era verdade. Minha irmã fora o nariz do camelo; e nós, o corpo. Assim, estávamos todas dentro."

Todas no salão respiraram aliviadas, pois pelo menos a mãe e as quatro filhas jovens pareciam ter um teto sobre suas cabeças. Embora em minha vida eu tenha chorado lágrimas em abundância, comparadas às da Dra. Meena, eu fora privilegiada de muitas formas. Na realidade, não conseguia imaginar vida semelhante, embora tenha ouvido muitas histórias trágicas sobre as vidas de mulheres sauditas. Sem liberdade, qualquer coisa pode ocorrer a qualquer um.

Um silêncio reinou no salão quando a Dra. Meena continuou sua história.

"Mamãe era esperta o suficiente para não fazer questão de debater a situação com os pais. Ela só sabia que tinha quatro filhas a quem ela amava mais do que à própria vida, e que não tinha nenhum abrigo a não ser o de sua infância. Em vez de discutir, ela simulou ter desmaiado em um canto e fingiu estar dormindo. Minhas irmãs seguiram seu exemplo, embora tenham sido meticulosas para prenderem as pequenas pernas e braços em torno de mamãe. Felizmente, nossos avós eram idosos e sem forças para erguer todas as cinco, logo, ninguém iria a lugar algum.

"Mamãe disse que não dormiu um segundo naquela noite porque os pais ficaram sentados a noite toda conspirando sobre como nos forçariam a sair da casa deles.

"E, então, um terceiro milagre salvou minha vida. O primeiro ocorreu quando meu tio disse as palavras do profeta Maomé, proibindo os homens de enterrarem as filhas vivas. O segundo foi quando meu pai não reivindicou a custódia das filhas. E o terceiro milagre aconteceu quando o pensamento rápido de minha irmã tornou possível que tivéssemos uma casa; embora fosse um lar onde não éramos desejadas.

"Esses não foram os últimos dos milagres que me trouxeram a este salão, para falar a vocês como uma mulher que obteve o diploma de médica, em um país onde poucas mulheres jamais têm a oportunidade de alcançar algo semelhante.

"Acredito que tenha sido um quarto milagre, quando meus avós falharam em planejar nossos assassinatos. Mamãe estava muito fraca. As filhas eram muito pequenas. Eles poderiam ter nos colocado na fogueira, caso fossem um pouco mais cruéis do que eram. Porém, meus avós não eram tão malignos a ponto de planejar nos assassinar. Eles queriam que partíssemos, mas não conseguiriam cometer violência extrema."

A Dra. Meena fez um breve intervalo. Olhou ao redor do salão como se estivesse esperando alguém que não estava presente. Foi quando seus olhos se fixaram em meu rosto e senti uma onda de energia fluir na minha direção. Algo raro estava acontecendo, e eu não estava certa do que era. Felizmente, não senti medo daquela energia.

Ela reiniciou sua palestra, os olhos nunca se desviando de meu rosto. "Acredito em milagres. Estou aqui como um milagre para todas vocês. Estou certa de que muitas já ouviram seus homens falarem sobre os desejos de Alá como se Ele estivesse na cabeça deles. Eu, também, recebi dicas semelhantes de muitos dos nossos homens desinformados que afirmam que Alá favorece os homens em detrimento das mulheres. Porém, tal coisa não pode ser.

"Na noite de meu nascimento, Alá estava lá para realizar quatro milagres que salvaram cinco vidas femininas: a da minha mãe e as das quatros filhas.

"Mamãe disse que, na manhã seguinte, seu pai saiu de casa para visitar vários vilarejos vizinhos. Ele estava em busca de um homem, qualquer homem, que estivesse procurando se casar. Porém, nenhum homem respondeu de forma positiva. Vovô se lamentou de maneira amargurada que não tinha conseguido encontrar qualquer homem, nem mesmo um homem velho, careca, ou com dentes podres, que desejasse uma mulher com quatro filhas para cuidar de suas necessidades.

"E, então, nossas vidas melhoraram, em alguns aspectos, e ficaram mais difíceis em outros. Embora não estivéssemos correndo risco de sermos assassinadas, os pais de mamãe nos batiam quando ficavam frustrados com nossa presença. O orgulho de mamãe foi extremamente ferido quando ela se tornou um fardo humano indesejável, morando na casa de seus pais idosos, uma habitação queimada de sol, feita de tijolos de barro, com apenas três ambientes. A simples moradia, com espaço suficiente apenas para duas pessoas, foi, repentinamente, inundada com três adultos e quatro menininhas.

"Apesar disso, estávamos agradecidas por termos abrigo das forças da natureza e haver alguma comida, embora nunca o suficiente para quatro crianças em crescimento."

A Dra. Meena pausou e gesticulou, passando a mão sobre a cabeça. "Sou atrofiada em crescimento. Minhas irmãs são pequenas, de tamanho semelhante. Minha falta de alimentação quando criança explica por que eu tenho de olhar para cima perto de vocês. Nenhuma de nós cresceu normalmente porque tínhamos fome todos os momentos de nossas vidas quando jovens.

"Sei que minha mãe amava as filhas do fundo do coração. Muitas vezes, podia senti-la me observando do outro lado da sala, triste e esgotada, apesar de me amar desesperadamente. Minha pobre mãe estava tão exausta da vida como escrava dos próprios pais que não tinha mais forças para cuidar das filhas. Em vez disso, minha irmã de 6 anos de idade ficou com a responsabilidade total pelo bem-estar das irmãs mais novas. Embora eu sentisse amor, a vida era tão triste que não havia nenhum prazer ou alegria que normalmente há em um lar com quatro crianças. Não consigo me lembrar de ter jogado um jogo com minhas irmãs. Não consigo me lembrar de minha mãe cantando para mim uma canção de ninar, ou de me contar uma pequena história.

"Com relação a meus avós, eles estavam tão amargurados com nossa presença que observavam com ódio cada pedaço de comida que ia de nossas mãos para nossas bocas. Eles invejavam cada pedaço de alimento das crianças em crescimento. Aquelas duas pessoas idosas, com seus cabelos totalmente brancos e os rostos carrancudos, tinham o olhar de pessoas nascidas velhas. Soube que quando eu tinha 2 anos de idade, era uma criança com medo de tudo, mas, principalmente, daquelas duas pessoas idosas que me olhavam com raiva continuamente. Minha mãe diz que partia seu coração em pedacinhos quando sentia minhas pequenas mãos puxando sua saia durante as refeições. Eu me escondia nas pregas da saia dela enquanto rapidamente consumia minhas porções inadequadas de pão puro, ovos cozidos e carne de camelo fibrosa. Minha primeira memória é a de sentir fome o tempo todo.

"Minha querida mãe sofreu muito nos primeiros anos, alimentando as filhas famintas com a comida mais simples. Houve poucos bons momentos em que a comida foi fornecida por diversos parentes que nas épocas de festivais religiosos lembravam-se de seus parentes mais pobres. Somente nessa época eles recolhiam os restos de comida em uma tigela de plástico e deixavam as oferendas caridosas na porta de madeira gasta onde minha irmã mais velha se sentava, de guarda, na esperança de que alguma alma sensível fosse caridosa e nos trouxesse alimento. Soube que disputávamos os restos de carne da mesma forma que cães famintos brigam por ossos.

"A vida diária melhorou um pouco após minha avó morrer de uma infecção devastadora provocada por ter pisado em um prego enferrujado preso em uma tábua. Com a morte da esposa, meu avô, pela primeira vez, considerou minha mãe um bem, alguém para ocupar o lugar de sua escrava anterior, uma mulher que o servira por toda a sua vida adulta.

"A vida, entretanto, continuou uma luta diária. Educação? Não, não por muito tempo. A educação para meninas nunca foi cogitada quando minha mãe era criança, pelo menos não em nossa área rural, embora eu saiba que as meninas da cidade, de famílias muito ricas, frequentemente cursavam a escola primária naqueles dias sombrios. Portanto, minha mãe analfabeta não conseguia escrever o nome. Ela não conseguia telefonar para ninguém. Ela não conseguia nem ler nosso livro religioso, o Corão, algo que todo muçulmano crente anseia fazer."

A Dra. Meena ainda olhava de forma significativa para mim, e eu sentia claramente que suas palavras eram para mim, somente.

"Prezadas princesas, vocês sabem que nossa religião não prega essa escuridão mental para meninas. Trata-se de algo que homens insensíveis adotaram. Se eles mantiverem as esposas ignorantes, então, elas não terão nenhuma alternativa a não ser viver a vida de escrava do homem. Embora não soubesse ler ou escrever, minha mãe não era boba. Ela coletava informações das conversas que ouvia dos homens que iam visitar seu pai. Ela nunca vira os rostos daqueles homens, obviamente, porque tinha de se esconder para manter sua honra. Antes de os homens entrarem na cabana, ela cozinhava e servia a comida no tapete imundo que meu avô ordenava que ela estendesse no chão sujo. Após colocar a comida no tapete, ela corria para outro ambiente, se sentava e ouvia as palavras dos homens. Foi quando ouviu, por acaso, uma conversa interessante. Um dos aldeões falava sobre suas netas estarem frequentando uma escola específica para meninas. Era em Riade, a três horas de viagem de nosso pequeno vilarejo. Havia uma escola desse tipo no vilarejo onde os meninos aprendiam a ler e a memorizar o Corão — mas ela não permitia meninas. Durante uma segunda conversa, minha mãe ficou sabendo de uma habitação especial na cidade que estava sendo construída pela família real. Minha mãe era inteligente o bastante para saber que, sem instrução, nada mudaria para suas filhas. Para que algo assim acontecesse, ela sabia que teria de levar as filhas para a cidade.

"Diversos homens mais velhos do vilarejo já haviam se interessado por minha irmã mais velha. Mamãe ficava agoniada com a ideia de qualquer uma de suas meninas se tornar escrava de um homem. E, então, ela se encheu de coragem e pediu a um de seus irmãos que fosse à cidade de Riade e solicitasse um apartamento para meu avô.

"No início, meu avô deu um não hostil como resposta. Porém, aproximadamente um mês mais tarde — tempo durante o qual minha mãe falava ininterruptamente sobre o assunto —, meu avô começou a sentir algumas dores agudas no peito e a se sentir indisposto. Ele, então, decidiu que deveria viver na cidade para obter melhores cuidados médicos. Naquela época, pequenos vilarejos tinham poucas opções para doentes que necessitassem de cuidados. Seu não se transformou em sim; a ideia de minha mãe triunfara.

"E, então, foi providenciada uma moradia para meu avô e para nós, sua família. Inesperadamente, havíamos mudado de um minúsculo vilarejo para uma cidade próspera, um lugar onde oportunidades poderiam ser encontradas.

"Embora não fosse instruída, mamãe desejava o melhor para suas meninas. Ela nunca deixou de planejar e pensar em como poderia ajudar as filhas. Após nossa chegada à cidade, minha mãe começou a pressionar seu pai para perguntar aos vizinhos e a outras pessoas que pudesse conhecer sobre uma escola disponível para as netas dele. Para nossa surpresa ele, ranzinzamente, obedecia — mas somente após mamãe ter prometido que se as netas tivessem uma educação formal, nós encontraríamos trabalho apropriado para meninas muçulmanas tradicionais. Salários resultariam do trabalho, ela lembrava, e nossos salários pertenceriam a ele. Vovô era ganancioso, então, fez seus contatos.

"E, então, aconteceu que mamãe teve sucesso ao se empenhar para que as três filhas menores fossem matriculadas na escola. Minha irmã mais velha alegou não ter interesse, mas eu acredito que ela tenha ficado constrangida por estar com quase 12 anos sem saber ler ou escrever. Ela sabia que seria matriculada nas primeiras séries, juntamente com suas três irmãs e outras meninas mais jovens, e se sentia muito humilhada para pensar na possibilidade. Infelizmente, ela permaneceu em casa para ajudar minha mãe e meu avô.

"Minhas duas irmãs mais velhas não tinham qualquer entusiasmo pela escola, embora ambas tenham aprendido a ler, escrever e fazer contas. Eu fui a criança mais obsessiva com relação à educação. Aproveitei a oportunidade, e amava aprender. Nunca parei de ler, buscando respostas para minhas perguntas sem fim. Embora fosse evidente para todos na escola que eu era a criança mais pobre frequentando as aulas — eu usava roupas tão velhas que havia manchas e até buracos no tecido —, minhas professoras fizeram vista grossa para meu triste passado e se interessaram pelo meu entusiasmo por aprender.

"Há várias outras histórias que eu poderia compartilhar, pois passei muitos anos trabalhando para me tornar uma médica capacitada. Caso nos encontremos novamente, contarei mais sobre minha vida. Mas aqui estou hoje, uma médica.

"Pela minha história, estou certa de que vocês compreendem, agora, por que disse que os aldeões teriam ridicularizado qualquer um que dissesse que uma menininha tão pobre conseguiria se tornar uma médica!

"Sou casada com um homem gentil, que ama nossa única filha tanto quanto ama seus dois filhos. Vivo para meus filhos, mas também vivo para ajudar os outros, para curar os corpos de nossas crianças sauditas para que possam continuar a aprender, para ajudar a levar nosso país a uma época em que as meninas não tenham de sofrer como minha mãe sofreu, ou como eu sofri, ou como tantas outras meninas sauditas ainda sofrem, meninas jovens que vejo diariamente.

"Estou satisfeita por contar minha história para vocês, para mulheres boas que estão interessadas em ajudar nossas filhas e irmãs sauditas. Fico feliz em compartilhar a história de minha mãe determinada, uma mulher que nunca pensou em si, mas apenas levou em conta o que era melhor para as filhas.

"Minha mãe foi uma grande mulher. Ela e eu nos tornamos uma única mente e alma para garantir que essa mulher saudita que veio da Idade das Trevas batalhasse por seu caminho na época da luz em um curto período de 12 anos.

"Levem esse pensamento com vocês quando partirem hoje. Sou filha de uma mulher que não sabia escrever o próprio nome. Agora sou uma médica que tem o treinamento e os conhecimentos profissionais para salvar vidas. Esse, acredito, é o maior milagre de Deus."

Por um curto tempo a plateia ficou em silêncio, impressionada com a história que ouvíramos. Mas, em seguida, eu fiquei de pé e comecei a aplaudir; logo, todas as mulheres se juntaram a mim. Sabíamos que éramos testemunhas de uma das histórias mais incríveis que jamais ouviríamos: um milagre promovido pelo amor de uma mãe e pela educação providenciada para uma jovem que esteve prestes a ser enterrada viva no deserto.

Desejo apenas que o pai da Dra. Meena tivesse sido capaz de se alegrar com o sucesso da filha. Ele desejara levar uma criança para o deserto, onde teria cavado a areia com as próprias mãos até criar um buraco de tamanho suficiente para conter um minúsculo bebê e, em seguida, ele teria empurrado essa areia sobre o bebê para que ela aspirasse areia em vez de ar em seus pulmões até ter morrido uma morte agonizante. O que ele teria dito se pudesse ter visto a filha, com alto grau de instrução, respeitada por tantas pessoas?

A Dra. Meena saiu do palco para se misturar por um curto tempo aos convidados. Ela foi rodeada instantaneamente por suas admiradoras. Circulou sem sorrir, embora eu sentisse seu entusiasmo pessoal dirigido ao mundo. Ela é uma mulher com grandes objetivos, a serem atingidos, e não tem tempo para gastar sorrindo!

Consegui falar em particular com ela antes de partir.

Aquela pequena mulher era um gigante aos meus olhos. Ela tocou meu braço levemente e disse: "Ah, princesa, senti sua paixão pelo bem atingir meu coração, mesmo estando muito longe de você naquele palco. Foi por isso que meus olhos nunca se desviaram de seu rosto. Alá me dizia que juntas, você e eu levaremos muitas meninas sauditas pobres para um lugar na vida onde elas mudarão nosso mundo saudita." Os olhos dela examinaram meu rosto. "Você concorda?"

Senti um calafrio de pressentimento: ao vir para aquele encontro e conhecer aquela mulher, havia alcançado um momento decisivo, significativo, em minha busca por mudar a vida de mulheres sauditas. "Sim, Dra. Meena, sim."

Sabia, com muita certeza, que a Dra. Meena era um grande poder, uma força enorme, e juntas revolucionaríamos o país que amávamos e, ao mesmo tempo, transformaríamos muitas vidas, realizando os sonhos de inúmeras meninas. Nosso objetivo não exigiria mudança à força; seria simplesmente o tipo de mudança que vem com uma mudança de pensamento. E a educação formal é o nome da estrada que conduz a um futuro livre para todas. Uma mulher pode passar o sonho a outras, até todas serem livres. Mãe para filha... irmã para irmã... amiga para amiga.

Capítulo 6

Nadia: quanto vale a liberdade?

Desde o princípio, sabia que a Dra. Meena era uma mulher saudita extraordinária que expandiria meu conhecimento sobre a terra governada pelos homens da minha família. Ela também ampliaria minha compreensão sobre as mulheres sauditas comuns que lutavam para sobreviver aos gigantescos obstáculos colocados contra elas no reino que eu amava, uma vasta extensão de terra desértica unida por meu próprio avô, o rei Abdul Aziz Al Sa'ud, amante da guerra, embora carismático de uma maneira excepcional.

Meu vínculo inicial com a Dra. Meena foi tão forte que, antes de ir embora do hospital naquele dia, trocamos informações de nossos contatos pessoais, algo raro para ambas. Como princesa, tenho de tomar cuidado ao desenvolver conexões íntimas com pessoas que não são membros de minha família; a Dra. Meena desenvolvera uma natural desconfiança de estranhos durante a infância, devido ao sofrimento pelo qual passou. Porém, nós duas tínhamos sentido uma ligação incomum que selou nossa amizade no instante em que nossos olhares se cruzaram, enquanto ela fazia sua palestra — um monólogo emocionante e revelador sobre sua força de caráter e determinação.

Senti conexões imediatas com pessoas estranhas em apenas quatro ocasiões. Todas foram resultado de excelentes apresentações a mulheres sem igual que alteraram o paradigma de minha vida, embora nenhuma tenha tido um efeito tão intenso em mim como a Dra. Meena.

Combinamos de conversar na semana seguinte para marcar um segundo encontro em meu palácio em Riade. Ao nos separarmos, espontaneamente inclinei-me para enlaçar seus ombros em um abraço sincero. A Dra. Meena instintivamente recuou. Não fiquei magoada com essa reação; simplesmente sorri, porque intuitivamente sentia que deveria, muito gentil e pacientemente, alimentar aquela amizade. Sabia que seria uma amizade importante e que poderia precisar de tempo para amadurecer. Geralmente, sou cortejada por outros, que apenas desejam fazer amizade com uma princesa, mas aquele não era o caso com a Dra. Meena. Por alguma razão, isso faz da sua amizade muito mais valiosa. Sabia que ela não estava buscando nenhum favor de um membro da família real, ao contrário, ela estava estendendo a mão para mim na esperança de que juntas pudéssemos ajudar mulheres a alcançarem seu potencial.

Fomos separadas quando várias outras mulheres, todas admiradoras daquela mulher, correram para o seu lado. Apesar de sua maneira calada, quase despojada, a Dra. Meena era, certamente, um ímã para outras.

Despedi-me de minhas primas reais e de outras mulheres que estavam no encontro antes de me encaminhar para a entrada da frente. A jovem que conheci anteriormente me encontrou na porta; ela estava segurando pacientemente minha túnica preta e meu véu nas mãos. Sorri para ela, mas franzi as sobrancelhas na iminência de vestir o véu medonho. Eu realmente não me importo com a túnica que cobre meu corpo ou o lenço que cobre minha cabeça. Nossa religião ensina que a mulher muçulmana deve ser modesta na aparência, mas o véu não tem nada a ver com os ensinamentos islâmicos. Quem dera eu conhecesse o homem que primeiro adotou a prática turco-otomana de manter uma mulher em isolamento e encobrir seu corpo inteiro quando em público. Seja quem tiver sido esse ser controlador, ele influenciou os homens de minha terra e fez disso uma tradição para controlar as mulheres sauditas, restringindo seus movimentos, escondendo o contorno de seus corpos e encobrindo suas faces. Atualmente, na Arábia Saudita, assim como em diversos outros estados muçulmanos, o véu odioso é usado como arma pelos clérigos e homens intolerantes para subjugarem mulheres e impedir que elas levem vidas livres. Com o véu, estamos condenadas a ficar tão incapazes quanto os que consumem drogas ou bebidas alcoólicas. Muitas vezes, caímos quando estamos andando, uma vez que não conseguimos ver claramente os buracos e as fendas nas ruas de nossa cidade. E, mais importante, frequentemente somos vítimas de acidentes de trânsito, pois, ao anoitecer, não conseguimos ver veículos em velocidade vindo em nossa direção. E, naturalmente, não há esperança alguma de que qualquer mulher consiga dirigir com segurança se for forçada a usar um véu negro!

A jovem mulher na porta começou a despedir-se de mim, mas, antes que o fizesse, ela sussurrou para mim: "Princesa, estive pensando no que me disse hoje e nas histórias contadas pela Dra. Meena e pelas outras mulheres. Juntas, você e a doutora abriram minha mente. Agora sei que devo tomar coragem e ser inflexível com meus irmãos e minha mãe; devo dar um fim ao uso do véu, e o farei. Pedirei a meu pai que convença minha mãe e meus irmãos a concordarem que, de uma vez por todas, o véu não tem lugar em meu rosto!"

Sorri com aprovação, pois ali estava uma jovem mulher à beira de descobrir a alegria e o poder de fazer suas próprias escolhas. Pedi à jovem que mantivesse contato e, pela segunda vez em um dia, dei a uma estranha o número de meu telefone.

Encorajada pela determinação daquela jovem mulher, fui embora saltitando — ainda que estivesse ciente de que, ao despertar um espírito forte, também se desperta a desarmonia. Não haveria paz alguma na família até que o véu pavoroso fosse jogado fora e a menina fosse tratada com o mesmo respeito dado aos seus irmãos.

Retornei, tomando o mesmo caminho que havia feito, na direção de meu motorista, o sempre leal Batara. Por debaixo de meu véu, observei uma cena sobre a qual sabia pouco, mas que me era muito familiar: homens sauditas sendo seguidos por uma, duas, três, quatro mulheres com véu. Seriam essas mulheres todas esposas? Ou seriam irmãs ou filhas? Nunca se sabe com certeza. Só havia uma certeza: o homem era responsável por cada decisão que afetasse as vidas das mulheres que dominava. Sua esposa permaneceria sua esposa se desse à luz muitas filhas? Se sua esposa fosse divorciada, ela teria permissão para ver as crianças novamente? Sua esposa teria permissão para fazer refeições com ele, ou receberia os restos após ele ter feito sua refeição? Sua esposa teria permissão para ir ao médico se estivesse doente? Suas filhas teriam permissão para frequentar uma escola? Se sim, elas teriam permissão para usar sua educação para trabalhar e ganhar dinheiro? Se tivessem um salário, seria tirado pelo pai, ou será que ele impediria a filha de comprar alguns itens pessoais para ela? A esposa poderia dar uma opinião para escolher um marido para suas filhas? E as filhas teriam garantida a liberdade para não se casarem com um homem mais velho que temessem e desconfiassem?

Na realidade, o rei Abdullah tinha menos autoridade sobre aquelas mulheres, e sobre todas as cidadãs da Arábia Saudita, do que os maridos e pais de mulheres sauditas.

Tais ditaduras pessoais prevalecem em quase todos os lares no reino da Arábia Saudita. Todo homem tem autoridade para agir como um rei, incontestado e sem discussão, sob o teto de seu lar, seja um palácio às margens do Mar Vermelho, uma chácara em um povoado ou uma tenda cravada no deserto.

Por outro lado, observei os cidadãos estrangeiros andando com confiança pelos corredores do hospital. Alguns funcionários estavam vestidos em uniformes brancos ou azuis, o que os distinguia como médicos ou enfermeiros, enquanto outros estavam vestidos com roupas civis, muito provavelmente trabalhando nos escritórios administrativos. Nenhum dos funcionários estrangeiros olhou para mim, mas muitas funcionárias convidadas me olharam com um grau de afinidade nos olhos.

Surpreendi uma mulher, que parecia estar me olhando fixamente com piedade, longamente, quando parei e toquei seu braço; disse-lhe em inglês: "Você acha que gosto deste véu? Eu odeio. Um dia, farei uma cerimônia gigante de queima de véus no deserto saudita e gostaria que você fosse minha convidada."

Ela suspirou com grande surpresa quando me afastei apressadamente pelo corredor, sentindo-me bem com relação à minha promessa de queimar véus. Sorri por um longo tempo, sabendo que ninguém acreditaria na pobre menina quando ela contasse que havia sido confrontada verbalmente por uma mulher saudita coberta com o véu negro que declarara guerra contra o uso do véu.

Ao chegar à porta que conduzia à área do estacionamento, vi Batara andando de um lado para o outro. Ele acenou com a cabeça quando me viu e me acompanhou de volta ao carro. Pude notar que ele estava muito aliviado por eu estar em segurança, de volta aos seus cuidados. Batara é um homem leal e dedicado, e eu sentia muito ter lhe causado preocupação.

Na volta para casa, recordei meu encontro com a Dra. Meena e pensei no que o futuro poderia nos reservar. Eu também aguardava ansiosamente por um encontro com meu marido, que, eu sabia, havia participado de um encontro familiar importante mais cedo naquele dia, embora eu não tivesse ideia do que estava sendo discutido nesse encontro. Sou muito curiosa por natureza, então, estava ansiosa para ouvir tudo a respeito do encontro.

Embora estejamos casados há muitos anos, Kareem e eu temos um relacionamento de compartilhamento íntimo; há uma abertura que ambos apreciamos e poucos segredos entre nós. Eu ainda o acho um homem muito atraente no modo de ser e na aparência. A não ser pelo cabelo grisalho, ele envelheceu muito pouco desde os primeiros anos de nosso casamento. Jamais ganhou peso excessivo, como tantos de seus primos comodistas, e manteve uma cabeleira de que gosto. Nunca foi o tipo de homem de ceder à preguiça e, indubitavelmente, não é entediante. Durante os dias úteis, Kareem mantém-se ocupado no trabalho, portanto, é intelectualmente sagaz, igualando-se à mente de homens muito mais novos do que ele. Sim, sinto-me afortunada por ter um marido como ele, uma vez que também é um bom pai.

Por outro lado, muitas de minhas primas se queixam de terem se cansado dos homens com quem se casaram na adolescência por casamentos arranjados. Não tenho tais arrependimentos. Embora eu, também, fosse muito jovem quando Kareem e eu nos casamos, permanecemos bem compatíveis.

Kareem e seus primos são a terceira geração de homens Al Sa'ud que vivem e moram em um reino nomeado em homenagem à nossa família. A primeira geração de governantes começou com nosso avô, o rei Abdul Aziz Al Sa'ud, que uniu o reino inteiro e, então, governou-o inteligentemente até morrer. Visto que o poder passa de pai para filho(s) na Arábia Saudita, a segunda geração assumiu as rédeas do poder após sua morte. Essa geração consistiu de meu pai, o pai de Kareem e os pais de nossos primos, todos tendo assumido seus lugares na linha de sucessão. Meus seis tios, que assumiram o trono, eram tão diferentes uns dos outros que, às vezes, é difícil acreditar que todos sejam filhos do mesmo pai. Nossa segunda geração de reis foi formada pelo rei Sa'ud, rei Faiçal, rei Khalid, rei Fahd e, atualmente, rei Abdullah. O seguinte na linha de sucessão será o tio Salman, que atualmente serve como príncipe herdeiro. Todos que conheço admiram o príncipe herdeiro Salman e acreditam que quando Alá escolher o tempo ele será um rei sábio, como é nosso tio Abdullah.

Porém, com o envelhecimento da segunda geração de príncipes, poucos continuam sendo escolhas apropriadas para a posição de rei. Em breve, a terceira geração de nobres entrará no lugar. Quando isso acontecer, espero plenamente que os direitos das mulheres melhorem muito, pois os nobres mais jovens têm uma atitude mais esclarecida com relação à liberdade das mulheres.

Fico triste quando penso em meus tios poderosos que morreram. Meu próprio pai é muito idoso e sei que a cada dia seu tempo na Terra diminui. Havia sentido ternura com relação a ele ultimamente e percebido que seus sentimentos por mim se suavizaram, mas temos pouco tempo para desfrutar dessa afeição descoberta recentemente. Eu ficaria muito satisfeita de visitá-lo mais frequentemente e desenvolver por completo um relacionamento mais afetuoso, mas meu pai nunca teve o hábito de fazer visitas sociais casuais às filhas e não o vejo mudando os hábitos nesse estágio tardio de sua vida.

Fui demovida de meus pensamentos quando chegamos aos portões de meu palácio. Fora um dia quente e cansativo e eu precisava de uma bebida fria e tranquilizante.

Assim que entrei em minha casa pude ver que Kareem estava esperando impacientemente por mim e, sem nem mesmo perguntar sobre meu encontro, ele me surpreendeu com as novidades sobre a sua reunião, na qual havia se encontrado com os primos nobres.

Retirei meu véu e minha túnica, encontrei uma cadeira confortável e peguei um refrescante copo de suco de fruta. Desse ponto de vista confortável, pude olhar com aprovação para meu marido e finalmente relaxar.

Foi então que Kareem — que parecia satisfeito e empolgado — começou a falar: "Tenho notícias muito boas para você, Sultana!"

Olhei fixamente para ele com expectativa: quais poderiam ser as boas notícias?

"Sinto, com muita certeza, que todos os problemas associados às mulheres em breve desaparecerão, ou que, pelo menos, logo nós faremos um progresso melhor." Ele sorriu para mim com uma doçura que incitou meu amor por ele. "Nossa filha Maha, em breve, não terá mais nada do que reclamar, Sultana."

Nesse momento eu fiquei realmente interessada: "E qual seria o motivo, meu marido?"

"Hoje, vi o futuro, Sultana. Sim, vi o futuro da Arábia Saudita, e fiquei contente. Querida esposa, nenhuma voz se elevou em discordância, quando a discussão tocou na necessidade de levar nossas filhas e netas à vida pública. Em um círculo de 22 primos, todos sentiam que os clérigos e os radicais estão travando o progresso do país. Somos ridicularizados, até desprezados e desdenhados pelo mundo quando histórias se tornam públicas sobre os direitos incontestáveis dos homens sauditas de aprisionarem ou matarem as esposas e as filhas, ou a insanidade das cortes legais quando determinam que uma mulher deveria ser açoitada por dirigir um carro.

"É inacreditável que, ao entrar em uma reunião em que homens estão presentes, a filha de Assad, Nashwa — uma jovem brilhante e capaz —, tenha de ser isolada atrás de um vidro para que os homens que ela não conhece não fiquem ofendidos por se sentarem próximos a uma mera mulher. Nashwa é uma especialista em seu campo e conhecida por ser uma das mais talentosas na firma, mas Assad diz que dois ou três homens na companhia são tolos e insistem que sua brilhante filha seja escondida. Ela tem permissão para falar, se puder ouvir as palavras ditas, mas esses mesmos homens pedem que ela controle o nível de sua voz e não ria ou faça qualquer barulho desnecessário. Eles dizem que ficarão excitados com o som da voz de uma mulher falando alegremente ou rindo — o que faz com que os homens pareçam não muito melhores do que animais! É totalmente ridículo e degradante para a jovem.

"Ao saber disso por um de seus gerentes, Assad determinou que, daquele momento em diante, Nashwa se sentaria na cabeceira da mesa, no lugar de maior importância. Ele disse à filha para falar e expor o que estivesse em sua mente. Assad se livraria de qualquer homem que se opusesse à sua determinação."

Dessa vez, fiquei sem palavras. Não conseguia acreditar no que estava ouvindo. Por muitos anos, implorei a meu marido e a meu cunhado, Assad, que levantassem a voz contra os antigos costumes, que usassem suas vozes poderosas para ajudar as mulheres a progredirem em nossa sociedade. No passado, Kareem e Assad esquivavam-se de defender as mulheres, alegando que não apreciariam lidar com os problemas que tais conflitos certamente provocariam.

Quando finalmente retomei a voz, não elogiei meu marido como ele esperava; ao contrário, lembrei-o: "Onde esteve, marido? Esteve sentado sob uma pedra na areia? Quantos anos implorei por isso? Se você e Assad tivessem usado seus poderes principescos antes, as coisas já teriam mudado."

Geralmente, Kareem discute comigo, mas, naquele momento, ele simplesmente sorriu e me surpreendeu com uma desculpa sincera. "Você está certa, Sultana. Meu irmão, meus primos e eu estivemos errados. Devíamos ter levantado a voz anos atrás. Em vez disso, permitimos que os estúpidos entre nós comandassem esta terra. Deixamos nossos reis lidarem com os clérigos e com os radicais sem o apoio de toda a família. Mas nunca mais nosso rei ficará sozinho. Hoje, nos reunimos e prometemos que faríamos com que nosso apoio chegasse ao conhecimento de nosso rei. Quaisquer ajustes sociais que não forem feitos no futuro próximo serão feitos no momento em que a Coroa passar da geração antiga para a nova. Implementaremos mudanças expressivas no reino."

"Bem", foi tudo que consegui pensar em dizer, "Bem!"

Kareem veio se sentar ao meu lado e me olhou com enorme afeição. Suas palavras, quando foram ditas, foram muito bem-vindas, até mesmo aquelas que raramente são ditas: "Estou feliz por termos nos casado, Sultana." Ele beijou uma de minhas mãos, sussurrando, com um sorriso sereno: "Sei que o caminho tem sido, às vezes, turbulento, mas que vida fascinante tem sido." Ele ficou de pé e, gentilmente, puxou minha mão: "Venha, vamos sentar com o retrato de sua mãe. Sei que você adora visitá-la."

Mais tarde Kareem ouviu atentamente quando lhe contei sobre meu encontro com a Dra. Meena. Ele parecia arrebatado pela história dela de luta e triunfo. Na realidade, não acreditava que Karrem tivesse algum dia assimilado verdadeiramente a magnitude dos problemas enfrentados por tantas mulheres sauditas. E, pela primeira vez desde o casamento com meu marido, vi que ele era um parceiro dedicado e comprometido com a causa que eu considerava mais preciosa. Nunca descobri a razão para isso, mas o fato de que Kareem tivesse despertado de repente para a importância da causa das mulheres foi suficientemente gratificante para mim.

* * *

Dias mais tarde enviei um carro para trazer a Dra. Meena à minha casa. Convidei minha irmã Sara para estar presente durante a visita e tinha combinado com Amani e Maha para que se juntassem a nós também. Queria que minhas meninas compreendessem melhor a vida vivida por mulheres que não faziam parte da família real; cidadãs que não usufruíam dos privilégios e da riqueza. Uma coisa era elas ouvirem de mim sobre a saga das mulheres sauditas; outra, muito diferente, era encontrar essas mulheres pessoalmente.

Lamentavelmente, as mulheres que Amani conhecia limitavam-se, basicamente, às primas nobres; e Maha perdera contato com a força propulsora das mulheres sauditas desde que se mudara para o exterior.

Em pouco tempo chegou a hora de nosso encontro. Fiquei, de certa forma, surpresa quando a Dra. Meena chegou acompanhada por uma jovem. Recobrei-me da surpresa sem dizer uma palavra, no entanto, pois confiava na Dra. Meena e sabia que ela teria uma boa razão para trazer aquela convidada inesperada à minha casa.

Ambas as mulheres chegaram sem o véu, o que me pegou desprevenida, porém me deixou feliz. Gosto de mulheres que quebram as regras sem sentido impostas a elas em meu país. A Dra. Meena pôde, evidentemente, ler meus pensamentos, porque, imediatamente, respondeu a pergunta de minha mente.

"Perdoe-nos por nossos rostos descobertos, princesa, mas saímos de casa e entramos diretamente em seu carro com o motorista. Não escandalizamos ninguém. Pelo que sei, você não usa o véu na frente de seus serviçais e motoristas, portanto, aqui estamos, em visão plena", disse ela, gesticulando com os braços abertos.

"Não há necessidade de explicações. Você me deixa muito feliz, Dra. Meena", eu disse.

A jovem acompanhante da Dra. Meena se chamava Nadia. Ela era muito atraente; tinha cabelos negros brilhantes, olhos castanho-escuros e uma tonalidade de pele suave que me lembrava creme. Ao contrário da Dra. Meena, ela era alegre e eu imediatamente a achei encantadora.

"Espero que não se incomode por ter outra convidada, princesa", disse Nadia, com um amplo sorriso.

"Certamente não", respondi. "Aliás, minha irmã Sara se juntará a nós, assim como minhas filhas, Maha e Amani." Dei uma olhada para o relógio. "Elas estarão aqui logo, mas, por enquanto, por favor, venham e sentem-se comigo. Estou ansiosa para conhecer melhor vocês duas."

Enquanto esperávamos o chá ser servido, a Dra. Meena me contou sobre Nadia. "Princesa, Nadia poderá orientar-nos mais adiante quanto às meninas e mulheres jovens com maior necessidade de ajuda. Veja", ela parou de falar e olhou para Nadia, "ela tem acesso a muitas pessoas que nem você nem eu nunca encontraremos. Nadia é uma assistente social ligada ao hospital onde trabalho. Sua função é descobrir casos de abuso contra crianças e jovens mulheres e ajudá-las. Infelizmente, muitas vezes ela não tem a autoridade necessária para tirar uma menina que sofreu abuso de um lar ou fazer com que um pai ou irmão violento sejam investigados pela polícia. Mas ela pode identificar as situações mais graves para que, juntas, você e eu possamos interferir para aliviar vítimas traumatizadas psicologicamente. Como médica saudita, posso participar de conversas com a família. Eles me ouvirão. Você pode obter os recursos financeiros para ajudar a custear as despesas da família de forma que não sintam necessidade de forçar as filhas a se casarem para conseguirem o dinheiro do dote. Juntas, podemos dar esse empurrão final para convencer as famílias a permitirem que suas filhas continuem solteiras e na escola."

"Entendo", disse. Acenando com a cabeça, concordei.

A Dra. Meena *estava* certa. Muitas vezes, havia lido sobre mulheres seriamente abusadas nos jornais de língua inglesa. Muitos veículos de mídias de língua árabe temiam a fúria dos clérigos, que sempre apoiavam os abusadores em vez dos abusados e, então, não relatavam as histórias. Os jornalistas nunca desejam chamar a atenção daqueles homens vingativos. De fato, já soube de jornalistas sendo detidos sob falsas acusações em casos semelhantes.

Todas as vezes que ouvi sobre situações como essas, fiquei imaginando por que a menina em questão não recebeu ajuda antes de ser ferida ou até morta, em alguns casos.

Inclinei-me para a frente. "Estou muito interessada nas meninas que são proibidas de ter uma educação por seus pais de pensamento atrasado. Mas, juntas, vocês e eu podemos mudar a vida delas."

Percebi a Dra. Meena e Nadia trocando um olhar significativo.

Nadia olhou de volta para mim e riu. "Você está olhando para uma dessas meninas, princesa", ela me contou.

Naquele momento, Maha entrou na sala. Podia afirmar que ela havia dormido além da conta porque aparentava estar um pouco mal-humorada. Porém, quando viu que nossas convidadas haviam chegado, dominou sua tendência a ficar irritada e, em vez disso, conduziu-se de forma agradável ao dar as boas-vindas à Dra. Meena e à Nadia.

Quando Maha se dirigiu para o meu lado, fiquei apavorada por ela ter escolhido usar um short frouxo na altura dos joelhos e uma miniblusa larga, um traje impróprio para um encontro em que outras mulheres sauditas estariam presentes. Embora Maha se considere europeia atualmente, ela sabe que, quando está na Arábia Saudita, espera-se dela que respeite nossa cultura. Ela também estava com o rosto totalmente maquiado, algo incomum para Maha, a menos que fosse participar de um evento formal. Há momentos em que Maha adora chocar os que a cercam e eu suponho que essa tenha sido uma dessas ocasiões.

Se a Dra. Meena ou Nadia ficaram espantadas com a moda europeia de Maha, elas não fizeram qualquer menção ao fato. Isso me deixou contente.

Imediatamente após a entrada de Maha, Amani e Sara chegaram, juntas, totalmente cobertas com o véu. A cobertura total de Amani, no entanto, ergueu as sobrancelhas de minhas convidadas. Enquanto Sara se livrava do véu, do lenço e da túnica leves em um instante, o procedimento de se despir foi muito longo e árduo para minha filha; isso porque ela estava totalmente enrolada em roupas pesadas.

Sentamos todas e olhamos abertamente porque o processo todo parecia um show. Amani retirou primeiro dois véus da face — ela havia se acostumado a usar dois véus, no caso de a brisa do deserto levantar o véu de cima e expor parte de seu rosto. O lenço da cabeça era do material mais grosso possível; logo, quando o lenço foi retirado, seu lindo cabelo grosso estava achatado de uma maneira muito esquisita.

A túnica de Amani era do tecido mais simples e mais banal, porque ela lera recentemente que os clérigos estavam de acordo que não deveria haver nenhum ornamento em nenhuma túnica usada por mulheres. Ela havia prendido a túnica com alfinete em três lugares diferentes para evitar qualquer abertura acidental que pudesse revelar o longo vestido sob a capa. Remover esses alfinetes levou um longo tempo, porque um deles ficara enrolado em uma linha.

Eu achava que os clérigos mais radicais no Islã não fizessem as esposas e as filhas usarem véu duplo ou fecharem as túnicas com alfinete, mas não tenho certeza disso. Não sou amiga de qualquer clérigo nem de suas esposas.

Amani me deu um sorriso triunfante enquanto retirava lenta e deliberadamente as pesadas luvas pretas que iam até os cotovelos. Comecei a me contorcer porque odiava aquelas luvas; desesperadamente, desejava levantar-me de um salto, pegar aquelas luvas com minhas próprias mãos e rasgá-las em pedacinhos minúsculos. Minhas filhas são agora adultas, então, aprendi a me controlar para não tomar tais atitudes; tento deixar que elas tomem suas próprias decisões e cometam os próprios erros.

Porém, Amani sabia como eu detestava sua total devoção ao uso mais ultraconservador do véu, e acredito que ela tenha tido prazer em me irritar.

Finalmente, Amani andou de volta para a entrada e retirou seus pesados sapatos pretos de solado grosso, os mais horrendos que já vi em uma vida olhando sapatos. Deliberadamente, ela colocou os sapatos de forma destacada para que ninguém deixasse de ver seu estilo desagradável. Ela não retirou as pesadas meias pretas, as quais eu sabia que iam até os joelhos.

Eu me sentia exausta só de olhar para ela, mas, quando tinha terminado, dei-lhe um abraço sincero. Apesar de seus modos excêntricos, eu a amo com todo o amor que tenho.

Sara se apresentou para minhas convidadas, mas tanto a Dra. Meena quanto Nadia ficaram tão chocadas com o espetáculo de Amani de retirada da roupa que estavam ocupadas demais olhando descrentes para mim e, em seguida, para minha filha. Estou certa de que nenhuma podia acreditar que eu tivesse duas filhas tão afrontosamente opostas, ou que uma princesa que odeia tanto o véu tivesse dado à luz uma filha que o adotava de todo o coração. A vida pode ser muito estranha.

Acredito que seja melhor agir normalmente; então, não disse nada que pudesse desencadear um diálogo sobre essa anomalia. Inevitavelmente, conversas desse tipo terminam com Amani ou Maha causando uma cena ruidosa.

Nadia, abençoada seja, percebeu meu desconforto e retomou nossa discussão original. Ela olhou para Sara, Amani e Maha e lhes disse: "Dra. Meena e sua mãe estavam discutindo exatamente como eu poderia ajudá-las a encontrar as meninas que mais necessitam de ajuda." Nadia sorriu para mim de forma significativa. "Sua mãe sabe que, muitas vezes, é mais fácil identificar as meninas que foram abusadas fisicamente do que aquelas que foram abusadas psicologicamente e necessitam de ajuda. Ela estava me perguntando há pouco sobre as meninas a quem é negado o direito à educação por seus pais retrógrados. E", ela sorriu, "a princesa tinha acabado de saber que está falando com uma dessas meninas."

"Você?", Maha perguntou, surpresa. Nadia dava a impressão de ser uma menina de origens privilegiadas, talvez a filha de um acadêmico ou de um homem de negócios rico; ela dava a impressão de ser alguém que tivera facilidade para se educar.

"Sim, eu. Eu sou essa menina. Porém, meus momentos difíceis na vida me ajudaram no meu trabalho. É fácil para mim identificar meninas necessitadas porque vivi essa vida por muitos anos. Quase tive negada a possibilidade de me educar e estive destinada a me casar muito jovem."

"Nadia é assistente social em um dos nossos maiores hospitais", acrescentei com satisfação, desejando silenciosamente que Amani, que tinha enorme paixão pelo bem e pelo honrado, um dia se tornasse uma ativista para mulheres. No entanto, eu sabia que, a menos que Amani experimentasse um evento que mudasse sua vida e que lhe trouxesse a percepção de que ela, e outras mulheres, deveriam ser as governantes de suas próprias vidas, isso nunca aconteceria.

Maha, que sempre defendera os direitos das mulheres, queria saber mais. Ela olhou para mim com gratidão por termos convidadas tão respeitáveis como aquelas em nossa casa; em seguida, perguntou a Nadia: "Você pode nos contar sua história?"

Nadia virou-se para olhar para a Dra. Meena, que acenou com a cabeça em aprovação e, em seguida, como a jovem cortês que era, olhou para mim: "Posso, princesa?"

"Sim, sim. Eu também estou ansiosa para saber sobre sua vida, Nadia." Olhei para Sara, "Sei muito pouco, na realidade."

Sara inclinou-se para a frente. "Estou pronta, também, Nadia, para ouvir sua história."

O tom de voz da conversa de Nadia permaneceu tranquilo, embora ela estivesse prestes a falar sobre alguns dos momentos mais difíceis de sua vida quando jovem.

"Minha família não é rica, mas, graças ao governo, vivemos uma vida próspera o suficiente. Papai é proprietário de diversas fazendas imensas de legumes e flores equipadas com estufas gigantes e caríssimas. As fazendas ficam a cerca de uma hora de carro saindo de Riade. O governo dá apoio aos sauditas que têm talento para ser fazendeiros, para cultivar legumes e flores. Meu pai foi aprovado para obter financiamento governamental e agora está exportando flores para os Países Baixos." Ela olhou ao redor para nós e sorriu. "Vocês podem imaginar isso? As pessoas ficam surpresas quando lhes conto que meu pai fornece flores para a Europa."

Fiz um aceno de cabeça e retribuí o sorriso dela. Sabia sobre essas fazendas. Kareem me contara que um ou dois dos maiores príncipes perceberam que a Arábia Saudita deveria encontrar fontes de renda para nosso país além do petróleo. Porém, o petróleo é o melhor recurso que qualquer país pode ter e deveríamos nos concentrar em desenvolver a indústria do petróleo. Mas aqueles dois príncipes de alta hierarquia haviam gasto milhões e milhões de dólares investindo lucros do petróleo em fazendas no deserto. Sem água e sem solo adequado, tudo tinha de ser transportado para aquelas áreas desérticas. Cada flor e cada legume cultivado custava aproximadamente cinco vezes o preço que os fazendeiros recebiam por sua venda. A quantidade de frutas e legumes subsidiada pelo governo era tanta que chegava a ser vergonhoso. Porém, o orgulho dos dois príncipes não lhes permitiria admitir o fracasso. E, então, os fundos governamentais foram usados para sustentar uma iniciativa de negócio temerária que não fazia sentido algum. Kareem disse que seria melhor o governo distribuir o dinheiro para os fazendeiros e pedir que eles parassem de plantar flores e legumes no deserto. No entanto, olhando para o rosto orgulhoso de Nadia, soube que pelo menos muitas famílias sauditas que teriam sido muito pobres estavam se saindo bem financeiramente; estavam satisfeitas por estarem produzindo algo.

Nadia continuou sua história: "Sou a última dos filhos e a única mulher. Antes de eu nascer, minha mãe teve quatro filhos. Ela recebeu todo o prazer da vida por meio da vida de meus quatro irmãos. Ela me amava, mas não tanto quanto amava meus irmãos. Mas tive sorte, porque meu pai me amava quase tanto quanto amava os filhos. Ele nunca considerou o nascimento de uma filha algo ruim, ou que eu não devesse receber uma educação apropriada.

"Infelizmente, minha mãe e meus irmãos eram contrários a tudo de positivo que meu pai queria para mim. Enquanto papai insistia que eu frequentasse a escola, exatamente como meus irmãos, mamãe ficava desolada com a ideia. Meus irmãos ficavam nervosos todas as vezes em que o tema de minha educação era levantado. Eles alegavam que eu desonraria a família inteira com novas ideias. Tinham horror de que eu pudesse aparecer em público — ou, por alguma razão desconhecida, até na televisão — sem meu véu. Mamãe e meus irmãos exigiam que eu me casasse jovem e gerasse filhos, a única coisa que diziam que todas as mulheres realmente desejavam. Eles estavam determinados a fazer com que eu obedecesse aos seus comandos sem questionar. E fui informada de que, se eu me recusasse a aderir às suas instruções, eles me trancariam em meu quarto. Eu seria uma prisioneira!"

Eu conseguia ver que Maha estava furiosa, mas, felizmente, ela conteve a raiva e não disse nada desrespeitoso sobre os irmãos de Nadia ou sobre a mãe dela.

O rosto de Nadia mostrou uma expressão triste. "Eu compreendo as razões de minha mãe. Ela veio de uma família pobre e só foi educada até os 10 anos. Ela sabe ler, um pouco. Sabe escrever, um pouco. É uma esposa tradicional. Casou-se com meu pai quando tinha apenas 14 anos, e ter um tutor para toda a vida funcionou para ela. Ela acredita que a melhor vida para qualquer menina é se casar jovem e ter um homem no comando.

"Ela depende do meu pai para tomar todas as decisões. Ela só se opôs a ele em um tópico, e esse tópico fui eu. Ela estava determinada que eu me casasse jovem. Ouvira de um de seus irmãos que a educação tornava as mulheres indesejáveis e ela acreditava que a educação desviaria minha atenção da vida familiar. Ela gosta de dizer que sua mente não consegue se desviar de ser uma boa esposa e mãe porque ela não sabe ser mais nada. E, então, mamãe pressionou até que papai concordou em arranjar um casamento. Um jovem foi escolhido para mim quando eu tinha apenas 14 anos e ele, 19. Era filho de um dos amigos de minha tia, alguém que eu nunca tinha visto."

Nadia suspirou, e então prosseguiu:

"Chorei durante dias, escondida em meu quarto, protestando contra a vida a que seria forçada a viver. Mas nada mudaria a opinião de minha mãe, e meu pai desistira de lutar contra ela e meus irmãos."

Percebi que Maha estava sofrendo; ela queria muito expressar sua opinião, mas, em vez disso, simplesmente virou-se e olhou para a irmã, Amani. Maha odiava a ideia de que a irmã concordava com semelhantes conceitos sobre como as mulheres deveriam ser tratadas e ficava louca com as crenças de Amani de que o melhor para todas as mulheres era ser dirigida por um homem. Pela segunda vez, minha filha se conteve e, por isso, fiquei feliz, embora ela tenha perguntado: "Você está divorciada agora?"

"Não. Não estou. Um mês antes do casamento uma tragédia me salvou. Meu futuro marido estava dirigindo em alta velocidade em uma estrada, indo para seu vilarejo, quando atravessou para a outra pista e colidiu com um grande caminhão. Ele morreu imediatamente. Não fiquei feliz com a morte dele, certamente, mas dormi o sono dos que se salvaram. Eu não seria forçada a me casar com um estranho e tornar-me uma jovem mãe sem esperança de uma vida livre e independente. Dentro de um mês minha mãe e meus irmãos tinham começado a indagar nas redondezas por maridos adequados para mim, mas papai ordenou que eles parassem a busca. Ele achava que era um sinal de Alá de que eu não deveria me casar jovem ou contra a minha vontade. Papai providenciou que minha instrução continuasse porque ele disse que a morte do menino fez com que se lembrasse de que as mulheres deveriam ter meios para se sustentar caso o casamento não funcionasse. O que aconteceria se eu tivesse me casado e fosse mãe quando o jovem morreu? Eu precisaria sustentar a mim e ao meu filho.

"Embora sua decisão tenha enfurecido minha mãe, fui autorizada a avançar para níveis mais altos na escola. Minhas notas eram perfeitas; então, papai providenciou que eu frequentasse a faculdade. Graduei-me em sociologia e prontamente recebi uma oferta de emprego, como assistente social; agora passo meu tempo ajudando meninas que não têm ninguém para ajudá-las. Graças a Alá, eu tenho um pai sábio."

Com exceção de Amani, todos que ouviram a história de Nadia deram os pêsames pela morte do rapaz e a parabenizaram pelo sucesso na faculdade. E, apesar de sua desaprovação, até mesmo Amani conseguiu olhar para Nadia com bondade, dizendo: "Sabe-se que o Profeta Maomé teria dito: 'buscar conhecimento é obrigatório a todo muçulmano, homens e mulheres.'" Amani olhou para mim. "Então, a educação de Nadia é sancionada pelo próprio Deus."

"Louvemos a Alá pelas sábias palavras do Profeta Maomé", disse a Dra. Meena, olhando com aprovação para minha filha pela primeira vez.

Somente Alá conhece os pensamentos na mente de minha filha, mas eu esperava que ela estivesse começando a perceber o seguinte: ninguém deveria se casar contra a própria vontade.

Nadia fez uma pausa para se refrescar tomando um gole do chá antes de continuar sua triste história. Embora tivesse tido educação, ela ainda vivia em casa, porque nenhuma menina saudita era autorizada a viver independentemente. A mãe dela e os irmãos eram tão contrários à vida que ela estava vivendo que continuamente pensavam em formas de atormentar a pobre menina.

Nadia explicou: "Embora eu tenha sido educada, minha mãe e meus irmãos não têm respeito algum por mim. Eles ridicularizam meu trabalho, dizendo-me que estou espalhando ideias ruins pelo reino. Felizmente, meus três irmãos mais velhos são casados e têm carreiras profissionais; então, possuem menos tempo para se preocupar com minha vida cotidiana. Mas o mais novo de meus irmãos ainda vive em casa e agora juntou seus esforços com os de minha mãe para fazer com que eu seja demitida do meu emprego. Eles querem que eu fique totalmente incapaz para que aceite outra proposta de casamento. Uma vez que não posso dirigir, frequentemente meu irmão se recusa a me levar para o trabalho, atrasando-me. Meu supervisor já falou comigo sobre meus atrasos.

"Minha mãe ignora meus pedidos de ajuda porque fica feliz quando estou infeliz. Sua frustração trouxe à tona um lado violento que eu nunca vira antes. Assim que retorno de um longo dia de trabalho, ela começa a gritar comigo para que eu cozinhe e limpe a casa, a qual deixa intencionalmente desarrumada para que eu a arrume. Se minha limpeza não for de seu agrado, e nunca é, ela me esbofeteia. Ela quer que minha vida seja tão triste que torne o casamento atraente. Mas estou determinada a não ceder."

Dra. Meena falou: "Por favor, permita-me falar com seu supervisor, Nadia."

Nadia fez que sim com a cabeça. "Se eu estiver prestes a ser demitida, apelarei para você."

Dra. Meena olhou, preocupada. "Temos que ajudar uma à outra."

Eu resolvi o problema. "Nadia, de hoje em diante, enviarei um motorista e um carro para levá-la até o seu trabalho, e de volta do trabalho para casa. Você não terá mais de depender de seu irmão."

"Ah, princesa, isso é muito", protestou Nadia.

"Não, não é suficiente. Nossa família tem muitos veículos e motoristas que passam muito tempo por aí apenas esperando. Você terá seu próprio motorista."

"Como explicarei isso para meus pais?", perguntou Nadia.

Entendi seu ponto. Uma vez que eu não queria que sua família soubesse de minha interferência, sua mãe e irmãos poderiam acusá-la de ter um amante. Se isso acontecesse, então, a vida dela ficaria ainda mais desesperadora.

"Dra. Meena", perguntei, "você gostaria de ter um carro com motorista? Eu designarei um de nossos motoristas para você, e essa pessoa ficará sob sua supervisão. Você poderá usar esse serviço para qualquer finalidade, para ajudá-la e para assistir outras jovens mulheres que estão em dificuldade sem um motorista."

"Essa seria uma solução maravilhosa, princesa. Ninguém poderá reclamar se uma médica saudita no hospital usar o carro dela com motorista para transportar jovens mulheres para o trabalho e de volta para casa."

Nadia sorriu com alívio e felicidade.

Maha abriu a boca amplamente e eu sabia que ela estava prestes a começar o ataque por sua opinião de que todas as mulheres sauditas devessem ter o direito de dirigir. Se Maha começasse, então Amani se juntaria com seu ponto de vista conflitante. Eu não estava com humor para ouvir outra discussão entre Maha e Amani, então, mudei de assunto enquanto beliscava Maha na perna e disse: "Certo. Esse problema está resolvido e devemos resolver muitos outros. Por enquanto, vamos andar no jardim das mulheres."

E, então, passamos do interior de nosso palácio para os jardins, um lugar sossegado onde nós seis mulheres sauditas passeamos tranquilamente, admirando as lindas flores e o verde relaxante. Há um aviário nos fundos do jardim e é sempre agradável observar os pássaros trinando, enquanto desfrutam de suas vidas descomplicadas. Eles são bem alimentados e amados, pois Amani é responsável pelo treinamento dos empregados que mantêm os pássaros felizes e saudáveis.

É divertido para mim observar a expressão facial de Amani durante tais momentos. Minha filha expressa prazer sincero somente quando está com o filho ou com pássaros ou outros animais. Enquanto Kareem tinha a esperança de que nossa filha fosse superar seu amor juvenil por animais, eu percebi há muito que ela carregaria essa paixão para a cova.

Sentamos em bancos confortáveis por alguns minutos e foi quando todas nós, exceto Amani, fizemos planos para nos reunirmos novamente em uma semana para que Nadia nos fornecesse mais informações sobre as famílias que a administração do hospital lhe pedira que indicasse como as que necessitavam de ajuda. Os que ela não conseguisse ajudar, ela passaria para a Dra.

Meena e para mim. Juntas, nós três ajudaríamos muitas meninas e mulheres.

No momento em que a Dra. Meena e Nadia se despediram e caminharam até a entrada de minha casa, Nadia parou para procurar algo dentro da bolsa e tirou folhas de papel dobradas. Achei que ela tivesse alguma informação para me dar, mas, ao contrário, ela se virou para Maha e Amani, que haviam se reunido em volta da jovem. Nadia falou com as meninas; embora não conseguisse ouvir o que ela dizia, consegui ver que ela passara as folhas para Amani. Em seguida, ela colocou a mão de Maha sobre a de Amani, como se estivesse criando um pacto entre as duas irmãs, e pronunciou algo mais.

Estava morrendo de curiosidade, mas não falei nada até que as jovens mulheres tivessem deixado a casa. Olhei para minhas filhas propositalmente e perguntei: "O que Nadia deu a vocês?"

"Mamãe, nós não sabemos", respondeu Amani com irritação. "São palavras no papel. Vamos sentar e ler."

"Sim, certamente, filha."

"Essa é uma boa ideia", Sara concordou. Minha irmã também ficou empolgada com esse plano.

Amani, que sempre fora ditatorial em suas atitudes, manteve o controle dos papéis, lendo-os página por página, antes de passá-los para Maha. Minhas filhas são leitoras lentas, mas, embora a essa altura eu estivesse impaciente, não havia nada a fazer, a não ser esperar. Como já disse, à medida que os anos passam, eu não nego às minhas filhas o respeito que elas merecem como jovens mulheres — embora haja momentos em que, certamente, sinto falta de ter poder sobre elas!

Finalmente, Maha passou a primeira página para mim.

As páginas revelavam uma coleção emocionante dos pensamentos de Nadia sobre a saga das mulheres na Arábia Saudita. Acreditava que ela escrevera as palavras para passá-las a mim, se ocorresse de ela não ter coragem de pronunciá-las. As páginas continham o seguinte:

Quão infeliz é a mulher que nunca conheceu a liberdade?
Esta é uma pergunta sobre a qual tenho refletido muitas vezes. Quão infeliz é a mulher que nunca conheceu a liberdade? O que pode ser dado a tal mulher para substituir a liberdade? O conforto material é um arranjo significativo suficiente? Algumas podem acreditar que seja. Afinal, esse é o "acordo" muitas vezes oferecido às mulheres sauditas. Fique quieta, não pressione por liberdade e nunca lhe faltará abrigo ou comida. O que não é dito é que, em troca desse comportamento passivo, você nunca experimentará a alegria da liberdade.

Tenho trabalhado como assistente social, totalmente envolvida com famílias sauditas, pelos últimos três anos. Durante esse tempo, aprendi mais do que já desejei saber sobre a vida das mulheres com as quais tenho deparado. Muitas vezes, questionei o que as mulheres sauditas têm como garantia que se equipare a um único dia de liberdade. Acredito que nada consiga se igualar ao sentimento maravilhoso que se tem de ser livre para viver a vida que se deseja.

Após muita experiência pessoal, reflexões e leituras, acredito que a vida das mulheres nascidas na Arábia Saudita pode ser mais bem-descrita pela frase de abertura daquele famoso livro de Charles Dickens, Um conto de duas cidades. *Como Dickens descreveu, foi realmente o melhor dos tempos; no entanto, foi também o pior dos tempos. Havia sabedoria, tolice, incredulidade, escuridão, luz, esperança e desespero. Acredito que suas palavras soem verdadeiras para os apuros das mulheres sauditas,* **também.**

Permita-me explicar. Como assistente social em um hospital, vejo as melhores e as piores coisas. As melhores trazem esperança para meu coração, mas as piores causam medo e angústia. É o melhor dos tempos para mulheres na Arábia Saudita, pois com cada história de sucesso para uma mulher, há um pequeno lago de esperanças brotando como água fresca das entranhas do deserto. Porém, essa nascente de água é enganadora, pois todos sabemos que há pouca água fresca sob as areias sauditas. E sabemos também que, a qualquer momento, esse lago pode se transformar em um leito seco de areia porque muitos homens sauditas ainda não querem que suas mulheres sejam livres para viver com dignidade. Então, estamos felizes, mas tensas com a ideia de que nossas pequenas liberdades possam desaparecer em breve — elas podem ser retiradas de debaixo de nossos pés. Isso já aconteceu antes, e não foi há muitos anos. Um primo, 25 anos mais velho do que eu, informou-me que as mulheres sauditas uma vez tiveram esperanças, durante a década de 1970, quando os acontecimentos políticos ocorridos aterrorizaram nosso governo — a queda do xá do Irã e o levante em Meca em 1979. Nosso governo real sacrificou mulheres sauditas para acalmar os clérigos sauditas. Por anos, após aqueles acontecimentos, as mulheres na Arábia Saudita foram lançadas de volta no tempo com relação à liberdade pessoal.

É o pior dos tempos porque essa esperança está confundindo todos e aflorando maus comportamentos. As mulheres sauditas estão, agora, pensando e acreditando que possam aproveitar a liberdade para estudar e trabalhar e ter um pouco de dinheiro próprio. Os homens sauditas que não querem que suas mulheres tenham qualquer independência, ou até esperança de liberdade pessoal, estão explodindo com enorme energia para matar todas as ideias que conduzam à liberdade para as mulheres. É como se eles também sentissem que a onda pode se virar contra eles e estivessem com medo de perder o controle. Se eles não puderem extinguir a esperança do pensamento de suas esposas, então, eles mudam, para eliminar essa esperança em seus pensamentos — pensamentos que apenas recentemente começaram a florir e a se desenvolver com novas ideias e conhecimento. Conversei com jovens mulheres sofrendo das mais dolorosas feridas físicas, jovens assustadas demais para admitirem que seus maridos as espancaram até o ponto de quase morrerem por terem expressado o inofensivo desejo de continuar sua educação ou de trabalhar após a graduação na faculdade, ou por terem tido a esperança de adiar a maternidade até que fossem um pouco mais velhas — talvez além dos primeiros anos da adolescência.

Em nossa terra, essa é a idade da sabedoria porque, finalmente, temos um rei, o rei Abdullah, que está usando seu poder para ajudar as mulheres. Embora tenham me dito que o rei Faiçal fora um grande rei para todos os cidadãos sauditas, não estava viva na época para testemunhar a excelência de Sua Majestade; o rei Abdullah é o meu herói particular. Sei que ele está fazendo mais do que os dois reis anteriores fizeram juntos para garantir uma vida decente e segura para as mulheres sauditas

São os tempos da tolice, porque há muitos homens jovens que rejeitam qualquer progresso com relação às mulheres. Esses "novos" fanáticos religiosos, que são majoritariamente homens jovens, são muito agressivos e acreditam ser direito deles andar pelas ruas e atormentar qualquer mulher que esteja passeando, até mesmo uma mulher totalmente coberta com o véu. Eles acreditam ser direito deles exigir mulheres submissas. Esses jovens estão sentados aos pés dos clérigos religiosos mais velhos que exigem, em voz alta, que nosso país volte a um tempo sombrio em que as mulheres não eram nem mesmo autorizadas a sair de suas casas. Quando eles exigem o purdah, ou seja, o isolamento para as mulheres, têm um olhar louco e muito fervor. É como se tivessem perdido toda a razão. Ouvi um sábio ditado que uma viagem de mil quilômetros começa com um único passo. Toda mulher pode dar esse primeiro passo, que conduzirá à liberdade.

É a época da incredulidade, um período de descrença, pois vivemos atualmente uma era em que os acontecimentos não são mais totalmente ocultos, como no passado. Quando minha avó e minha mãe eram crianças, elas não ouviam muitas histórias de horror, embora houvesse boatos. Mas, hoje, é diferente. Há relatos escritos em jornais, e aqueles que trabalham em hospitais encontraram coragem para falar. São eles que veem, em primeira mão, o quão traumática e perigosa a vida pode ser para algumas mulheres. Estamos conhecendo a natureza perversa de alguns homens, e o que eles fazem com as mulheres, por nenhuma razão a não ser maldade. Por exemplo, tenho conversado e tentado consolar uma mulher que é amiga íntima da família de uma menina que foi estuprada até a morte pelo próprio pai, um clérigo. Esse homem recebeu somente oito meses de prisão como pena por ter torturado e estuprado até a morte sua filha de 5 anos de idade. As costas da menina haviam sido quebradas durante as longas sessões de estupro. A abertura do pequeno intestino da criança foi destruída pelo órgão masculino do pai. O traseiro da pequena menina foi mantido sobre uma chama quando o pai tentou fazer o sangue parar de jorrar do traseiro rompido dela. Quando esse homem foi sentenciado com apenas uns poucos meses por esse crime cruel contra a própria filha, os clérigos ficaram irados, dizendo que alguns meses eram demais, que qualquer homem poderia fazer qualquer coisa com qualquer mulher de sua família e ninguém tinha o direito de infligir ou punir o homem envolvido. Enquanto o pai tinha a liberdade de infligir agonia e tortura, a mãe não tinha liberdade para salvar sua inocente criança.

Essa história horrível foi relatada nos jornais. Mas você sabia que isso ainda é verdade — que qualquer homem na Arábia Saudita pode infligir violência contra qualquer mulher de sua família sem se preocupar com a justiça legítima? O que são alguns meses na prisão para tal crime? Nada! Receio que isso nuca mude, porque nem o governo deseja entrar nessa disputa entre um homem e os membros de sua família.

Porém, nada horrorizou as mulheres sauditas mais do que a história dessa jovem menina, retirada da mãe, espancada, torturada e estuprada pelo pai. Ela era uma criança indefesa, e ninguém conseguiu ajudá-la. Mesmo após um clamor público, a punição foi incrivelmente inadequada. Soube que até os carcereiros se compadeceram com o criminoso que torturara e matara uma criança. Ele não recebeu uma punição verdadeira, uma vez que foi tratado como herói nos poucos meses em que esteve na prisão. Sua sentença foi um espetáculo para apaziguar uma população furiosa. Enquanto há melhores tempos para muitas mulheres sauditas e, sim, boas histórias para revelar, as histórias ruins e o abuso assustador neutralizam a alegria das coisas boas.

Embora eu anteveja o relato de muitas histórias que descobri durante o andamento de meu trabalho oferecendo apoio para os envolvidos em situações traumáticas, fico envergonhada por saber que não tenho liberdade total para fazer o que é certo! Devo ocultar minhas ações e manter meu nome em segredo. Caso meu empregador ou minha família descobrissem que estou revelando essas confidências, minha vida estaria destruída. Minha mãe ficaria de cama por muitos meses e meu pai questionaria o bom senso de suas decisões ao concordar com minha educação. Quanto aos meus irmãos, é possível que eles achassem importante fechar minha boca, permanentemente. No mínimo, eu seria humilhada e viveria com uma ajuda social pequena e sozinha, quase isolada de todos que amo, pelo resto de meus dias.

Porém, creio que todas nós devêssemos trabalhar juntas como um só poder. É por essa razão que estou estendendo a mão a uma mulher que tanto admiro, Dra. Meena, e a uma princesa que tem o poder para ajudar algumas dessas jovens mulheres que conheço, as quais não têm para quem se dirigir, ninguém que se importe com elas.

Se eu não tiver liberdade para salvar uma única vida, então, viver não significa nada para mim.

* * *

Chorei. Sara chorou, também. O rosto de Maha estava vermelho de raiva e frustração. Amani não disse nada, simplesmente olhou com saudade para a fotografia de minha mãe; era como se ela quisesse voltar no tempo e ficar naquele lugar com mamãe.

"Essa menina é muito sábia e está correta no que diz", falei. "A nós, mulheres sauditas, são jogadas migalhas de conforto pessoal em troca de nossa liberdade."

Naquele momento, Kareem e Abdullah entraram na sala, ambos assustados por ver as mulheres que amavam chorando de frustração.

Eu estava tão irada que ataquei os dois únicos homens ao meu alcance. "Kareem! Abdullah! Vocês dois podem pegar suas migalhas e jogá-las no Mar Vermelho!", gritei, antes de sair da sala rapidamente.

Kareem quis vir atrás de mim, mas Maha o impediu, gritando, "Mamãe está certa!" Ela me seguiu, mas não antes de dirigir ao irmão um olhar de repulsa.

Meu pobre marido e meu filho ficaram rígidos de choque quando a integrante mais meiga de nossa família, minha irmã Sara, olhou acusatoriamente para eles e disse: "Que vergonha, vocês dois!"

Apenas Amani conseguiu suportar ficar na mesma sala dos dois homens. Soube mais tarde que ela compartilhara as páginas escritas por Nadia com ambos, e tanto Kareem quanto Abdullah ficaram profundamente entristecidos e abalados com as palavras que leram.

As mulheres na Arábia Saudita viveram muitos momentos em que sentiram que a liberdade estava próxima, mas no último momento essa liberdade foi colocada de lado por homens que governam nossas vidas. Porém, agora, finalmente, havia chegado o momento de mudança. A coragem é contagiosa, e milhares de mulheres da Arábia Saudita tinham finalmente encontrado a sabedoria e a coragem para jogar para o lado o manto do medo e exigir liberdade, o pré-requisito para a verdadeira felicidade.

Capítulo 7

Lições de uma sábia menininha

Um amigo do Canadá, certa vez, me disse que o único relacionamento perfeito entre seres humanos é aquele entre avós e netos. Creio que seja verdade. Embora Kareem e eu tenhamos sempre amado nosso filho e nossas duas filhas loucamente, nunca pudemos afirmar que nosso relacionamento com os filhos alguma vez tenha chegado perto da perfeição. Esse não é o caso com nossa neta pequena Sultana e com nossos dois netos bebês, Faiçal e Khalid. Cada momento dedicado aos três netos tem sido perfeito.

Visto que Khalid e Faiçal são bebês, nosso vínculo amoroso com os dois pequenos príncipes ainda tem de ser desenvolvido para além da simplicidade da fala de bebê e dos afagos e mimos. Porém, nosso entrosamento com a pequena Sultana, uma menina de 8 anos de idade, excepcionalmente conscienciosa, é confuso e complexo. Isso se deve ao fato de que a pequena Sultana nunca interagiu conosco com um temperamento infantil. Ela já nasceu uma criança de olhos arregalados e esperta, que parecia absorver tudo o que estava acontecendo ao seu redor com a sensibilidade de alguém muito mais velho. Várias vezes fui cautelosa ao falar, pois instintivamente sentia que o bebê em meus braços tinha a maturidade mental de um adulto, que compreendia cada palavra que ouvia. De um bebê, ela cresceu e tornou-se uma criança intensamente observadora, investigando tudo ao seu redor com o comportamento de um detetive particular e respondendo com sabedoria muito além de sua idade. Nas ocasiões em que não permitíamos os alimentos doces prejudiciais à saúde ou os jogos que achávamos impróprios para a sua idade, ela nunca se fez de bebê para alcançar seus desejos, algo tão comum na maioria das crianças. Em vez disso, nossa pequenina neta se posicionava de forma que pudesse olhar para nós, depois, calma e pacientemente, explicava por que seus pedidos deveriam ser atendidos. Nunca me esquecerei, quando tinha apenas 4 anos de idade, sua fala com a autoridade de um adulto, dizendo aos seus avós estupefatos: "Mas eu devo provar tudo da vida." Em tais momentos, eu achava sua voz de bebê calculada e sua aparência triste tão terna que tinha de me esforçar ao máximo para conter meu riso.

Frequentemente, Kareem e eu conversávamos sobre as qualidades especiais da pequena Sultana. Ela é tudo que a comunidade mundial nas Nações Unidas poderia registrar como um ser humano que alcançou a perfeição e a excelência. A pequena Sultana é meiga, humana, atenciosa, confiável, obediente e honrosa. Kareem sempre afirma: "Sultana, as pessoas com seu nome foram coroadas com as qualidades genéticas mais admiráveis disponíveis em nossa família."

Kareem está certo. A pequena Sultana tem a bondade herdada do pai, nosso filho Abdullah. Ela herdou as características aplicadas e respeitosas do avô, meu marido Kareem. Frequenta a escola para parentes nobres localizada em uma construção especial em um de nossos palácios; ela leva suas lições tão a sério que só se compara a Sara, minha irmã, que sempre foi a menina mais brilhante de sua classe. Ela também possui a virtude de ser calma de sua tia Sara. Frequentemente, ela demonstra a consciência social a mim conferida, embora tenha nascido com a integridade de sua tia Maha.

Eu me lembro bem de uma ocasião em que a neta mais velha de Sara, cujo nome também é Sara, visitava nossa casa. A pequena Sara estava passando o dia se divertindo, jogando com a pequena Sultana, que estava morando conosco enquanto Abdullah e a esposa, Zain, faziam uma breve viagem à França, onde meu filho estava conduzindo algumas reuniões importantes.

Sara não vê problema algum em admitir que a neta era indisciplinada quando mais nova, mimada além da conta, e tão exigente no que se refere a ter tudo de seu jeito que até seus pais se lamentam. Embora Sara e Assad dessem muitos conselhos sobre como conter o comportamento mais ofensivo da pequena menina, ninguém via qualquer progresso.

Minha irmã Sara e eu, muitas vezes, ríamos quando dizíamos, sinceramente, que a neta dela deveria ter tido o meu nome, enquanto nossa pequena Sultana deveria ter sido chamada Sara. Nossas duas netas pareciam ter herdado os traços e as características pessoais trocados de suas tias, como somos conhecidas, e não avós, pois em minha família sou conhecida indiscutivelmente como a filha desordeira, enquanto a Sara é atribuída a reputação de uma alma sábia e calma.

A história que quero contar ocorreu quando a neta de Sara tinha 6 anos de idade e a pequena Sultana um ano a menos. Por essa razão, a pequena Sara deveria ter sido a mais madura das duas. Nesse dia, a pequena Sultana brincava com seu brinquedo favorito, uma boneca da famosa princesa Jasmine, de Walt Disney. Vários meses antes, enquanto Kareem e eu estávamos visitando os Estados Unidos, fizemos um passeio especial a uma loja próxima da Disneyworld, na Califórnia, após Abdullah ter nos dito que sua filha gritara de alegria ao ver a boneca Jasmine em uma revista infantil.

Minha neta estava absorta em seu pequeno mundo de fantasias de menina e bonecas reluzentes quando a pequena Sara, repentinamente, fixou-se em Jasmine. Com mãos esticadas, ela correu o mais rápido que as pernas conseguiam para arrancar Jasmine dos braços da prima.

A boca da pequena Sultana se abriu totalmente em atordoante surpresa, mas ela não emitiu som algum quando a neta de Sara começou a puxar com força o cabelo de Jasmine para arrancá-lo. Fracassada em suas tentativas de provocar a calvície de Jasmine, a mimada criança começou a rasgar a roupa da boneca.

A essa altura, eu estava de pé, sabendo que teria de resgatar Jasmine antes que fosse destruída, enquanto Sara elevava a voz suave, ordenando: "Pare, Sara! Pare!"

Comecei a puxar a boneca com uma das mãos e levemente empurrar a pequena Sara com a outra, mas a força da mão de minha sobrinha teimosa aumentava, na medida em que se recusava a largar a boneca. Quando ouvi o tecido verde-azulado rasgar, berrei inconscientemente, percebendo que o dano extremo já havia sido feito.

Nesse momento, a pequena Sultana se recompôs e andou em direção à prima. Tudo aconteceu em câmera lenta, quando minha neta colocou a mão gentilmente no ombro da prima. Olhando fixamente nos olhos de Sara, falou com uma voz confiante, impossível de não ser notada: "Sara, Jasmine está chorando pela mãe dela. Solte-a, por favor."

Como que por um milagre, a pequena Sara suavizou a força da mão.

Só então Jasmine foi minha.

Ajoelhei-me no chão em frente da pequena Sultana, enquanto arrumava o cabelo e o vestido da boneca. "Querida", assegurei a ela, "Jasmine não está machucada. O vestido está rasgado, mas podemos mandar consertá-lo."

A pequena Sultana acenou com a cabeça solenemente e se recompôs, ao mesmo tempo em que falou, em voz baixa: "Ela está traumatizada, de qualquer forma. Tenho de levá-la para a cama para um soninho tranquilizante."

Os olhos castanhos expressivos da pequena Sultana pareciam negros como a noite quando parou para encarar serenamente a prima. "Você é muito bem-vinda para olhar meus brinquedos e escolher um outro que queira, mas Jasmine não está se sentindo bem. Nos vemos outro dia."

A pequena Sultana parou para beijar a tia Sara antes de sair silenciosamente da sala e andar pelo corredor para o seu quarto. Eu a segui, a uma distância prudente, para ter certeza de que tudo estava bem. Fiquei muda, espiando da porta do quarto dela, enquanto a pequena Sultana acalmava Jasmine para dormir. Ouvi suas palavras: "Jasmine, filha, há algumas pessoas ruins no mundo. De agora em diante, serei mais cuidadosa com sua segurança."

As lágrimas desceram pelo meu rosto, observando minha meiga netinha. As palavras de Kareem: "O espírito da pequena Sultana veio a este mundo como uma mulher, não como uma criança" reverberaram em minha mente.

E, então, quando uma crise desafiou nossa família, com relação a uma das escolhas imprevistas de nossa filha Maha, foi a pequena Sultana que nos colocou no caminho do entendimento.

Maha ama a sobrinha e os dois sobrinhos intensamente, embora fique evidente para qualquer um que tenha olhos e ouvidos que ela tem uma ligação incomum com a pequena Sultana. Esse favoritismo é muito provavelmente explicado pelo fato de Maha ficar pouco confortável e nervosa quando cuida de crianças, uma vez que já revelou ter medo de que algum mal possa acontecer a um bebê em seus braços. É como se Maha, de fato, acreditasse que uma criança tivesse o poder de pular de seus braços fortes e cair no chão duro ou sofrer algum outro ferimento enquanto estivesse sob seus cuidados. Ela confessou que, se qualquer acidente ocorresse a Khalid ou a Faiçal, ninguém jamais acreditaria que ela não fora negligente com os meninos, porque todos que a conhecem sabem que ela não é uma mulher que tem afeição por homens. Embora ame o pai, o irmão, seus dois sobrinhos e o tio Assad — o marido de Sara —, não há outros homens por quem minha filha tenha muita consideração.

Kareem sempre me acusou pela animosidade de Maha com relação ao sexo masculino, uma vez que criei nosso filho e as duas filhas em um ambiente em que habitualmente questionava os costumes de nosso próprio país. Cada um de meus três filhos interpretou a mesma lição aprendida com a mãe de forma diferente. Desde pequenos, nunca deixei de defender que todo saudita, homem ou mulher, devesse ter a proteção do Estado para viver com liberdade e dignidade e que nenhum homem fosse considerado melhor do que uma mulher.

Meu filho mais velho, Abdullah, absorveu totalmente minha lição de igualdade. Por isso, meu filho tem claramente um grande respeito por mulheres; isso significa dizer que ele respeita as mulheres da mesma forma que respeita os homens. Esse respeito pelos outros, sejam homens ou mulheres, o tem ajudado a ser um filho maravilhoso, um marido amoroso e um pai sábio.

Maha, minha filha mais velha, ouviu atentamente as opiniões da mãe, mas não aceitou cegamente minha visão de que mudanças devem acontecer em nosso país. Em vez disso, ela olhou ao seu redor para entender como as mulheres eram educadas em comparação com os homens. Muito frequentemente, ela via comprovações de que as amigas eram maltratadas por seus pais e irmãos. Maha chegou à conclusão, com relação ao governo e a maioria dos homens sauditas, de que as mulheres no seu país valiam pouco. Como Maha é mulher, ela não assimilou bem essa realidade. Quando adolescente, ela acreditava que se direcionasse todas as energias na luta pelos direitos das mulheres, teria sucesso em fazer da Arábia Saudita um lugar propício para as mulheres viverem. Porém, o povo de meu país não está preparado para uma menina como Maha, logo, o fracasso foi inevitável. Ela ficou triste ao saber sobre a vida perdida de suas amigas, que foram forçadas a parar de estudar ou casaram contra a própria vontade — meninas que sofriam de tantas maneiras devido ao que ela considerava serem práticas antiquadas e injustas. Finalmente, após enfrentar decepção após decepção, uma Maha desanimada colocou de lado o uniforme de prisioneira feminina das tradições sauditas e foi embora, para viver livremente na Europa.

Amani, a terceira de meus filhos, parece ter sido criada pelo clérigo mais conservador e não por uma mãe de pensamento livre. Ela preconiza que toda mulher viva sob o domínio estrito de um homem. Ela alega ter prazer em entregar ao marido a coroa de ditador. Embora o marido de Amani seja um ditador mais benevolente, e viver sob suas ordens não seja tão difícil, frequentemente pergunto a minha filha se ela ansiaria por liberdade se o marido fosse um homem que tivesse prazer em bater nela ou em mantê-la afastada de sua família original, ou tivesse uma segunda ou terceira esposa, ou exigisse o divórcio com custódia total do filho, o pequeno Khalid. Embora Kareem e eu fôssemos proteger nossa filha de destino semelhante, outras jovens mulheres no reino não têm tal proteção. No entanto, nada que eu diga penetra na dura visão "antiliberdade para mulheres" de Amani.

Como disse antes, meu filho é um homem que acredita que todas as mulheres devem ser tratadas da mesma forma que os homens. Sua devoção à esposa e às filhas tem provado seu valor com relação à liberdade feminina. Na realidade, nossa família soube pela primeira vez a respeito de uma mulher saudita chamada Laila quando Zain, a esposa de meu filho, nos convidou para um chá da tarde. Amani foi convidada a comparecer também, mas disse que havia reservado o dia para rezar, do amanhecer ao anoitecer. Essa devoção total a Deus não é rara em Amani, então, aceitei sua ausência sem reclamar.

Quando Maha e eu entramos na casa de Zain, ela nos recebeu na porta, expressando alegria com a nossa chegada. Não poderia imaginar para onde aquele encontro com Laila, uma estranha na época, conduziria nossa família — e as influências positivas que nos fariam mudar como consequência.

* * *

Antes de falar sobre Laila, gostaria, primeiro, de apresentar Zain, uma vez que ela se tornou muito admirada por nossa família. Minha nora é uma mulher saudita muito rara na realeza. Ela é bonita, gentil e única, de uma forma muito surpreendente — ela foi abençoada por Deus com uma voz magnífica para cantar. Fomos pegos de surpresa a primeira vez que ouvimos Zain cantando, porque nunca ouvíramos uma voz tão extraordinária em nossas vidas.

Nunca me esquecerei desse dia. Kareem e eu havíamos viajado inesperadamente para Jidá para algo que não me lembro e, enquanto lá, decidimos visitar nosso filho recém-casado. Ao chegarmos, Abdullah explicou que Zain não havia ainda se preparado para o dia, então, Kareem e ele ficaram sentados comigo no solário, diante das águas azuis do Mar Vermelho, quando de repente uma voz extremamente forte e bonita brotou de detrás das portas fechadas da ala em que os quartos do palácio estavam localizados.

Um Kareem surpreso perguntou ao filho: "Quem é que está cantando?"

Abdullah ruborizou-se e respondeu: "Eu preferiria não dizer, papai."

Meu coração perdeu o compasso, pois temia que meu filho tivesse colocado tolamente uma concubina dentro de casa, algo que muitos dos príncipes jovens fazem após se casarem com a mulher de seus sonhos, mal sabendo que a única mulher que realmente importa ficará tão magoada que o casamento sofrerá.

"Você tem de nos contar, Abdullah", exigi.

"Abdullah", disse Kareem com voz firme, "você deve identificar essa mulher estranha em sua casa."

Abdullah olhou fixamente para o pai, no que acredito que tenha sido uma expressão entretida, uma vez que um dos lados de sua boca revelava um sorriso. Por um momento, achei que o casamento pudesse ter transformado meu dócil filho em um homem rude. Finalmente, ele falou: "Perguntarei se tenho permissão para contar a vocês", ele disse, saindo em seguida com sua longa túnica *thawb* branca recém-lavada e passada roçando o chão a cada passo.

Kareem e eu trocamos olhares de espanto. O que estava acontecendo com nosso filho? Quem era aquela mulher estranha que fixara residência no palácio de nosso filho? Onde estava Zain?

Embora os minutos parecessem horas, Abdullah logo retornou com a recém-casada esposa que aparentava estar envergonhada. Sempre preparada para ver homens sauditas, até mesmo meu próprio filho, se comportarem de formas inconvenientes, eu sinceramente temi que meu filho estivesse prestes a nos dizer algo que eu não desejava ouvir.

A fisionomia séria de Abdullah se abriu em um sorriso quando viu nossa preocupação. "Mamãe, papai, gostaria de apresentar a dona da voz mais linda do mundo, sua nora."

Respirei profundamente e fiquei de pé, abraçando meu filho e a esposa, enquanto dizia: "Onde você aprendeu a cantar, Zain?"

"Nunca tive aulas", explicou Zain. "Um dia, quando era menina, comecei a cantar e, no decorrer dos anos, minha voz foi ficando cada vez mais forte." A menina querida estava envergonhada e humilde. "Só canto quando acho que estou sozinha." Ela deu uma olhada para Abdullah. "E canto para meu marido, claro."

Abdullah sorriu com orgulho e pude facilmente ver que minhas preocupações haviam sido em vão. Meu filho e a esposa me mostravam que tinham o maior dos amores um pelo outro. "Então, você é uma das raras pessoas que nascem com uma voz fenomenal."

Meu marido estava extremamente emocionado, pois é fã de ópera. Mais tarde, ele me disse que acreditava verdadeiramente que a nora pudesse facilmente ganhar o papel principal no Teatro alla Scala, o teatro lírico em Milão, uma das casas de ópera principais não só na Itália, mas também no mundo. Certamente, nenhuma família saudita jamais permitiria que uma de suas filhas participasse em papel público semelhante, mas é bom pensar no dia em que tal situação será possível para mulheres sauditas.

Desde esse dia temos pedido a Zain para nos entreter, mas ela é tímida para fazê-lo, embora haja momentos em que Abdullah coloca música de fundo e estimula Zain a alegrar a família. Seu talento ímpar é desconhecido no mundo, uma vez que revela sua voz encantadora apenas para nós. Até seus irmãos ignoram seu dom especial, visto que Zain diz que, na juventude, viveu como uma sombra para os seis irmãos; a família estava muito ocupada procurando diversões de meninos para reparar na voz da irmã.

Zain não parece impressionada com sua habilidade; ela diz que o marido e os filhos têm a posse de seu coração e que cantar não é nada mais do que um passatempo agradável. Felizmente, ela se empenha muito para ser parte importante de nossa vida familiar, de modo que tem gerado um amor enorme do nosso lado. Fisicamente, ela é alta e magra, é pálida e tem olhos escuros que brilham intensamente de bondade. Ela tem um sorriso luminoso e nos encantou desde o início do casamento com Abdullah. Sei que meu filho está muito satisfeito com a esposa e, portanto, sua família está igualmente satisfeita.

Embora Zain tenha sido criada em uma família mais conservadora do que a nossa, ela parece não sentir nenhuma amargura por seus pais terem demonstrado que a vida dela era menos importante do que a dos irmãos. Ela se lembra de muitos momentos melancólicos em que se sentia desvalorizada, mas, ao contrário de muitas mulheres maltratadas dessa forma, ela não guarda amargura alguma com relação à própria família ou à nossa cultura ou país. Graças sejam dadas a Deus por Zain ter terminado o ensino médio e ter mais interesse no mundo além da própria vida, pois meu filho se entediaria com uma esposa sem instrução, preocupada apenas com o cabelo, as joias, a moda e mobílias. Zain é muito diferente da maioria das nossas primas nobres, visto que ela e o marido estão unidos na preocupação com a condição alheia.

Infelizmente, devido à forma como as mulheres na Arábia Saudita são vistas pelos homens, a maioria das mulheres tem poucas oportunidades para participar na vida pública — até aquelas que estão intensamente interessadas em melhorar nossa situação.

Quanto às mulheres nobres, nenhuma está preocupada com as necessidades da vida. Descobri que a maioria das minhas primas nobres só se importa com os bens valiosos que suas tremendas riquezas podem proporcionar. Reconheço que a vida é vazia e tediosa quando só se pensa em si, e estou muito aliviada por essa atitude egoísta não se aplicar a Maha, Amani, Sara, a pequena Sultana ou a mim.

O casamento de Zain com meu filho se realizou como um golpe de sorte. Embora tivéssemos ouvido falar dela alguns anos antes, após um de seus irmãos ter se envolvido em um escândalo quando assumiu seis esposas (pela nossa religião, é permitido apenas quatro esposas), não a havíamos conhecido pessoalmente. A situação confusa provocou uma segunda história acrimoniosa, e acho que ambas valem ser contadas, visto que elas ilustram como situações familiares podem ser ridículas em um país onde os homens são usualmente mimados por todos ao seu redor, enquanto a igualdade para as mulheres é apenas um sonho em muitas mentes.

Logo que se tornou conhecido por toda a família que o irmão de Zain desfrutava de prazeres proibidos, um primo nobre de uma das famílias menores ficou ressentido porque não tinha a mesma sorte, com duas esposas apenas. Da maneira como tudo aconteceu, acabou que ele tinha boas razões para ter inveja.

Sua primeira esposa fingira ser amiga da esposa "número 2", sua concorrente, mas a amizade era falsa. Ela convidou a segunda esposa para um chá e refrescos, mas as bebidas estavam contaminadas com laxantes fortes que a fizeram ficar sentada no vaso sanitário em vez de esperar ansiosa na cama matrimonial. Quando a farsa foi descoberta, a segunda esposa ficou irritada e derramou óleo quente em todas as roupas caras da primeira esposa.

As duas esposas terminaram lutando fisicamente, com as empregadas filipinas relatando excitadamente para todos que quisessem ouvir que as duas lutaram como mulheres exibidas nos programas de televisão ocidentais conhecidas pela luta livre em uma arena de lama. No final da luta entre as duas esposas, ambas estavam quase nuas — visto que haviam rasgado as roupas uma da outra. Para espanto de todas as servas que assistiam ao espetáculo, as duas esposas sentaram-se exaustas e começaram a conversar. Em seguida, antes que todos conseguissem entender o que se passava, as duas esposas se beijaram; em seguida, beijaram-se novamente, e decidiram que gostavam uma da outra mais do que gostavam do marido. A última notícia que tivemos foi a de que as duas mulheres estavam vivendo no palácio familiar em Jidá e ridicularizando secretamente o marido. Tanto melhor que poucos conheçam essa situação, ou ele seria ridicularizado por todos, e a esposa dele seria punida severamente. Espero que, para o bem de todos os envolvidos, essa situação se resolva antes que haja um imenso escândalo. Embora tais coisas sejam proibidas, os membros da família real, muitas vezes, ignoram muitos dos comportamentos traquinas, ao menos os próprios. Sem que um membro da realeza requisitasse intervenção, poucos se intrometeriam: a relação entre um homem e suas mulheres é considerada privada, pelo menos no que diz respeito à punição.

Embora essa história tenha mantido muitos entretidos por semanas, ninguém foi solidário. A maioria no meu mundo facilmente condena, mas acredita que nenhum homem deveria se envolver em situação semelhante com suas mulheres.

Houve uma reação totalmente diferente com relação ao problema das "seis esposas" para o irmão de Zain. Os tios mais velhos da família entraram em ação. Esses homens tiveram de debater o dilema porque os clérigos ficaram confusos, com um deles em particular declarando que, nobre ou não, o irmão de Zain estava abrindo um precedente ruim e que, se um homem fosse autorizado a ter seis esposas, todos poderiam exigir o mesmo. E, então, o irmão de Zain foi forçado a enfrentar os tios, ao mesmo tempo em que foi obrigado a selecionar duas de suas seis esposas para se divorciar e pagar um grande montante para tais mulheres.

Zain confessou para Abdullah que seu irmão desobediente chorara feito um bebezinho quando se despediu das duas de suas esposas, as quais deixaram a Arábia Saudita para viver à beira-mar em Beirute, pois ambas eram originárias da Síria e, por essa razão, estavam predispostas a viver nessa área do Oriente Médio. Elas estavam acostumadas a viver como esposas-irmãs e, então, não queriam terminar a amizade.

Mais tarde o irmão de Zain chorou ainda mais intensamente quando descobriu que as ex-esposas ficaram muito felizes com os dois lindos amantes da Itália que haviam viajado a Beirute para se divertirem e, felizmente, conheceram duas lindas mulheres árabes que procuravam alguma diversão. Agora, esses dois italianos estão desfrutando uma vida luxuosa financiada pelos pagamentos de divórcio de um nobre saudita.

Embora soubéssemos da conduta impetuosa do irmão, não sabíamos nada pessoal sobre Zain até minha irmã Sara comparecer ao casamento de uma de suas tias, cujo marido divorciara-se dela para casar com uma linda cantora do Egito. Essa cantora notável era o assunto do casamento, Sara disse, e ela tinha pena da esposa abandonada, que estava se casando, contudo, com outro primo nobre, famoso por seu amor enorme por qualquer mulher que ele pudesse atrair. O coração terno de Sara se sentia tão mal pelas mulheres da família a ponto de passar um tempo extra conversando com todas elas. Enquanto a maioria das mulheres era bastante amável, logo que teve uma oportunidade de conversar brevemente com Zain, Sara ficou impressionada com sua aparência e sua serena dignidade. Sara voltou do casamento relatando diretamente para mim que conhecera uma jovem mulher excepcional. Ela segurou meus ombros e olhou-me fixamente nos olhos, dizendo: "Sultana, sinto do fundo do meu coração que seu filho terá atração pela linda Zain."

Abdullah se encontrava em um momento decisivo de sua vida e mencionara que gostaria de conhecer alguém especial e se acomodar na vida doméstica com uma esposa e filhos. Visto que homens e mulheres ainda não se misturam socialmente na Arábia Saudita, não é fácil para os que estão em uma idade de se casar entrar em contato com muitos membros da sociedade do sexo oposto.

Depois que Abdullah contou-me sobre seus desejos, comecei a observar atentamente as primas nobres de uma determinada idade sempre que participava de funções sociais. Eu não tive sucesso, pois sou uma mãe que deseja apenas o melhor para o filho. Nenhuma mulher que conheci era instruída, simpática, ou bonita o suficiente para meu único filho. Certamente, Amani tinha quatro ou cinco amigas extremamente religiosas que ela alegava serem perfeitas para Abdullah, mas nenhum de nós podia confiar nas recomendações de Amani. Abdullah não era do tipo de se casar com alguém que insistisse com ele para rezar o dia todo; ele tem um temperamento fácil e afetuoso, é crente e um homem genuinamente bom.

Após as recomendações de Sara, ela e eu convidamos a mãe de Zain para a casa de Sara para uma visita. Essa combinação não é incomum na família real, pois todas as mulheres tendem a amar quando podem bancar o cupido.

No início, a mãe de Zain mostrou-se reservada; no meu país, as mães de filhas elegíveis, em geral, se comportam dessa forma, para indicar que as filhas têm tantos pretendentes que sua agenda social está completa para a semana. Sabendo disso, não me preocupei quando levou uma semana para a mãe de Zain aceitar nosso convite.

A semana passou rapidamente e fiquei tomada de admiração e prazer rapidamente após conhecer Zain. Embora não tivesse conhecimento profundo de seu caráter, concordei com Sara que Zain era linda, mas, sobretudo, era *interessante*. Sei por experiência própria que uma personalidade interessante é um dos ingredientes mais importantes no que se refere à formação de um casamento duradouro. A beleza sozinha não atrai a atenção por muito tempo, pois deve haver um gancho de características de personalidade exclusivas no qual o casamento deve se apoiar.

A família aprovou minha ideia de mostrar uma fotografia de Zain para meu filho. No início, Abdullah recuou, pois estava nervoso com tal compromisso; mas, após estudar a fotografia dela por muito tempo, abriu um grande sorriso e disse: "Mamãe, vejo algo *interessante* no rosto dela que me emocionou e despertou um desejo de conhecer essa mulher."

Com essas palavras, sabia que meu filho estava se aproximando do casamento com a atitude correta, encontrando uma esposa que lhe interessaria nos anos quando a atração física inicial tivesse diminuído.

Ambas as famílias, então, decidiram que era apropriado para Abdullah e Zain desfrutar de um encontro supervisionado na casa de Sara.

O encontro superou as expectativas de meu filho. Embora eu conversasse amigavelmente com as parentes de Zain, mantive um olhar atento em meu filho. Zain era tímida e Abdullah estava confiante, o que não é tão incomum na maioria das culturas do mundo. Nunca soube das palavras que calmamente trocaram um com o outro, mas, após o término do encontro social, Abdullah pediu para falar comigo e com Kareem juntos, e disse: "Por favor, essa é a mulher certa para mim. Combinem os detalhes para que possamos nos casar."

E assim fizemos. Estávamos felizes visto que nem Zain nem sua mãe fingiram desinteresse. Muitas mães e filhas prosseguem com essa charada, pensando que se fingirem estarem menos entusiasmadas elas receberão um aumento na oferta do dote, embora, nesse caso, ambas as famílias fossem da realeza, e a de Zain não estivesse precisando de dinheiro. A verdade era que Zain estava atraída por Abdullah, exatamente como meu filho por ela.

E, então, chegou o dia feliz, quando meu filho se casou com a prima, Zain Al Sa'ud, em uma cerimônia de casamento despretensiosa, mas significativa, realizada em um hotel moderno em Jidá. Como na maioria dos casamentos sauditas, as mulheres chegaram juntas no salão de baile do hotel, enquanto os homens celebraram sob magníficas tentas brancas de festa montadas a alguns quilômetros de Jidá, no caminho para Meca, nossa cidade sagrada.

O evento foi perfeito e, embora eu tenha chorado, foram lágrimas de alegria e não de tristeza. As palavras são banais, mas significativas, pois sabia que não estava perdendo um filho — estava ganhando uma filha.

E, então, Kareem e eu aumentamos nossa família com a adorável Zain, um membro importante da família que logo nos daria netos, há muito esperados. Estou muito agradecida por sempre ter tido um relacionamento amigável com a esposa de meu filho. Sei que ela é uma esposa maravilhosa para Abdullah assim como uma mãe dedicada para os filhos. Se eu tivesse oportunidade de escolher entre todas as princesas da Arábia Saudita, não conseguiria encontrar uma amiga e esposa mais amável para meu filho.

Porém, nem todas as mulheres sauditas são tão afortunadas quanto Zain. O número de meninas sauditas que nunca se casam está aumentando. Minha própria filha, Maha, é uma dessas mulheres.

* * *

Como revelei anteriormente, foi por intermédio de Zain e da pequena Sultana que Maha conheceu Laila, uma jovem saudita cuja personalidade pareceria ser muito semelhante à de nossa filha. Enquanto trocávamos cumprimentos apropriadamente com Zain, a pequena Sultana entrou saltitando alegremente na sala, com seus longos cabelos balançando. Instantaneamente, observei que haviam sido arrumados em um estilo incomum de cachos enrolados presos por minúsculos diamantes em formato de animal. Eu estava elogiando o estilo do cabelo dela quando Maha se inclinou para examinar o novo penteado da pequena Sultana. Ela questionou Zain: "Quem penteou o cabelo da pequena Sultana? Está muito elegante."

"Mamãe me levou a essa nova cabelereira. O nome dela é Laila."

"Ela é libanesa?", perguntou Maha. Sua pergunta era lógica, uma vez que havíamos comprovado que as mulheres libanesas eram as melhores cabeleireiras e maquiadoras, pois algumas montaram salões de beleza na Arábia Saudita esperando fazer fortuna caso alguma princesa saudita descobrisse seus talentos e as empregasse como cabeleireiras pessoais, talvez para viver em um palácio e acompanhar uma princesa que viaja pelo mundo para visitar e se hospedar em seus diversos palácios.

Na minha mocidade, os salões de cabeleireiro e de beleza eram proibidos pela polícia religiosa saudita, que afirmava ser contra o islamismo uma mulher acentuar sua beleza e que as mulheres deveriam ficar felizes com a forma que Deus lhes dera. Naqueles dias, não era incomum identificar grupos de *mutawas* incontroláveis criando caos ao atacar estabelecimentos para mulheres. Muitas vezes, esses homens de olhar malvado detinham todas as mulheres no salão, clientes que desejavam um tratamento de beleza e funcionárias que estivessem ganhando dinheiro para sustentar as famílias levando alegria às mulheres que não desejavam nada além de ter o cabelo penteado, as sobrancelhas feitas e as unhas pintadas.

Porém, somos abençoadas pelas mudanças de mentalidade na Arábia Saudita e atualmente não é incomum para as mulheres passar a tarde em um salão de beleza.

A pequena Sultana, inesperadamente, respondeu à pergunta que Maha havia feito à sua mãe, Zain: "Não, tia Maha. Laila é uma de nós."

Sorri com orgulho para minha neta adorável, sabendo o que ela quis dizer. "Sério? Ela é saudita?"

"Sim, uma menina saudita."

"Bem, bem, o mundo está mudando", declarei feliz, pois era muito incomum para uma menina saudita trabalhar servindo outras. Embora as meninas sauditas, muitas vezes, aspirem carreiras e usualmente trabalhem como professoras, médicas e dentistas (especializadas em mulheres e crianças), poucas famílias permitirão que uma filha aceite um emprego no qual ela deve servir outros, tornando-se, por exemplo, uma enfermeira, cabeleireira ou empregada doméstica.

No entanto, nos últimos anos, novos empregos foram abertos em lojas para mulheres, tais como lojas de lingerie, e em estabelecimentos de beleza sofisticados, embora essa tenha sido a primeira vez em que eu ouvira falar de uma cabeleireira saudita.

Zain olhou com aprovação para a filha. "Sultana está certa. Essa menina saudita é uma de nós e tem uma multidão de fãs na família real. Laila é muito criativa com a escova." Zain fez uma expressão engraçadinha com os olhos abertos e lábios alegres, então continuou: "Ela até fez os cachos ralos da tia Medina parecerem cheios. Não consegui ver um pedaço do couro cabeludo sob seu último penteado."

"Não! Sério?", replicou Maha.

As mulheres na família real íntimas de Medina se sentiam mal por ela, pois, desde a infância, nossa prima se afligia com seu cabelo leve e fino que mal disfarçava o couro cabeludo. Não ter muito cabelo é um grande problema para qualquer mulher, ainda mais em nossa sociedade árabe. Embora, quando em público, nosso cabelo fique escondido sob um lenço de cabeça, na intimidade esse não é o caso. Nos encontros femininos, a maioria exibe cachos orgulhosamente, visto que há muita atenção dirigida para o cabelo de uma mulher. O cabelo é usado longo e em uma variedade de estilos elaborados, para conquistar elogios e atenção.

Porém, a pobre Medina fica sempre relutante em retirar seu lenço de cabeça, por razões óbvias. As pessoas podem ser cruéis na minha cultura, e não é incomum que crianças fiquem olhando fixamente e riam da quase careca Medina, mesmo quando as mães puxam suas orelhas, beliscam seus braços ou ameaçam com outros tipos de violência.

Medina já havia consultado vários médicos no mundo árabe e na Europa, mas nenhum conseguiu resolver o problema. Um médico britânico afirmou que ela nasceu com uma doença autoimune e que deve aceitar seu destino. Um médico egípcio condescendente disse que esse problema fora provocado pelo estresse de viver a vida de uma mulher saudita. Um grupo de médicos trazido ao reino diretamente da Síria para uma consulta especial considerou a hipótese de ela talvez estar arrancando o cabelo inconscientemente.

Admirávamos Medina porque sua determinação para resolver o problema do cabelo nunca diminuiu. Mais tarde soubemos que ela contratara três terapeutas de cabelo para massagear seu couro cabeludo por quatro horas, todos os dias, com óleo de coco quente para aumentar a circulação do couro cabeludo e também para engrossar os folículos com nutrientes do coco.

"Será que essa tal de Laila tem uma dica especial para ajudar mulheres com cabelos extremamente finos?", perguntou Maha.

A pequena Sultana saltava de um pé ao outro, louca para falar. Quando Zain indicou com a cabeça e sorriu, minha neta riu e replicou: "Sim, a senhorita Laila disse que era simples, e tudo que deveríamos lembrar é FCEJ."

Perplexa, perguntei: "FCEJ? O que significa isso, querida?"

"Sim. Conte-nos o segredo dessa sigla, pequena Sultana.", Maha pediu com um riso forçado.

A pequena Sultana deu uma olhada para a mãe com uma expressão confusa. "Mamãe? Zain riu alto. "Você, menina preciosa; você consegue se lembrar." Zain, então, lembrou-a: "Frio, Corte, Escovar, Javali!"

"O quê?", indagou Maha, rindo.

Zain nos contou: "É uma forma simples para os que têm cabelo fino estimularem o crescimento e estancarem o enfraquecimento. Laila diz que quem tem cabelo fino deve se lembrar das palavras frio, corte, escovar e javali, que quer dizer esfrie seu cabelo, não o aqueça. Corte seu cabelo e não tente usá-lo longo. E, finalmente, escove contra o sentido natural com uma escova de cerda de javali.

"Que sábio", murmurou Maha. "Essa tal de Laila parece ser muito inteligente."

"Ela é", respondeu Zain. "Ela é uma menina que vive uma vida com muitos problemas difíceis, como tantas mulheres sauditas. No entanto, ela tem lutado contra a opressão e seguido seu sonho de ter o próprio negócio e viver tão livremente quanto é possível a uma mulher neste país. Laila é uma vencedora."

Olhei para Maha e vi seus olhos brilhando de curiosidade. Semanas mais tarde lembrei-me das palavras de Maha, enquanto nós quatro caminhávamos ao longo do corredor para nos sentarmos na área de estar: "Zain, gostaria de ir com você e a pequena Sultana ao seu próximo encontro com essa Laila."

* * *

No decorrer das semanas seguintes Maha nos surpreendeu ao adiar sua viagem de volta à Europa diversas vezes. Um dia, quando acreditava que eu estaria em Jidá com seu pai, ela enviou um de nossos motoristas para trazer a cabeleireira Laila para nossa casa, visto que havia convidado a menina para passar alguns dias em nosso palácio.

Maha não sabia que eu não havia deixado o palácio para acompanhar Kareem a Jidá; ao contrário, estava em meu quarto sofrendo com uma infecção bacteriana que havia contraído.

Os sons das vozes vívidas das mulheres e as gargalhadas altas acumulavam-se em meus ouvidos e, por um momento, acreditei que estava tendo uma miragem de mulheres felizes, pois não esperava visitas e pensava, com certeza, que tudo era resultado de minha imaginação. Ao ouvir por acaso a voz inconfundível de Maha, percebi que ela, muito provavelmente, estava conversando e rindo com algumas das nossas empregadas, visto que minha filha sempre apreciou conhecer a vida dos que vivem conosco e trabalham para nós. Desejando que minha filha não fosse uma menina tão ilustre, virei-me de barriga para baixo e cobri a cabeça com o travesseiro.

Algumas horas mais tarde, após ouvir uma segunda voz estranha para mim, minha curiosidade levou-me a levantar da cama, me reanimar e aparecer para ver quem estava visitando minha filha.

As vozes continuaram fortes até eu bater de leve na porta da sala de estar particular de Maha quando, então, todos ficaram em silêncio. Certamente, Maha deve ter rastejado até a porta, pois não ouvi nenhum barulho de seus passos antes de ela abrir uma fenda da porta e espreitar com surpresa meus olhos encarando os dela.

Atenta e conhecendo bem sua mãe, que não iria embora até a visita misteriosa ser conhecida, Maha abriu a porta relutantemente. "Mamãe, pensei que estivesse em Jidá com papai."

"Não, estou com uma infecção bacteriana, querida. Não me senti bem para viajar." Tentei espiar por trás do corpo grande de minha filha para identificar sua companhia, mas ela é uma menina robusta, pelo menos 15 centímetros mais alta do que sua mãe e uns 20kg mais pesada. Na nossa família, Kareem, Abdullah e Maha são grandes e fortes, enquanto Amani se parece mais comigo fisicamente, pequena e leve.

Entrei na sala para ver uma jovem mulher cheia de vida com um enorme sorriso sentada dando goles em uma xícara.

Fiquei a distância, mas a saudei com um sorriso, dizendo: "Por favor, perdoe-me por não cumprimentá-la apropriadamente, mas não gostaria de compartilhar esta bactéria estomacal com ninguém."

"Você é muito gentil, princesa", respondeu a jovem, ficando de pé e inclinando a cabeça em reconhecimento.

"Mamãe, eu gostaria que você conhecesse minha amiga, Laila, a cabeleireira talentosa que cuida do cabelo de Zain e da pequena Sultana."

"*Assalam alaykum* [Olá e que a paz esteja com você]. Então, você é a Laila que tem agradado minha nora e minha neta." Ri ao lembrar a história contada por Zain. "E também a cabeleireira surpreendentemente talentosa que fez a vida de minha prima Medina tão mais agradável. Temos nos preocupado com Medina por seu pouco cabelo desde sua infância."

Laila sorriu: "Você é muito gentil em dizer isso, princesa."

Maha insistiu que saíssemos de seu aposento e entrássemos na sala de estar de nossa família, onde ela pediria aperitivos leves, chá e refrigerantes da cozinha do palácio. Sentei distante das meninas, desejando não espalhar minhas bactérias, mas escolhi um bom lugar para que pudesse ver ambas perfeitamente.

"Laila", falei, "teria prazer em ouvir sua história. Ouvi dizer que você é uma menina incomum, que superou os obstáculos da Arábia Saudita, o sistema que age contra as mulheres que tentam realizar seus sonhos." Dei uma olhada para minha filha: "É possível que Maha tenha lhe contado que apoio mulheres que têm forte desejo de quebrar o modelo saudita tradicional."

"Não, ela não mencionou isso", respondeu Laila.

Maha ergueu a sobrancelha e atirou-me um olhar suplicante. Sabia que minha filha desejava que eu sumisse e voltasse para meu quarto e a deixasse desfrutar da companhia de Laila em paz, mas sempre fui uma mãe que tem forte interesse nas amigas das filhas e aceitei que nunca frearia essa curiosidade. Então, reclinei-me na cadeira e me acomodei, enquanto bebericava um chá verde quente na esperança de que ele fosse acalmar meu estômago.

"Você parece tão jovem, Laila. Posso perguntar sua idade?"

"Sim, princesa. Fiz 23 anos há quase um ano."

"Você está na faculdade?"

Maha protestou: "Mamãe, por favor. Você sabe que Laila tem seu próprio estabelecimento e está trabalhando. Como poderia estar na faculdade?"

"Ah, desculpe. Você está certa, filha."

"Não se preocupe, Maha. Fico feliz de contar minha vida para sua mãe", garantiu Laila para minha filha, que estava ficando impaciente. Conhecendo Maha, sabia que ela logo pegaria sua amiga pela mão e escaparia de mim.

"Você está certa, filha." Olhei para nossa convidada. "Desculpe-me, Laila, mas Zain me falou bastante de você e isso despertou meu interesse." Ri. "Eu gosto tanto quando meninas sauditas conseguem escapar das garras dos homens que tentam impedir que mulheres sigam seus sonhos."

"Foi um homem que me ajudou a realizar meu sonho, princesa."

Não fiquei tão surpresa quanto se podia imaginar, visto que, nos últimos anos, alguns homens sauditas instruídos começaram a ajudar secretamente as filhas a concluir a educação formal e, em seguida, a encontrar trabalho. Para minha decepção, as mães e irmãs sauditas são, muito frequentemente, as principais culpadas no que se refere a desencorajar as filhas a concluírem uma educação e realizarem suas ambições. As mulheres da Arábia Saudita interessadas apenas no casamento e na maternidade estão rapidamente se tornando os maiores obstáculos às mulheres que estão sofrendo para escapar dessa escravidão. É como se algumas mulheres sauditas temessem o sucesso e a realização femininos quase tanto quanto a maioria dos homens sauditas. Se elas estão satisfeitas em viver sob a proteção estrita de um homem e contentes por saudar cada dia sem educação e emprego, elas pecam por não entender que, para outras, essa vida é pouco mais do que uma condenação à prisão, algo a ser tolerado. Em outras palavras, não é vida, de forma alguma.

Compreendia esse fenômeno desencorajador melhor do que a maioria, pois minha filha Amani teria acorrentado a irmã Maha nas formas antigas se tivesse o poder de fazê-lo, enquanto meu filho Abdullah, um jovem homem esclarecido, luta pelos direitos da irmã de fazer as próprias escolhas.

Embora eu quisesse apenas que minha Maha compartilhasse meus sentimentos sobre casamento e filhos, aprendi anos atrás que isso nunca iria acontecer. No passado, houve momentos em que senti grande angústia por ser dessa forma, mas, visto que minha filha agora é adulta e mora na Europa, já não insisto nessa polêmica. Kareem, sinto muito dizer, nunca aceitou o estilo de vida de Maha, mas, pelo menos, não cria tensão na família, pois meu marido tem uma capacidade maravilhosa de enterrar a cabeça na areia e fingir que é natural que nossa filha se recuse a discutir assuntos relacionados a casamento e família.

Embora eu adote a causa e a possibilidade de mudança, a vida saudita, repentinamente, parece um pouco caótica para mim. Com o indício de melhorias chegando para as mulheres, alguns homens estão se tornando nossos amigos e defensores das mudanças, enquanto as mulheres que deveriam nos ajudar estão se opondo a nós.

Pressionei por mais informações, muitas vezes para desgosto de Maha. "Você impressionou tanto os membros de minha família, Laila, que ficaria honrada em ouvir sua história. Você a compartilharia comigo, por favor?"

Maha fingiu suspirar profundamente e se aconchegou nas grossas almofadas do sofá. "OK, mamãe. Laila, conte exatamente o que ela quer saber, senão ficaremos aqui o dia todo enquanto mamãe a investiga."

Laila olhou surpresa diante da insolência de minha filha. Comumente, as crianças sauditas não falam dessa forma com os pais. Sorri para Maha; em seguida, para Laila. "Não se preocupe, tenho um relacionamento incomum com meus filhos, Laila. Quero saber exatamente o que eles estão pensando, mesmo quando ficam irritados com sua mãe resignada."

Laila olhou para Maha. Os olhos expressivos dela me diziam que ela não aprovava a conduta rude de Maha com a mãe. Talvez essa menina fosse boa para minha filha, pensei, e fosse lembrá-la da boa sorte de ter uma mãe que a amava além da razão.

"Sou realmente uma menina comum, princesa", declarou Laila. "A maioria de minhas amigas na escola é como eu. A maioria deseja o poder de decidir o próprio futuro em vez de seguir o caminho rotineiro de sacrificar tudo na vida para servir um homem e enterrar os filhos dele."

Concordei, ciente de que a educação tem o poder de libertar as meninas da crença de que somente um homem e seus desejos são importantes.

"Como a maioria das meninas sauditas, após a conclusão do ensino médio, meus pais, tanto meu pai quanto minha mãe, ansiavam que eu aceitasse um casamento com um homem que eu não conhecia. Eles tinham vários homens do povoado de meu pai em mente, todos muito velhos para uma menina de 17 anos de idade, e eu não queria um casamento assim. Lutei contra isso. Exatamente quando estavam prestes a forçar a situação, minha mãe cedeu aos meus pedidos, porém meu pai se manteve mais firme. Ele acredita que as mulheres devem ficar ligadas a um homem e a uma casa cheia de crianças pequenas. Senão, ele diz, a mulher causará desgraça à família.

"Passei a maioria de meus dias na cama, com depressão, tão severa que minha mãe ficou preocupada que eu pudesse tirar minha própria vida. Embora desejasse que eu me casasse e gerasse netos, seu receio pelo meu bem-estar superou o desejo de forçar a filha a se casar. Porém ela era impotente, incapaz de superar os desejos de meu pai."

Laila parou por um longo momento, deixando cair algumas lágrimas. Maha acariciou as mãos dela de uma forma consoladora e olhou indignada para mim, como se eu fosse responsável pelas tradições e leis que governam a vida das mulheres na Arábia Saudita.

Minha filha falou por entre os dentes cerrados: "Às vezes, eu odeio meu próprio país."

"Está tudo bem, Maha", disse Laila. "Sinto muito, mas fiquei emocionada ao lembrar daqueles momentos difíceis em que estava muito próxima de tudo que não desejava. Fiquei apavorada por estar sendo forçada a me submeter a um homem estranho que me levaria para longe de meus pais e me forçaria a ceder aos seus desejos. Então, para minha total surpresa, meu irmão mais velho surgiu, para minha salvação. Por sorte minha, ele trabalha na Saudi Aramco em Dhahran.

Sorri concordando com a cabeça, refletindo por um momento sobre a Aramco, que vem a ser a companhia saudita que possui os maiores campos de petróleo do mundo, os de Ghawar e de Shaybah. É, atualmente, a companhia mais valiosa do mundo, segundo os analistas financeiros, com um valor equivalente a 10 trilhões de dólares. A companhia tem suas origens na década de 1920, quando o governo dos Estados Unidos procurava reservas de petróleo no Oriente Médio. A Standard Oil Company, da Califórnia, encontrou petróleo no Reino de Bahrein no início de 1932, e esse evento os levou ao território da Arábia no ano seguinte, quando nosso governo concedeu aos americanos uma concessão para explorar petróleo em nosso recém-formado país. Após quatro longos anos de fracasso, petróleo foi encontrado em Dhahran, no famoso poço batizado como Dammam nº 7, por ter sido o sétimo poço perfurado na capital da província de Dammam.

Os americanos construíram sua própria cidadezinha cercada em Dhahran há aproximadamente 80 anos, formada com o único propósito de administrar o negócio de petróleo saudita. É um lugar importante, onde homens e mulheres não são separados uns dos outros. A maioria das pessoas de mente moderna no mundo acha inacreditável que, mesmo em 2014, na maior parte da Arábia Saudita, ainda se acredite que as mulheres sejam tão sensuais que devam ser mantidas separadas dos homens em todos os passeios públicos e até na vida privada, mas não é o caso em Dhahran Aramco. Na minha opinião, a pequena comunidade foi uma boa lição para os homens sauditas.

Fiquei imersa em pensamentos tão profundos que Laila parou de falar. A querida menina estava respeitando meu silêncio. "Continue", encorajei-a, e em seguida fiz uma pergunta: "Seu irmão mora no complexo de Aramco?"

"Sim, ele mora lá, princesa. Foi lá que ele foi exposto a uma visão mais moderna de vida, com homens e mulheres trabalhando lado a lado. Meu irmão viu, em primeira mão, que as mulheres poderiam ser parte produtiva da sociedade e que elas não gastavam seu tempo e energia tentando seduzir cada homem que viam, como muitos de nossos homens acreditam estupidamente.

"A atitude com relação às mulheres na companhia mudou meu irmão e transformou meu futuro. Após sua experiência com os americanos, ele não aceitou um casamento arranjado, mas, na realidade, se apaixonou por uma menina saudita que trabalhava com ele. Ela é uma mulher saudita incomum, pois tem força de vontade e impõe respeito. Ela não aceita abuso de ninguém. Sua esposa deu à luz uma menina e um menino e, para nosso espanto, o favorito de seus dois filhos é a menina. Por trabalhar em uma companhia em que as mulheres são respeitadas e ter se casado com uma mulher que ele ama, meu irmão lentamente despertou do "sono saudita" tão comum para os homens de nosso país, no qual eles nem mesmo notam a infelicidade que envolve as mulheres ao seu redor.

"E ocorreu que eu fui poupada de uma vida infeliz. Ao saber da luta contínua entre meu pai e eu, meu irmão veio à nossa casa e mostrou interesse em meus pensamentos e sentimentos. O maior abalo da minha vida foi quando meu irmão me perguntou o que me faria feliz, que aspirações eu possuía? Não tinha certeza de como responder, mas, então, ele se lembrou de que durante minha vida inteira fui conhecida em toda a família estendida como a menina com um talento natural para fazer penteados elaborados e bonitos. Eu era a que sempre criava os penteados de minhas primas no dia de seus casamentos. Fiquei feliz ao dizer-lhe que minha maior alegria era trabalhar com mulheres para realçar suas aparências. Em particular, tinha um grande prazer em criar penteados bonitos, pois é aí que reside meu verdadeiro talento.

"Conseguia ver que ele estava pensando profundamente em tudo que eu dissera. Ele parecia genuinamente preocupado comigo e com minha futura felicidade e me pediu que eu lhe desse algum tempo para achar uma solução. Após falar comigo, ele conversou por um longo tempo com minha mãe e lhe disse que era obrigação dela manter as filhas em segurança e que eu não deveria me casar contra a minha vontade.

"Uma grande força emanou dele para minha mãe, visto que as palavras dele fortificaram a força de vontade de minha mãe para falar novamente com seu marido, meu pai. Meu irmão, obviamente, se encontrou com meu pai e lhe transmitiu uma mensagem semelhante; papai ficou furioso e distante, mas ele também não continuou a falar sobre casamento. O mais importante de tudo é que meu irmão foi atendido quando pediu a meu pai para transferir minha tutela para ele. Portanto, nada me deu mais liberdade do que ter um tutor solidário: meu irmão.

"Um mês depois, meu irmão nos fez uma segunda visita. Nunca me esquecerei daquele dia. Ele olhou para meu rosto triste e murmurou: 'Não se preocupe, irmã. Correrei com você e juntos alcançaremos o seu sonho.'

"Ele havia retornado com um plano bem elaborado. Tinha se reunido com diversas pessoas para descobrir os passos legais para abrir um pequeno negócio. Ele reconhecia que meus talentos naturais me atraíam para o círculo dos que estabelecem negócios de beleza feminina e trabalham neles. Ele estava feliz que os clérigos tinham ficado menos agressivos contra tais estabelecimentos nos últimos anos, embora contasse que um clérigo jovem em treinamento dissera-lhe que as mulheres deveriam ficar felizes com a forma como Deus as fizera. Ele discordava da ideia de que as mulheres deveriam ter permissão para pentear o cabelo e usar maquiagem, como se fosse algo que elas estivessem fazendo contra Deus!

"Ele tentou acalmar esse clérigo, mas teve pouca sorte ao fazê-lo. Meu irmão acredita que tais pensadores têm muita dificuldade em abandonar suas ideias prévias.

"Meu irmão ficou feliz ao saber que a Technical and Vocational Training Corp (TVTC) da Arábia Saudita havia anunciado que em breve emitiria licenças de negócios para mulheres abrirem e operarem salões de beleza. Visto que o reino da Arábia Saudita tem muitas mulheres desempregadas procurando trabalho, esse é um método para ajudá-las a encontrar emprego. E, então, ele encontrou pequenas lojas em uma extensão de construções destinada a negócios e comprou uma.

"Assim que isso foi realizado, meu irmão me convidou para jantar para celebrarmos. Foi quando ele me presenteou com a licença para o negócio, no qual estava escrito que ele era o proprietário de um salão de beleza. Ele me garantiu que somente estava no nome dele, mas que o salão de beleza era meu. Ele me presenteou com o capital inicial e deixou o negócio comigo. Por ter sido indicado como meu tutor, meu irmão assinou os papéis me dando autorização para abrir uma conta bancária em um dos bancos para mulheres na cidade. Logo, eu agora estou autorizada a administrar o dinheiro que ganho."

Fiquei feliz ao saber dessas notícias, pois ouvia muitas queixas de jovens mulheres que tinham permissão para trabalhar mas nunca para ter um salário. A maioria dos pais na Arábia Saudita exige que o salário de suas filhas lhes seja entregue. Muitas meninas nunca veem um único riyal que ganham, o que é um grande crime, mas, enquanto toda menina saudita for obrigada a ser dominada por um homem, nada pode ser feito.

Laila suspirou alto. "Agora, três anos depois, o negócio está progredindo, e estou muito feliz por ser a primeira pessoa em nossa casa a me levantar da cama e, na maioria dos dias, até mesmo preparar o café da manhã para todos, antes de meu irmão me levar de carro para meu negócio.

"Sinto grande alegria em meu coração, princesa. Quando contemplei meu salão com seis cadeiras e as paredes cobertas de fotografias coloridas de mulheres lindas com luxuosos cabelos longos e pretos, quase não conseguia acreditar que havia tornado esse sonho possível. O mais agradável para mim é perceber que as quatro mulheres sauditas divorciadas que trabalham nesse salão sustentam os filhos pequenos com seus ganhos. Esse fato é a cereja do bolo da vida.

"Portanto, sou uma mulher saudita que respeita e admira o irmão. Se ele não tivesse feito nada para me ajudar, eu estaria sem um único riyal em meu nome. Eu estaria desamparada para prosseguir com meus sonhos ou para apoiar outras mulheres com trabalho para que elas possam proporcionar o básico da vida. Muito provavelmente, eu estaria em um casamento sem amor com um homem que pensaria ser sua função seguir cada um de meus passos. Ao ir ao mercado, eu seria forçada a seguir os passos dele, ao mesmo tempo tropeçando por estar totalmente coberta pelo véu. Eu seria sua escrava, cozinharia e limparia a casa, e teria um filho por ano. Eu seria infeliz, porque ainda não estou pronta para me casar. Embora saiba que me casarei um dia, agora, pelo menos, posso experimentar a liberdade e ter algum tempo para organizar meu negócio. Posso comprar minhas roupas e até mesmo presentes para os membros da minha família.

"Operar esse negócio é uma educação completa, na minha opinião, porque a Arábia Saudita está repleta de pessoas de todas as partes do mundo que vêm para nosso país para trabalhar. As mulheres dessas terras estrangeiras anseiam por visitar um lugar onde possam ter o cabelo penteado e as unhas pintadas. Enquanto minhas funcionárias e eu trabalhamos em nossa mágica para torná-las até mais bonitas do que são, essas mulheres nos contam muitas coisas sobre seus países de origem."

Laila olhou para Maha. "Estou descobrindo que há muitos escândalos que ocorrem em terras estrangeiras, situações incomuns entre homens e mulheres que produzem muitos suspiros e risadinhas maliciosas em meu pequeno salão. Estou aprendendo que há um grande mundo do qual não conheço nada, mas, enquanto o tempo passa, eu economizo para viajar; gostaria de deixar a Arábia Saudita e explorar outras terras e outras culturas. Quem sabe, um dia eu possa me tornar travessa exatamente como aquelas meninas de outras culturas tão diferentes da minha, algo que eu nunca considerei até me tornar livre para ter minhas próprias ideias. Sem operar meu próprio negócio, eu nunca teria descoberto que meninas também podem se divertir e desfrutar da liberdade.

"E, essa, princesa, é a minha história."

"E que história maravilhosa é essa, Laila", respondi. "Agora você pode planejar o futuro sem ter medo de qualquer homem. Rezo a Alá para que toda mulher nascida em nosso país possa realizar seus sonhos pessoais." Dei uma olhada para minha filha, que estava encarando Laila com uma expressão intensa que eu nunca vira antes. "Maha?", falei.

"Ah, mamãe, desculpe. Estava pensando em quanto é injusto que qualquer mulher tenha de tolerar o medo e o trauma como Laila o fez, somente porque prefere adiar o casamento enquanto realiza uma carreira."

"Sim, você está certa, filha."

"Mamãe, acho que você deveria descansar até seu estômago se acalmar. Posso acompanhá-la até seus aposentos?"

Minha filha mais velha sempre foi franca, e eu percebi a dica de que ela desejava privacidade para discutir aqueles pontos com a amiga; então, pedi licença e voltei para meu quarto, para descansar. Por várias horas reclinei-me na cama e tentei ler *Memoirs from the Women's Prison*, um livro intelectualmente instigante escrito por uma médica egípcia, feminista e autora, Nawal El Saadawi, uma mulher muito respeitada que já esteve presa na notória prisão para mulheres Qanatir, no Egito. Nawal é uma de minhas heroínas. Porém, nem mesmo seu livro conseguiu evitar que minha mente estivesse em Maha e em como minha filha trocara expressões de afeto com Laila.

O que estava acontecendo com minha filha?

Eu descobriria logo a resposta.

Algumas semanas depois, Kareem voltou para casa com uma raiva rara. Eu estava sentada em minha penteadeira, aplicando meu cosmético Kohl nas pálpebras e nos cílios. Kohl é um cosmético antigo para os olhos, usado por muitas mulheres do Oriente Médio e da África.

"Kareem, marido, o que está acontecendo?"

"Sultana, você sabia o que Maha está planejando?"

"Não. O que nossa filha está planejando?", perguntei, embora sentisse um aperto no coração e um frio no estômago.

"Maha está levando sua cabeleireira com ela em sua volta para a Europa."

Fiquei sentada sem palavras, lembrando-me daqueles olhares afetuosos e imaginando se eles seriam resultado de pensamentos proibidos ou talvez nada mais do que jovens mulheres desfrutando de uma amizade normal. Porém, eu nunca expressaria minha preocupação para meu marido.

"Sultana? Você sabia disso?"

Respondi sinceramente: "Não, Kareem. Não. Você está me dando essa informação. Não sabia de nada sobre essa viagem antes de você me dizer neste exato minuto."

"Nossa filha está passando dos limites, Sultana. Ela pode fazer o que quiser na Europa, mas espero uma conduta diferente quando estiver na Arábia Saudita."

"Limite? Não acredito que Maha esteja passando do limite do qual você está falando."

"Ela está levando uma mulher saudita para fora do reino."

"Certamente o tutor dessa mulher lhe deu permissão. Ela não tem o direito de viajar para a Europa? Na realidade, quando eu conheci a jovem, ela expressou um interesse sincero em viajar, algo que nunca fez antes."

Perguntei a Kareem: "Como você descobriu os detalhes dessa viagem?"

"Amani me telefonou."

"Amani?" Fiquei mais do que surpresa. Maha não era conhecida por divulgar segredos para a irmã mais nova.

"Amani disse que achou por acaso passagens aéreas emitidas em nome de Maha e de sua cabeleireira."

Eu me lembrei de que Amani visitara nossa casa alguns dias antes e perguntara se Maha estava em seu quarto. Maha estava fora naquele momento e não tinha pensado nada a respeito da curiosidade de Amani sobre a irmã até mais tarde, quando entrei no quarto de Maha e encontrei Amani vasculhando o baú de madeira de Maha em que ela guarda muitos de seus papéis particulares. Amani tinha dito que estava procurando algumas fotografias para mostrar ao marido, mas agora eu sei que Amani estava espionando a irmã.

"Tenho certeza de que há uma boa explicação, Kareem. Como mencionei, conheci essa cabeleireira Laila, e ela é uma mulher adorável. Ela trabalha com afinco em sua arte, e é muito respeitada. Ela e Maha ficaram amigas, nada mais. Você sabe o que Amani pensa, marido. Ela vê delito onde não há. Por favor, vamos esperar e falar com Maha."

Nesse momento Amani irrompeu pela porta, com sua túnica e véu flutuando atrás dela; ela estava se movimentando com tanta rapidez que seu vestuário islâmico estava caindo de seu corpo.

"Mãe", gritou Amani, "você sabia que Maha tem uma amante?"

Para meu desespero, Maha chegou naquele exato momento e ouviu as palavras acusadoras da irmã. Maha agarrou o cabelo da irmã e a puxou com força pelo salão. Amani gritou em voz alta e Kareem e eu tivemos de agir rapidamente para separar nossas filhas.

Minha raiva foi direcionada para Amani, enquanto Kareem estava decepcionado com Maha.

"Peça desculpas para sua irmã", ordenei a Amani. "Você não pode fazer acusações tão incautas!"

"Filha, você nos desgraçará a todos", Kareem disse, com uma voz fria para Maha.

Alá é minha testemunha de que esse foi o momento em que Abdullah, Zain e a pequena Sultana gritaram do corredor. Eles puderam ouvir toda aquela comoção e ficaram muito assustados.

"Não entre nesta sala", gritei para meu filho, ao mesmo tempo em que arrastava Amani pela orelha, o que fez minha filha berrar. Certamente, minha ordem e nossos gritos criaram tamanha ansiedade que Abdullah não obedeceu, mas, ao contrário, empurrou a porta e correu para dentro do meu quarto, talvez pensando que invasores estivessem em nossa casa e eu estivesse tentando avisá-lo para fugir com sua família. Havíamos concordado no passado que seria melhor que alguém soasse o alarme caso alguma vez estivéssemos em perigo de sequestro.

Meu filho ficou chocado quando viu o pai, a mãe e as duas irmãs embolados, cada um segurando o outro.

"Mamãe, o que está acontecendo?"

Meu coração se apertou de angústia ao ver Zain e a pequena Sultana agarradas uma na outra, mãe e filha em estado de choque. Quando Kareem, Maha e Amani também perceberam que a pequena Sultana fora testemunha de nossa cena familiar, instantaneamente nos separamos. Todos ficaram envergonhados por terem sido pegos daquela maneira e olharam para mim em busca de uma explicação. Pelo menos uma vez na minha vida eu não consegui pensar em nada que nos absolvesse daquele momento constrangedor.

A pequena Sultana nos fez ficar envergonhados quando disse a verdade sobre o incidente em sua vozinha: "Vocês estavam brigando. Eu vi." A pequena Sultana olhou para o pai, para a mãe, depois para Kareem e, finalmente, para mim: "Vocês estavam brigando."

Ficamos todos de joelhos, desejando desesperadamente ganhar de volta a confiança da mininhinha mais preciosa em nosso mundo. Até mesmo Amani chorava, percebendo que havia sido ela quem criara o episódio vergonhoso.

Nossos corações ficaram despedaçados quando a querida criança olhou para nós desapontada; ela agarrou os dedos da mãe e a puxou para fora da sala, o tempo todo balançando a pequena cabeça enquanto murmurava para si mesma: "Eles estavam brigando."

* * *

Tudo foi explicado para Abdullah assim que sua esposa e sua filha retornaram para seu palácio. Meu filho ficou tão sentido com o incidente que voltou para nosso palácio em poucas horas para se encontrar com a irmã, Maha. Os dois se reuniram na área privada e conversaram por algumas horas, portanto, não soubemos nada sobre a conversa deles.

Após sua visita, Abdullah veio até seus pais perturbados para expressar seus sentimentos. Meu filho estava furioso, com razão, por sua esposa e sua filha terem sido testemunhas da briga de nossa família. Abdullah estava vermelho de raiva quando falou palavras rudes sobre o incidente.

"Isso tudo é culpa de Amani. Minha irmã acredita que tem o direito de dizer a todo mundo como se deve viver. Não tenho mais paciência com minha irmã mais nova. Ela precisa tomar conta da própria vida, senão alguém machucará fisicamente seus filhos, ela ou um membro de sua família. Por favor, dê o recado por mim, pois não quero vê-la tão cedo. Da próxima vez que ela sentir necessidade de espalhar rumores, diga-lhe que terá de lidar com seu irmão mais velho."

Abdullah tinha um olhar severo quando fixou os olhos no pai; um olhar que eu nunca vira antes; ele sabia que os eventos daquela noite haviam, de alguma forma, sido resultado de Kareem ter aceitado facilmente a fofoca infundada sobre sua irmã.

Kareem se dirigiu para o filho, o qual ergueu as mãos para evitar que seu pai mostrasse o afeto que eu sabia que Kareem desejava expressar. Abdullah não foi rude, mas firme:

"Papai, eu o respeito e o amo, mas devo dizer estas palavras. Você deve um pedido de desculpas a Maha. Assim que analisar a questão, você descobrirá que Maha não tem um relacionamento com a cabeleireira. Elas são amigas, apenas. Mas, se elas tivessem um relacionamento, você deve se lembrar de que sua filha é uma mulher honesta que nunca escondeu os sentimentos. Ela não mente, sobre nada. Ela nunca prejudicou ninguém, e não deveria ser prejudicada por ninguém nesta família. Maha só faz ajudar os outros a viverem uma vida de liberdade. Isso é algo que você ama na mamãe. Por favor, encontre o mesmo amor para o trabalho de Maha."

Meu filho se dirigiu a mim e eu estremeci, pensando que ele pudesse falar palavras críticas para mim, também. Porém, em vez disso, ele olhou para mim com um sorriso amável e se inclinou para me dar um abraço carinhoso. Meu filho sabia que eu era o tipo de mãe que nunca viraria as costas para quaisquer de meus filhos, não importa as escolhas pessoais deles na vida. Ele também compreendia que havia fortes razões para eu não falar abertamente com Maha, ou com qualquer um na família. Em nossa cultura, uma mulher que prefere mulheres a homens é considerada uma grande pecadora, que deve ser severamente punida. Se tal informação vazasse em nossa casa para a pessoa errada, que, então, talvez envolvesse o clérigo, seria perigoso para Maha retornar à casa para nos visitar.

Nosso filho frustrado partiu, deixando os pais tão deprimidos que nenhum de nós teve facilidade para falar coerentemente.

Um dia, colocamos nossas emoções de lado para sentar e conversar sobre nossos filhos, chegando a algumas decisões importantes. Concordamos que precisávamos de reuniões sérias com as duas meninas. Primeiro, conversamos com nossa filha Maha, que facilmente confessou que estava atraída por Laila, mas que Laila não correspondia aos seus sentimentos. Embora Laila tivesse escolhido adiar o casamento, a desculpa para o adiamento não tinha nada a ver com qualquer atração física por outra mulher, porque ela não alimentava esses sentimentos. Ela não desejava mais do que uma amizade com Maha.

Maha é uma jovem que respeita os que são honestos e bons e está feliz com a amizade sincera com Laila. Ela achava que era um gesto bondoso realizar o sonho de Laila de conhecer algo do mundo e, por isso, convidara a nova amiga para visitá-la na Europa. O irmão de Laila, que era seu tutor, assinara os documentos para a viagem para que Laila pudesse visitar a Europa por um mês. A assistente egípcia de Laila, uma menina aplicada no trabalho, assumiria a responsabilidade pelo salão enquanto Laila estivesse em raras férias.

Meu marido chorou e se desculpou com Maha e os dois ficaram mais íntimos do que nunca, porque não havia pensamentos ou ideias ocultas. Embora Kareem não estivesse satisfeito em saber, com certeza, sobre os sentimentos de Maha com relação a homens e mulheres, ele disse que nunca seria desrespeitoso novamente com a filha.

Com relação a Amani, eu disse a Kareem que ele deveria discutir esse assunto com nossa filha mais nova, visto que ela sempre ouviu o pai e ignorou a mãe. Esse encontro não foi muito bom, segundo Kareem, pois Amani foi petulante, alegou que o assunto de Maha era da conta dela e, além disso, que não acreditava nas palavras da irmã de que o relacionamento não passava de uma simples amizade. Até Kareem estava exasperado com Amani e disse que a deixou sem sua usual despedida afetuosa.

Outro dilema era o que deveríamos fazer para diminuir a tristeza da pequena Sultana, que tinha sofrido um grande choque ao testemunhar uma briga física entre membros da família.

Abdullah facilitou nosso caminho, pois nos avisou de que sentara com a filha e conversara sobre as imperfeições humanas, como, às vezes, as pessoas se tornam extremamente nervosas e se comportam de maneiras inapropriadas.

A pequena Sultana não estava ansiosa para nos ver por aproximadamente uma semana, mas, finalmente, ela se conformou de que aqueles que ela amava mais eram menos do que deveriam ser, mas, ainda assim, os amava. Ficamos esperando a visita dela ansiosamente, nos vestimos como se estivéssemos indo a uma festa magnífica, quando nossa queridinha entrou na sala com um buquê de flores. Parou, olhou para cada um de nós como se nunca nos tivesse encontrado antes, em seguida, finalmente, correu para Maha e lhe ofereceu as flores, falando as palavras que estavam em seu coração: "Tia Maha, papai me disse que você sente as coisas de maneira diferente de muitas outras pessoas. Por favor, nunca mude, pois eu a amo exatamente como você é."

Os olhos de Kareem se encheram de emoção e ele envolveu a pequena Sultana e Maha juntas em seus braços fortes. Raramente vejo meu marido chorar, mas nessa ocasião lágrimas grandes rolaram por suas bochechas.

Kareem e eu nos sentamos com surpresa ao ver Amani se aproximar da irmã. Ela começou a soluçar, agarrando-se à irmã e implorando por seu perdão. Amani estava com um humor diferente do que tivera quando o pai a deixou alguns dias antes. Talvez ela tivesse pensado sobre as ações destrutivas que originaram a fúria dos que ela amava sobre sua cabeça.

Maha ficou indiferente, mas não disse nada rude; ela até acariciou a irmã no ombro. Uma chorosa Amani cumprimentou todos os membros da família; os olhos cheios de lágrimas enquanto pedia a cada um de nós: "Por favor, deem-me uma segunda chance. Serei menos crítica. Por favor, perdoem-me."

Certamente, Kareem e eu perdoamos nossa filha mais nova e lhe asseguramos de que tudo seria esquecido, embora eu achasse que só o tempo diria quando se tratava de Amani, a mais difícil de meus três filhos. Reparei que Maha e Abdullah trocaram olhares céticos, sem dúvida pensando quanto tempo o comportamento arrependido de Amani duraria.

Mais tarde Maha confidenciou que, embora nunca tivesse permitido que qualquer opinião alterasse seus sentimentos ou comportamento, ela estava muito aliviada por tudo ter sido esclarecido e por todos parecerem muito mais em paz com suas singularidades.

Certamente, estávamos todos arrependidos por termos, uma vez, desejado que Maha fosse alguém que não é. Nós a amamos como ela é, uma jovem cheia de paixão por corrigir o incorreto em nosso mundo. Foi necessária uma menininha que não viveu mais de oito anos para nos levar a este lugar de total aceitação e amor.

Alá é bom.

Capítulo 8

Orientados pelos que ajudamos

Embora tenha sido um sonho meu que meus filhos pudessem se unir à minha ocupação de vida pela luta para conseguir educação e liberdade a favor de meninas e mulheres, nunca poderia imaginar que Amani se envolveria. Porém, algo importante acontecera com minha filha mais nova e ela logo provaria que eventos recentes haviam aprimorado sua visão de mundo sobre todos os outros.

Embora meu interesse mais forte gire em torno da importância da educação, minha filha nunca mostrou interesse em causas diferentes dos direitos dos animais e das filosofias religiosas. O que é mais desencorajador para mim, na verdade, é que ela se colocava contra níveis de educação altos para mulheres; ela segue os ensinamentos dos clérigos, que frequentemente diminuem a importância da educação para meninas e mulheres em meu país.

No entanto, descobri que, às vezes, sonhos se realizam e Amani logo faria sua mãe muito feliz.

Após o encontro no meu palácio com a Dra. Meena, a médica que tinha me impressionado tanto quando a encontrei pela primeira vez em uma conferência em um hospital de Riade, e a jovem assistente social, Nadia, eu pacientemente esperei por uma ou ambas fazerem contato direto comigo por telefone ou pessoalmente, visto que tinham um convite aberto para visitar-me em minha casa. Já que a Dra. Meena tinha acesso a um carro e um motorista particular, eu sabia que não haveria obstáculos com relação ao transporte para a doutora ou para Nadia, que estava, agora, sendo transportada para seu trabalho, o que tornava os atos de vingança de seu irmão de atrasá-la intencionalmente insignificantes.

Nós três combinamos que Nadia continuaria seu trabalho de assistente social no hospital como de costume, permaneceria atenta a situações em que as mulheres sauditas fossem vítimas de abuso e informaria sobre esses casos a Dra. Meena e a mim, para que pudéssemos tomar as medidas cabíveis para salvar a menina de circunstâncias que pudessem resultar em danos ou morte. Algumas semanas se passaram desde o dia de nosso encontro; assim, resolvi que, se não tivesse notícias da Dra. Meena logo, eu contataria a boa médica para perguntar se havia alguma ação de Nadia. Sabendo que havia mulheres em grande necessidade, eu estava ansiosa para começar o nosso trabalho assistindo-as.

Tanta coisa havia acontecido em minha família que fiquei atrasada em meu trabalho, visto que tinha muitos projetos educacionais para meninas que ocupavam grande parte do meu tempo. Então, quando recebi informações de uma de minhas funcionárias na Palestina sobre um projeto educacional em andamento que eu estimulei anos antes, decidi que dedicaria o restante da semana para trabalhar com o que tinha à mão. Enquanto estudava o relatório que recebera, Amani fez-nos uma visita informal em nossa casa em Riade — embora fosse claro que não era uma visita casual.

Minha filha entrou em meu escritório sem bater na porta. É um hábito que ela carrega desde a infância, mas que nunca me incomodou. Meus filhos sabem que são a parte mais importante de minha vida e eu, geralmente, paro o que estiver fazendo quando eles demonstram interesse em conversar comigo.

"*Sabah alkhair, Ummi*", disse Amani com um sorriso meigo.

"*Sabah alnur, Ebnah* [filha]", respondi. Levantei-me para cumprimentar Amani; primeiro, beijei-a em sua bochecha direita e, em seguida, na esquerda; depois, mais uma vez na bochecha direita, como é o costume na Arábia Saudita.

Após meu cumprimento, olhei atrás de Amani para ver onde o filho dela poderia estar. "Onde está Khalid?", perguntei. Era raro ver Amani sem o filho mais novo em seus braços ou perseguindo seus passos. Minha filha é uma mãe dedicada cujo filho a ama intensamente.

"Ah, mamãe, minha sogra tem reclamado que não vê o neto quase nunca, então, mandei Khalid com Jo-Anne para que eles pudessem fazer uma visita agradável a ela. Hoje era um bom dia para Khalid visitá-la, pois tenho um trabalho que preciso fazer."

"Isso é bom, filha, o pequeno Khalid faz todos os avós muito felizes." Eu também estou feliz pela babá inglesa de Khalid estar com ele, porque me preocupo com a mãe de meu genro. Ela não tem demonstrado nenhuma habilidade materna quando lida com um bebê sozinha. Era a terceira esposa do marido e dera à luz mais velha do que a maioria das mães de primeira viagem. Ela parara de gerar filhos após o nascimento de seu único filho homem, um primo nobre saudita muito gentil que mais tarde se casara com Amani. Todos sabíamos que ela mal tomava conta do filho. Ela se beneficiou da riqueza e contratou quatro ou cinco babás para que não tivesse de se incomodar com os filhos. Ela até contratou uma ama de leite quando o filho nasceu para que pudesse evitar amamentar o bebê. Ao ser questionada sobre isso, ela nos surpreendeu ao alegar que era sabido que a amamentação de um bebê causava câncer no seio devido à sucção no mamilo da mulher.

A maioria das mulheres árabes adora crianças e gosta de estar cercada por aqueles pequenos inocentes, mas a sogra de Amani evitava crianças sempre que possível. Por que desejava ver o pequeno Khalid em uma longa visita era um mistério, uma vez que soube de fonte segura que crianças pequenas afetavam seus nervos desfavoravelmente. Sara me contou que ela estivera presente uma ocasião em que a sogra de Amani ficara histérica com algumas crianças nobres que estavam sendo desobedientes e barulhentas enquanto brincavam. Caso o pequeno Khalid derramasse suco ou puxasse seus brincos ou cabelo, a ansiedade da mulher, com certeza, aumentaria — e eu sabia por experiência própria que meu neto era fascinado por joias e cabelos longos. Felizmente, Jo-Anne, a babá de Khalid, era uma profissional experiente e muito competente. Ela saberia exatamente quando tirar Khalid dos braços da avó para colocá-lo para dormir e dar à avó paterna oportunidade de relaxar.

Não perguntei sobre o trabalho que Amani mencionara, pois ele geralmente envolvia encontros com algumas de suas amigas religiosas que faziam detalhadas listas de comportamentos sociais que consideravam tabu. As listas eram dadas a todos os parentes, para que soubéssemos como nos comportar melhor como bons muçulmanos.

Amani olhou para a grande pilha de papéis sobre minha mesa. "O que está fazendo, mamãe?"

Ela me surpreendeu naquele dia. Eu nunca a vi perguntar sobre meus projetos. Fui rápida ao responder: "Estou trabalhando em um de meus projetos mais especiais, querida."

"E do que se trata?"

Escolhi um dos muitos papéis na pilha sobre minha mesa. "Vê esta lista? Estes nomes representam meninas palestinas que serão retiradas da escola a menos que os pais possam encontrar meios para financiar a educação delas. Estou lendo toda a informação antes de aprovar os recursos financeiros a serem enviados a essas famílias."

Amani puxou uma cadeira e se sentou ao meu lado. "Meninas palestinas?"

"Sim, querida. Este é um dos meus projetos favoritos, algo que tenho feito há anos. Eu dou assistência a muitas centenas de famílias palestinas necessitadas para que os filhos possam permanecer na escola."

"Sério?"

Olhei para minha filha com desânimo. Muitas vezes, no passado, Kareem e eu tínhamos discutido os detalhes da movimentação de fundos para a Palestina para as famílias e meninas que eu auxilio. Essas conversas tornavam-se públicas quando meus filhos estavam presentes. Maha e Abdullah mostravam curiosidade e até se envolviam pessoalmente. Enquanto Maha me auxiliava reunindo informações sobre as meninas e suas famílias, Abdullah viajava ocasionalmente para o Líbano e para Paris, onde os fundos eram passados do meu filho para as mãos do transportador, que ia para a Palestina e distribuía o dinheiro entre diversas famílias necessitadas. Éramos obrigados a ter muito cuidado na forma como distribuíamos os fundos; a segurança de Israel é muito rigorosa com relação à quantidade de moeda estrangeira enviada ao país para auxiliar os palestinos, mesmo que a causa seja pacífica, como a educação.

"Sim, Amani. Seu pai e eu temos financiado muitas famílias que têm filhas na Palestina há muitos anos. Ajudamos também famílias no Egito e no Iêmen. Isso é uma obrigação para os muçulmanos que têm dinheiro abundante. Devemos compartilhar nossa riqueza e ajudar os outros."

Vi que Amani estava escutando atentamente; então, continuei falando:

"Você pode não saber, mas sua tia Sara envia livros de arte e material artístico para escolas de todo o mundo muçulmano. Ela já destinou muitas bolsas de estudo integrais para meninas e meninos que mostraram interesse em arte e arquitetura. Alguns desses alunos estão estudando na Europa no momento.

"Seu pai está interessado em assistência médica adequada para todos e tem doado dinheiro substancial para ajudar a construir pequenos hospitais em comunidades que não têm nenhum. Somos uma família que deseja compartilhar a maravilhosa riqueza que temos recebido. Temos mais do que necessitamos; por isso, compartilhamos."

"Por que eu não sabia disso, mamãe?"

Embora eu ansiasse levar minha filha de volta ao passado para lembrá-la das muitas conversas que ela deve ter ouvido sem querer, segurei a língua porque minha filha mais nova sempre ficava sensível ao ser lembrada de sua frequente memória seletiva. Talvez, se eu agisse com prudência, Amani pudesse finalmente se juntar a mim e adotar a causa crucial da educação para todos. Com certeza, ninguém era mais apaixonado por uma causa, uma vez que sua mente estivesse totalmente engajada com ela, do que minha Amani.

"Desculpe-me, Amani. Por alguma razão, pensei que você soubesse a respeito de meu interesse na área e de minha preocupação com todas as crianças que sofrem, seja qual for a nacionalidade. Embora a pobreza esteja espalhada em muitos países vizinhos, as famílias palestinas têm sofrido mais do que a maioria no que se refere à vida cotidiana. Muitas famílias são pobres porque está difícil encontrar emprego e, com a desordem que afeta todos que vivem naquela região, muitas vezes acontece de ninguém na família conseguir trabalho. Diversas famílias lutam para cobrir as despesas de alimentação e moradia. Muitas vezes, a educação tem de ficar em segundo lugar para as necessidades básicas.

"Por favor, me conte mais."

"Certamente. Sinto que estou ajudando aqueles que aproveitam bem a vantagem da assistência, o que faz com que eu me sinta muito confiante. Há uma longa história na Palestina relacionada à educação, em que muitos pais têm a educação em alta estima; é algo verdadeiramente valorizado. Apesar da revolta política e do caos existente nas comunidades palestinas, a taxa de alunos matriculados nas escolas é muito alta para quaisquer padrões. É possível que você se surpreenda ao saber que, ao contrário de muitos jovens no planeta, uma pesquisa descobriu que as meninas palestinas dizem que sua maior prioridade é se tornar instruída. É meu objetivo ajudar a propiciar educação para tais meninas. E a única coisa que peço de cada beneficiária é que ajudem outra menina com a educação após se graduarem e se empregarem em um bom cargo.

"Todavia, é muito difícil, Amani. Provavelmente, você terá dificuldade para imaginar isso porque, se comparar, sua vida tem sido muito fácil. Desde que nasceu, não lhe faltou nada. Você é muito amada por seus pais. Você teve mais comida e roupas do que precisou. Você teve a privacidade de um quarto só para si. Você teve permissão para ter os animais de estimação que quis em um país que olha com desdém para esse amor por animais. Você foi estimulada a procurar educação.

"Mas, querida, se você tivesse nascido na Palestina, a vida teria sido muito mais desafiante. Embora eu tenha certeza de que a maioria das meninas na Palestina é amada pelos pais, talvez elas durmam com fome à noite. Elas testemunham a tensão demonstrada pelos pais que se preocupam em prover o dinheiro para comprar comida. Muito provavelmente, elas vivem em uma minúscula casa, com muitas outras pessoas, talvez dormindo em um quarto com quatro ou cinco irmãos. Elas querem ir à escola, mas talvez não haja transporte para levá-las. Talvez elas não tenham recursos financeiros para comprar um uniforme ou livros. Talvez o pai delas não consiga mais andar ou cavalgar para trabalhar porque há cercas de segurança separando a casa dele do seu trabalho. Muitos problemas típicos da região afrontam as crianças nessa área.

"Como os palestinos sempre adotaram a educação, o principal obstáculo para a maioria deles para continuar sua educação é a pobreza. As famílias são grandes e o emprego é inseguro. Muitos não conseguem pagar as taxas para manter as crianças na escola. É possível que uma menina tenha muitos irmãos. Se for assim, e a família for forçada a escolher entre educar o filho ou a filha, como sempre acontece em nossa cultura muçulmana, o filho será escolhido."

Os olhos escuros de Amani brilhavam com uma intensidade de sentimentos; o mesmo olhar de quando ela está angustiada com um animal em perigo. Meu coração disparou com esperança. Eu queria muito que meus filhos abraçassem minha convicção de que a educação para todos é um primeiro e importante passo para solucionar tantos problemas de gênero em nosso mundo. Embora haja muitos tolos educados, descobri que os homens educados tendem a apoiar a educação para as mulheres, entendendo que uma mulher educada é um material humano valioso para qualquer sociedade. Se as mulheres recebem educação, elas serão capazes de se sustentarem caso os maridos demonstrem ser menos capazes de sustentá-las e à família. As mulheres educadas também lutam para que as filhas sejam educadas.

"E, então, Amani, sua mãe está fazendo tudo que pode para ajudar as meninas a permanecerem na escola para que consigam uma forma de se sustentarem financeiramente e também sustentarem suas famílias. Com educação, vem o empoderamento, Amani. A estrada da educação é a que tira todos da pobreza. É isso que acredito ser verdadeiro."

Amani balançou a cabeça concordando, mas não disse nada.

"De qualquer modo, filha, para descobrir as meninas com maior necessidade de assistência, contratei em segredo vinte educadores palestinos que observam com atenção as alunas em suas escolas para identificar meninas estudiosas que começam a dar sinais de estresse ou cuja frequência tenha caído. Quando tais sinais aparecem, esses educadores conversam com as meninas e visitam suas famílias para descobrir o problema. Muitas vezes, as famílias são tão pobres que elas sentem que devem estimular as filhas a se casarem jovens para que a despesa da família diminua, com menos bocas para alimentar.

"Portanto, é assim que funciona: recebo documentos todos os anos listando os nomes e as explicações sobre a situação das meninas. Leio todas as informações sobre os casos individuais. Normalmente, financio as famílias dessas meninas para que o dinheiro não seja uma razão válida para tirar as filhas da escola. Apenas raramente recuso um pedido: as vezes em que tive de dizer não, envolviam fraude. Somente duas pessoas que contratei para me ajudar a encontrar as meninas que precisam de ajuda eram desonestas. Essas duas colocavam nomes e histórias de casos falsos na lista anual para que pudessem embolsar o dinheiro destinado a alunos inexistentes."

Amani chegou até mim para um abraço sincero — um "abraço de mamãe".

"Mamãe, eu estava errada. Sei, agora, que a educação é importante."

Amani olhou para mim em silêncio. Eu conheço bem a minha filha e posso perceber quando ela está passando por um conflito mental. Ela estava decidindo se revelaria a informação adicional ou não. Eu queria lhe dizer que falasse, para transportar as preocupações de sua mente para a de sua mãe, mas não disse nada. Durante anos lidando com duas filhas muito independentes, aprendi a saber, por experiência, quando pressionar e quando ser paciente.

Nessa ocasião, eu sabia que deveria ser paciente.

Finalmente, Amani sorriu e confessou seus pensamentos: "Mamãe, após o que aconteceu com Maha, estive pensando muito sobre meu comportamento. Não quero ser uma pessoa que todos temem. Portanto, rezo a Alá que me ajude a conter meus atos ou, pelo menos, ser menos agressiva quando expresso meus pensamentos. Tenho estado tão triste por você, Abdullah, meu pai e, também, Maha parecerem me evitar. Por favor, saibam que serei uma pessoa mais gentil, mamãe."

Lutei contra o desejo de falar, de estender a mão para minha filha; em vez disso, eu me contive porque acreditava que ela precisava me dizer tudo.

"Mamãe, eu também mudei de opinião com relação à importância da educação. Sei que você tem conversado comigo há anos, mas, após o encontro com Nadia e a Dra. Meena, senti fortemente que elas poderiam me orientar para coisas melhores.

"Eu me reuni com Nadia duas vezes nos escritórios do hospital. Lembra-se do bilhete que ela me passou? Bem, eu o li mais de uma vez e, todas as vezes, me emocionei com sua sinceridade. Senti forte atração para ir até ela para que eu pudesse entender os requisitos de seu trabalho, e ver com meus próprios olhos algumas das meninas que ela conhece em sua posição oficial como assistente social."

Amani olhou para mim com esperança; logo, finalmente respondi: "Isso é maravilhoso, Amani", disse. "Você está deixando sua mãe muito feliz, querida, ao fazer isso."

"Eu estou me fazendo feliz, mamãe", respondeu Amani. "Embora eu acredite que nossa fé nos ensine que um homem deve ser o chefe da família, não há mal em uma mulher receber uma educação formal." Ela fez uma pausa significativa. "E, em muitos casos, eu admito, a educação pode salvar uma mulher de uma vida de abuso."

Minha filha estava mudando emocionalmente, na direção certa, mas, espiritual e intelectualmente, ela estava trilhando com cuidado. Senti grande alegria por minha filha estar, pelo menos, superando os falsos ensinamentos de alguns de nossos clérigos, que tão avidamente deturparam os versos de nosso livro sagrado para que as mulheres permanecessem sob a dor da escravidão. Sabia que, assim que Amani ficasse mais envolvida em conhecer e ajudar outras mulheres, ela mesma veria quantos líderes religiosos iludem aqueles que confiam em suas palavras. Tudo que desejava para minha filha era que ela desenvolvesse um caráter sólido e equilibrado para que pudesse saber melhor em quem confiar e também se tornar mais hábil ao enfrentar o bom e o ruim da vida.

E, então, pelo restante daquele dia e parte do seguinte, Amani leu comigo com toda a atenção os documentos palestinos. Minha filha ficou totalmente envolvida na vida das jovens meninas sobre as quais lemos e cujos futuros melhorariam muito por causa das somas que nossa família fornecia para elas serem educadas.

Amani estava especialmente apaixonada por duas jovens que só conheceram a pobreza e a má sorte na maior parte da infância. Uma menina no relatório chamava-se Tala. Ela tinha uma necessidade muito grande de assistência para completar sua educação. Sem nossa ajuda, seu futuro seria tão desolador quanto seu passado. A mãe da pobre menina morrera de uma doença quando ela tinha apenas 6 anos de idade. Como filha única da casa, ela ficou responsável pelos trabalhos domésticos e por cozinhar para o pai e para os três irmãos. Como todas as meninas que solicitam ajuda, Tala teve de escrever um pouco sobre sua vida para nós. Ela descreveu as dificuldades de preparar refeições em pé em cima de um banco instável, pois era muito baixa para alcançar a chapa quente dos queimadores do fogão localizada no topo da mesa da cozinha. A família vivia na Cisjordânia, então, o pai insistia em pratos daquela região, tais como *kofta bi tahini*, que são almôndegas cozidas em um molho e servidas com arroz. Ele também gostava de *kofta* com molho de tomate e servida com batatas. A mãe dela fora criada em Gaza, então, os irmãos de Tala estavam acostumados a pratos comuns àquela região da Palestina, tais como ensopados de lentilhas e diversos pratos com berinjela.

Os olhos de Amani ficaram vermelhos ao controlar as lágrimas, desesperada ao pensar na menina órfã de 6 anos de idade com a responsabilidade de cozinhar refeições para cinco pessoas. Ela parecia ser nada mais do que uma escrava em sua própria casa, exausta e enfraquecida como uma velhinha. Desde a morte da mãe, Tala nunca recebera um vestido novo ou um par de sapatos novos, pois vestia as roupas usadas de sua prima.

A segunda menina que chamou a atenção de Amani se chamava Hiba. Ela era a mais velha das cinco filhas e sua família era mais pobre do que a maioria, visto que o pai sofrera ferimentos físicos graves no trabalho, dirigindo equipamentos pesados. Ele nunca mais trabalharia. A família encontrava-se, portanto, à mercê das organizações de caridade ou de parentes que tinham muito pouco para compartilhar. Nenhuma das filhas permaneceria na escola, por causa de sua extrema pobreza. As crianças ficavam com fome na maior parte do tempo porque faziam apenas duas refeições muito reduzidas por dia. Alguns dias, não havia comida alguma.

O coração de minha filha queimava de agonia. Ela queria viajar para a Palestina para entregar os recursos financeiros e ter certeza de que Tala e Hiba receberiam o que estávamos enviando, mas eu garanti que falaríamos com as meninas quando fosse o momento certo. Houve muitas ocasiões em que eu fizera um esforço especial para me certificar de que os fundos destinados por mim chegassem corretamente e que as famílias para as quais tinham sido enviados fossem beneficiadas. Certamente, eu nunca revelaria minha identidade verdadeira quando falasse com os beneficiários, pois desejava que eles se sentissem à vontade para falar livremente; descobri que, ao me identificar como princesa, as pessoas ficam tão paralisadas que nossas conversas não fluem naturalmente.

Amani sentiu o poder da alegria oriunda da ajuda às meninas desesperadas. Não há alegria mais profunda. Soube, naquele momento, que minha filha sentira a essência da verdadeira alegria que resulta de fornecer voluntariamente ajuda a outros. Sabia que Amani nunca mais seria a mesma.

Como nos sentimos afortunados por estarmos na posição de ajudar tantas jovens meninas e mulheres!

Quase da noite para o dia Amani tornou-se minha confidente íntima, substituindo a filha briguenta que desde a adolescência causava muita tristeza e preocupação à família. Nunca estive tão confiante de que os meus três filhos me seguiriam na assistência aos outros após Amani se juntar a nós nesse trabalho, pois a verdadeira felicidade vem do investimento da própria energia em uma causa maior do que si mesmo.

* * *

Na semana seguinte, a Dra. Meena e Nadia se reuniram comigo e com Amani em minha casa em Riade. Maha havia retornado para a Europa na semana anterior, com a amiga Laila, que estava radiante por ter viajado para fora da Arábia Saudita pela primeira vez em sua vida.

Amani e Nadia se abraçaram e começaram a conversar como se conhecessem uma a outra a vida toda e não há alguns meses. A Dra. Meena fez um sinal com a cabeça concordando, embora não parecesse surpresa com a amizade entre Nadia e Amani. Sabendo que a médica era a mentora de Nadia, supus que Nadia confiara à doutora todos os elementos de sua vida, inclusive a nova amizade com minha filha.

"Conte-me o que aconteceu com Fatima?", indagou Amani para Nadia, enquanto inclinava-se para a frente, demonstrando interesse.

Fiquei sentada em silêncio, verdadeiramente feliz por Amani estar assumindo o controle de forma fácil e confiante. Embora eu não seja velha e, graças a Deus, me sinta jovem e saudável, com muita energia, sei que chegará o momento em que não conseguirei trabalhar com tanto afinco. Sempre quis que meus filhos fossem treinados no meu trabalho para que pudessem enfrentar o desafio de lutar pelos direitos das mulheres como faço atualmente. Afinal, meu tempo na Terra, um dia, terminará, e alguém deve assumir meu lugar. Se aprendi algo em minha curta vida, é que haverá sempre muitos homens trabalhando para manter as mulheres sob seu domínio. Enquanto for dessa forma, nós, mulheres, devemos permanecer fortes para continuar a batalha por justiça.

"A história dela fica mais trágica a cada dia, Amani", Nadia respondeu.

"Conte-me sobre essa Fatima", pedi. Sempre tinha interesse em saber sobre uma mulher que precisava de ajuda.

"Ah, eu vi Fatima quando estava nos escritórios de Nadia", disse Amani. "Não falei com ela, mas a vi esperando para conversar com Nadia." Amani olhou para mim com um olhar triste. "Essa pobre menina tem apenas 20 anos, mais jovem do que eu, mas sua vida tem sido tão brutal que ela parece já ter vivido 40 ou 50 anos.

"Conte-me", repeti para Nadia. Sabia que esse envelhecimento tão prematuro era um indício de incontáveis problemas.

"Sim, princesa", disse Nadia. "Ela sofreu muito, do mesmo jeito que outras mulheres sauditas, e mais do que a maioria. Eu lhe contarei a história completa dela."

"Sim, você deve, Nadia. Sei que podemos ajudá-la", afirmou Amani com grande entusiasmo na voz.

"Fatima chamou minha atenção quando foi internada no hospital com depressão profunda. Esse era um grande problema porque ela é mãe de gêmeas e não tinha ninguém para ajudá-la com as crianças. Ela foi internada somente porque uma das secretárias na clínica de pacientes do ambulatório a viu sentada, desgrenhada, com duas crianças chorando que pareciam estar sujas e famintas. A secretária descobriu que a mulher não tinha para onde ir e que o marido se divorciara dela. Ela não tinha meios de sustentar a si ou às filhas. Alguém havia chamado e pago um táxi para enviá-la ao hospital. Embora ela não tivesse qualquer documento para a internação, alguém na clínica apiedou-se dela e a conduziu à área de internação.

"Sob as ordens da secretária responsável, alguém na clínica foi até a cafeteria do hospital e comprou três refeições. As três devoraram a comida. Elas pareciam estar famintas. A secretária assumiu o comando, falando com o chefe, um médico da Inglaterra, que concordou que Fatima deveria, realmente, ser internada. No mínimo, ela descansaria e se alimentaria enquanto estivesse em observação, e poderia manter as duas filhas, de 3 anos de idade, com ela.

"Ao se recusar a falar, os serviços sociais foram notificados sobre o caso dela e, então, eu fui até seu quarto e avaliei a situação. Embora parecesse paralisada por medo e continuasse a se recusar a pronunciar uma palavra sequer, eu podia dizer que ela estava aliviada de encontrar uma menina saudita. Todos os que havia conhecido anteriormente eram estrangeiros, inclusive a secretária, que era das Filipinas, o médico da Inglaterra, e diversos outros assistentes do hospital de outras partes do globo terrestre."

A Dra. Meena esclareceu a questão de cidadãs sauditas trabalharem em instituições sauditas: "Como você sabe, princesa, o hospital tem funcionários de todas as partes do mundo, representando muitos locais, da América, do Canadá, da Europa, da Ásia e do Oriente Médio. No passado, havia muito poucos empregados sauditas, mas estamos aumentando esse número. Porém, não há enfermeiras e não há tantas médicas sauditas; então, quando cidadãs sauditas são internadas, muitas vezes, elas não veem outra saudita."

Concordei, sabendo que essa era a situação na maioria dos hospitais e clínicas médicas no reino. No entanto, as estatísticas estavam melhorando, pois havia muitas sauditas sendo treinadas em áreas relacionadas com a saúde a cada ano.

"Posso continuar, princesa?"

Ficava cada vez mais ansiosa a cada minuto para ouvir essa história e para trabalhar em uma solução, visto que ficava claro que Amani estava ansiosa para fazer algo nobre para essa mulher em particular. "Certamente", respondi. "Por favor, conte-me essa história."

"Fatima ficou no hospital por uma semana, até começar a responder às minhas perguntas. Felizmente, as enfermeiras naquele andar estavam sintonizadas com a situação dela e se revezavam em entreter as gêmeas. Após uma semana de alimentação, descanso e carinho, Fatima começou a sair do que chamo de síndrome de paralisia cerebral com consciência. Isso afeta muitas mulheres abusadas, que parecem abaladas por se encontrarem em uma situação de impotência. Foi quando ela me contou sua história."

Nadia pegou a pasta de documentos ao seu lado e a abriu para retirar alguns papéis. "Princesa, eu escrevi a história de Fatima como ela a revelou para mim. Acho que é muito mais convincente que eu leia suas palavras do que contar do meu ponto de vista. Está bem para você?"

"Certamente. Concordo. Acho que é melhor ouvir a história de Fatima por ela mesma."

Nadia sorriu para Amani e minha filha estimulou sua nova amiga com um gesto de mão para retomar a história.

"Você está conversando com a mulher mais infeliz que já viveu. Quando eu era menininha, minha mãe me disse que eu era a maior decepção de sua vida. Ela queria um filho, mas Alá lhe deu uma filha. Ela estava desesperada, porque era a terceira esposa de meu pai e ele estava infeliz com todas as esposas porque, com meu nascimento, ele era pai de cinco filhas e nenhum filho. Três anos após meu nascimento, no entanto, minha mãe deu à luz um menino, o que elevou o status dela na família. Meu pai mostrou grande apreço por esse filho e minha mãe ficou tão enamorada do menino que me odiou por cada momento que eu tirava de sua vida, por cada pedaço de alimento que eu levava à boca. Enquanto crescia, minha mãe guardava todas as bofetadas e gritos para mim, enquanto mimava meu irmão, que se tornou um pequeno tirano.

"Meu pai ficou tão amoroso com minha mãe que ela lhe deu mais dois filhos, quando eu tinha 8 anos de idade. Minha vida era um inferno. Ninguém me amava. Minha mãe e meu pai riam quando meus irmãos me insultavam ou me chutavam. Aos 10 anos de idade, minha mãe me disse que eu logo me casaria com um viúvo velho da vizinhança porque ele gostava de meninas mais novas do que mulheres. Ele era conhecido como um homem muito abusivo e havia rumores de que matara as duas últimas esposas com as próprias mãos, pois as jovens meninas tinham marcas de terem sido espancadas pelo próprio marido. Quando chorava e protestava, minha mãe me levantava nos braços e me segurava diante do único espelho em nossa casa; ela me dizia para olhar minha imagem no espelho que era tão feia que eu tinha sorte de alguém me querer para esposa, até um homem velho. Eu não sabia que era tão feia até então, mas mi-

nha mãe indicou no espelho o meu nariz grande e os meus olhos pequenos; em seguida, puxou com força meus dentes, dizendo-me que eram muito grandes para minha boca. Era por isso que meus dentes ficavam para fora dos lábios, ela disse, e eu não conseguia fechar totalmente os lábios sobre aqueles dentes grandes e feios.

"Felizmente, o velho morreu antes de nosso casamento acontecer, mas minha mãe continuou a procurar um noivo substituto. Meus irmãos riam de mim e diziam que eu teria de ser morta, triturada e entregue aos bodes e camelos como alimento porque ninguém se casaria comigo e não havia razão para gastar boa comida com uma menina feia que seria um fardo para sempre. Disseram que eu fui indicada a mais de 20 candidatos a noivos e todos rejeitaram.

"Mas quando eu tinha 14 anos, um homem com um corpo desfigurado concordou em se casar comigo. No início, fiquei feliz, porque não podia imaginar como a vida poderia ser mais miserável. Mas eu estava errada. O homem com quem eu me casei era mais feio do que eu, e sua feiura física criara uma personalidade muito raivosa.

"O horror da vida matrimonial chegou cedo, na noite de meu casamento. Minha mãe me dissera que eu tinha de me preparar para muita dor porque deveria haver sangue quando o casamento fosse consumado. Eu não conseguia imaginar por que isso era necessário. Minha mãe se recusou a me dizer o que aconteceria, mas ela disse que a cama matrimonial era dolorosa e humilhante e que deveria haver sangue de meu corpo senão... Se não houvesse sangue, então eu seria um problema sério, divorciada imediatamente e devolvida para minha família de origem, e meus irmãos e meus pais me levariam para o deserto e me enterrariam viva para recuperar a honra da família.

"Fiquei muito horrorizada, mas não havia lugar algum para onde me dirigir. Pensei na dor e no sangue por dias. Algumas jovens meninas me contaram que meu novo marido cortaria o dedo e, em seguida, cortaria meu dedo e esfregaria seu dedo ensanguentado em meu dedo ensanguentado e o casamento seria considerado honorável. Após isso, tudo o que eu teria de fazer era limpar sua casa, lavar *suas roupas, fazer suas refeições e, basicamente, obedecer às suas ordens. Isso não soava muito ruim, pois eu fazia isso na casa de minha família desde quando pude ficar em pé.*

"*Então, na noite de meu casamento, recebi um choque brutal. Lutei contra meu marido quando ele tentou me forçar a tirar minhas roupas, mas ele era um homem mais forte, apesar de seu corpo deformado. Seu problema era com as pernas arqueadas e os pés em formato estranho; a parte de cima de seu corpo era forte o suficiente para matar um animal grande. Os braços eram imensos, quase tão grossos quanto o meu corpo. Mas o choque maior estava por vir. Ninguém me avisara de que os homens tinham uma arma secreta, então, quando ele tirou a roupa e eu vi aquela coisa grande dele, comecei a gritar. Foi quando ele me jogou no chão duro e forçou sua arma dentro do meu corpo. Rapidamente eu entendi a dor e o sangue sobre o qual minha mãe havia me alertado. Havia muito sangue, porque ele continuava a me penetrar com aquela arma. Pelo menos eu não desonrei a família para terminar enterrada viva na areia.*

"*Por três ou quatro dias ele se divertia me penetrando com sua arma. Eu, de fato, achava que iria morrer. Toda vez que eu implorava para que ele parasse, ele começava novamente. Ele ficava furioso com meus gritos e começou a me bater. Ele me batia tão cruelmente que meus lábios foram arrebentados e o nariz, quebrado.*

"*Após esse ataque, não senti nada a não ser medo e terror por meu marido. Não havia afeto entre nós da forma que eu havia visto o amor crescer entre minha mãe e meu pai após ela lhe ter dado três filhos homens.*

"*Meus problemas aumentaram quando dei à luz as gêmeas, nove meses após a noite de meu casamento. Dei à luz em casa, sozinha, porque ele disse que era obrigação da mulher, que era natural, e qualquer mulher que precisasse de ajuda não merecia viver. E, então, eu cuidei de mim no parto, embora não soubesse o que estava acontecendo após ter dado à luz uma filha e ainda ter dores de parto. Ao dar à luz a segunda filha, soube que teria problemas, porque meu marido era um homem violento e ignorante. Seus amigos e fa-*

miliares eram igualmente estúpidos, e minha família nunca viria em meu auxílio, logo, eu estava desprotegida e sozinha, com duas meninas que precisavam de muitos cuidados porque ambas eram menores do que a maioria dos recém-nascidos.

"*De fato, meu marido ficou tão furioso ao se descobrir pai de duas meninas — dois problemas, ele as chamava — que me bateu com tanta selvageria que quebrou meu braço e algumas costelas, assim como meu nariz, pela segunda vez. Eu realmente precisava de cuidados médicos, mas ele se recusou a me levar para o hospital. Ele esperava que eu cozinhasse para ele uma refeição após me bater até eu ficar inconsciente.*

"*Algumas semanas depois, olhei no espelho e vi que estava ainda mais feia do que antes, porque meu nariz estava muito inchado e deformado; nenhuma mulher poderia ser mais feia do que eu.*

"*Embora continuasse a me estocar com sua arma, estava feliz pelos ataques ocorrerem com menos frequência do que antes. Ele até pegou uma segunda esposa, um ano após os bebês nascerem. A segunda esposa era uma jovem menina que havia ficado órfã quando os pais morreram em um acidente de carro e o tio não queria assumir a responsabilidade, uma vez que já tinha duas filhas. Assim que essa jovem menina chegou à nossa casa, ele tinha mais prazer em penetrá-la do que a mim; logo tive algum alívio, embora me sentisse mal por aquela menina, que não tinha mais de 8 ou 9 anos de idade. Ela chorava de forma lamentável pela mãe, noite e dia. Tentava confortá-la o melhor que conseguia, mas ela estava tão horrorizada e desanimada que eu não conseguia fazer muito para ajudá-la.*

"*Mais tarde dei à luz outra menina, mas ela nasceu morta. Foi quando meu marido se divorciou de mim e me jogou para fora de casa. Meus pais avisaram que eu não era bem-vinda com minhas filhas na casa deles, então, eu me acomodei com minhas filhas algumas casas distante da casa de meu ex-marido. Algumas pessoas nos levavam comida, mas, após uma semana dormindo na sujeira, os mais velhos no povoado falavam com piedade daquilo tudo. Meu ex-marido não gostava que falassem dele, então, veio para Riade e se reuniu com algumas pessoas do governo, que o apontaram para uma casa especial para mulheres e crianças abandonadas. Graças a Alá, ele não quis a custódia de minhas filhas, porque eu amo minhas meninas mais do que amo minha vida, e sem elas eu não teria razão alguma para viver.*

"Mas eu não sei o que fazer. Nenhum homem se casará com uma mulher feia, com duas filhas. Talvez uma grande beleza com filhas possa encontrar um marido, mas eu nunca terei sorte semelhante. Espero que o governo me permita viver no local que tenho vivido, embora eu não esteja feliz vivendo lá, pois não há nada para fazer a não ser olhar para as paredes, comer pouquíssima comida e cuidar de minhas filhas quando choram de tédio. Não há crianças da idade delas e não há brinquedos ou livros para meninas pequenas brincarem. Não tenho dinheiro para tais luxos. É outra prisão para todas nós.

"Sou a mulher mais infeliz no mundo, mas tenho duas meninas que precisam de mim. Não quero ficar triste e me sentar e olhar para o nada, mas essa tristeza tem crescido dentro de mim como um câncer, e eu me encontro impotente para ser feliz e encontrar energia para sorrir."

"E, princesa, essa é a história de Fatima", disse Nadia. "Sinto que ela é um caso especial que precisa de nossa atenção."

"Temos de ajudá-la", afirmou Amani enquanto secava lágrimas de seus olhos. "E suas duas filhas inocentes."

A Dra. Meena se arrepiou e olhou para mim com uma tristeza enorme. Lembrando-se da própria história, eu sabia que ela podia compreender melhor do que a maioria a realidade cruel da vida de Fatima.

Eu assegurei novamente a todos: "Certamente, nós a ajudaremos. Nadia, você tem de conversar mais com Fatima. Após ela ser envolvida nas decisões que afetarão sua vida para sempre, então, poderemos decidir que passos serão dados."

"Pode ser que ela queira ter uma educação formal?", Amani especulou. "Ela ainda é jovem. Talvez possa ter uma tutora particular para ensiná-la e, ao mesmo tempo, as filhas serem instruídas?"

"Essa é uma possibilidade", acrescentou a Dra. Meena. "Raramente é tarde demais para educar. Sei de uma mulher de 40 anos de idade que acabou de receber seu diploma de graduação."

"Essas sugestões são todas boas", falei. "No entanto, se possível, acredito que Fatima deveria nos orientar. Descobri algumas informações muito importantes sobre ajudar outras pessoas alguns anos atrás. Uma determinada mágica acontece quando uma mulher que foi abusada tem a oportunidade de fazer uma escolha pessoal sem a interferência de outra pessoa. Durante toda a sua vida, Fatima não teve escolha em nada com relação à sua vida, se seria ou não educada, as obrigações que lhe eram impostas, a comida que comia ou o homem com quem se casaria. Se lhe tivesse sido dada a oportunidade de pensar, explorar ou sentir uma paixão por algo, então ela, muito provavelmente, teria tido sucesso. Se lhe dissermos o que achamos melhor para ela, então, a satisfação ou a realização pessoal é menos provável."

Amani olhou para mim com respeito renovado. "Você está muito certa, mamãe. Devemos ser orientados pelos que ajudamos."

"Sua filha está certa, princesa", concordou a Dra. Meena.

Nadia sorriu amplamente. "Estou ansiosa para colocar sua ideia em prática, princesa. Sempre decidi pelos que precisavam de mim, mas agora vejo que deveria estimular sua participação e seguir suas necessidades e seus desejos."

Todos aprovaram o plano de que Nadia falasse com Fatima e, se ela concordasse, nós quatro nos encontraríamos com a mulher que se intitulava a mais infeliz do mundo. Algo de bom seria determinado para o futuro de Fatima assim que ela decidisse o que desejava para o restante de sua vida.

Silenciosamente, agradeci a Alá por ter sido abençoada com dinheiro suficiente para ajudar Fatima e as filhas ao longo de qualquer que fosse o caminho que ela desejasse seguir.

Após o término de nossa reunião e todos terem partido, sentei-me e, com olhos fixos, mergulhei nos pensamentos sobre minha própria vida desde quando era menina até aquele dia. Apesar de minha riqueza, meu marido atencioso ou meus filhos e netos preciosos, raramente me senti bem comigo mesma ou dediquei tempo para pensar no que havia realizado. Sinceramente, sempre senti ser a menininha com quem minha mãe se irritava e a filha desobediente com quem meu pai se encolerizava, mas, na realidade, repentinamente, percebi que havia muito mais para a princesa Sultana do que minha mãe e pai jamais poderiam imaginar. Minha força de pensamento e a paixão que tanto os preocupavam e os perturbavam eram nada mais do que uma indicação precoce da determinação que eu colocaria em uso positivo como mulher.

Durante todos os anos de minha vida, vivi para servir, para lutar pela melhoria da vida das mulheres e, na realidade, mudei suas vidas para melhor.

Inesperadamente, senti grande satisfação pelo trabalho que estava fazendo, percebendo que era tão significativo que eu não poderia ter escolhido um caminho mais digno. Meu trabalho não é somente importante, mas modificador de vidas.

E como estou feliz! Meu único arrependimento é que minha querida mãe não esteja aqui para ver a filha triunfar sobre o mal que assola tantas meninas e mulheres inocentes. Sei que minha mãe estaria orgulhosa de sua pequena Sultana.

Capítulo 9

Princesa Aisha

Mesmo neste ano de 2014, quando os acontecimentos estavam lentamente se movendo em uma direção positiva para as mulheres sauditas, a vida diária ainda permanecia nem um pouco fácil para a maioria das meninas e mulheres de meu país. Isso se deve ao fato de haver muitos homens sauditas que parecem ter grande prazer em lutar contra as mulheres! Não é à toa que elas se sentem ameaçadas. Esses homens inflexíveis estão prontos para a ação, como tigres ferozes; prontos para condenar e decretar punições para todos os pensamentos ou ações femininas. Lamentavelmente, até algumas mulheres sauditas são vergonhosamente culpadas por denunciarem uma mulher saudita que ouse buscar uma vida melhor por meio da educação e da liberdade.

Não me sinto nem um pouco melhor em saber que as mulheres sauditas não estão sozinhas com relação à angústia da desigualdade. Tragicamente, chamou minha atenção que muitas das aproximadamente 3 bilhões de mulheres em nosso planeta estão sob o domínio da repressão, da ignorância e da violência.

Segundo a ONU, há 193 países no mundo. Viajei por 49 desses países e estudei as condições da vida diária para cidadãs em muitos outros. Como mulher que tem dedicado a vida pela liberdade das mulheres, estou sempre curiosa com relação ao tratamento delas em cada país que visito ou sobre o qual leio. Passei por muitas lutas pessoais em minha terra natal, então, é surpreendente para mim descobrir que alguns governos e culturas são muito mais repressivos contra as mulheres do que os da Arábia Saudita. Em particular nessa categoria estão o Afeganistão e o Paquistão.

Embora conheça algumas mulheres do Paquistão com alto grau de instrução e emancipadas, essas mulheres são da classe rica do país. É possível que as mulheres pobres nos povoados do Paquistão vivam em outro planeta, visto que suas vidas são muito diferentes. Não tomei nenhum conhecimento pessoal sobre o tratamento de mulheres no Afeganistão, embora nas notícias e nos livros que já li fica evidente que quase todas as mulheres afegãs estão acorrentadas aos homens de sua família.

Especialistas em gênero concordam com minha avaliação pessoal sobre o Afeganistão e o Paquistão, e foi com o coração abatido que recentemente li a lista da ONU dos dez piores países para mulheres, classificados na ordem a seguir e pelas razões expostas:

1) Afeganistão: esse país envolto em violência detém o título notório de ser o pior país na Terra para mulheres. As descobertas da ONU mostram que a menina típica afegã terá uma vida curta, em média 45 anos. Mais da metade de todas as noivas no Afeganistão casam antes dos 16 anos de idade. A maioria das mulheres afegãs (87%) admite que apanha regularmente dos maridos. O Afeganistão é o único país no mundo onde mais mulheres do que homens cometem suicídio. Essas mulheres indefesas se sentem desesperançadas e se ateiam fogo para escapar de suas vidas brutais.

2) República Democrática do Congo: estupro e guerra caminham juntos em todas as guerras. As meninas e as mulheres sofrem rotineiramente essa indignidade no Congo. A

equipe da ONU que investiga o conflito no Leste da RDC relata que os estupros de meninas e mulheres são tão brutais e metódicos que são inigualáveis. Li relatórios horripilantes que informam que gangues armadas não só estupram mulheres, mas também forçam os filhos dessas mulheres, na mira das armas, a estuprarem as próprias mães. Essa experiência tão repulsiva e brutal está, inegavelmente, além da imaginação.

3) Iraque: o Iraque costumava ser um paraíso raro para as mulheres em nosso mundo muçulmano, com o governo de Saddam Hussein assegurando direitos básicos para as mulheres. Porém, após Saddam, vieram outros homens diabólicos, que parecem ser quase tão corruptos quanto Saddam, homens que apenas apoiam as próprias facções religiosas, das quais há diversas no Iraque. Atualmente, a violência extremista no país, frequentemente, tem como alvo meninas e mulheres. A taxa de alfabetização feminina no Iraque já foi a mais alta do mundo árabe e é atualmente a mais baixa.

4) Nepal: os pais usualmente vendem as filhas jovens para traficantes sexuais que comercializam as crianças para bordéis onde são brutalmente estupradas todos os dias de suas juventudes. As bem-afortunadas para escapar desse destino cruel enfrentam um casamento precoce, o qual, muitas vezes, conduz à morte no parto.

5) Sudão: o destino das mulheres, tanto jovens quanto adultas, no Oeste do Sudão, é um show de horror, com sequestros, estupros e remoções forçadas sendo ocorrências comuns na vida de uma mulher.

6) Guatemala: a pobreza é comum e profunda no país. A violência doméstica, o estupro e uma taxa assustadora de infecção por HIV/Aids afetam as vidas de muitas mulheres empobrecidas.

7) Mali: poucas mulheres escapam da tortura da mutilação genital. As meninas são rotineiramente forçadas a casamen-

tos precoces. Uma em cada dez mulheres morre na gravidez ou no parto.

8) Paquistão: assassinatos de honra no Paquistão são comuns. Os homens de posição de destaque nos povoados frequentemente decidem que as mulheres paquistanesas serão estupradas por gangues como punição pelos crimes dos homens. Os extremistas religiosos, rotineiramente, caçam e matam advogadas e mulheres políticas.

9) Arábia Saudita: os relatórios da ONU informam que, sob a regra da nossa tutoria saudita, as mulheres são tratadas como crianças a vida toda. Posso dizer por experiência própria que isso é verdade. Impossibilitadas de dirigir ou se misturarem em público com homens, as mulheres sauditas ficam confinadas a uma vida de segregação rígida. O abuso sexual dos homens sobre as mulheres ainda é comum na Arábia Saudita. Há inúmeros casos em que as esposas são espancadas e estupradas pelos maridos. Se o divórcio acontece, os pais, frequentemente, assumem a custódia total dos filhos, embora haja normas de diretrizes para a custódia em nossa fé islâmica. Caso um homem as ignore, ninguém se intrometerá para ajudar a mãe e as crianças. Em alguns dos casos mais pavorosos, as meninas são estupradas pelos pais. Quando casos semelhantes acontecem, nossos clérigos tomam o partido do estuprador, dizendo que ele pode fazer o que lhe agradar com as mulheres de sua família.

10) Somália: uma guerra civil cruel e de longa duração derrubou o que restou da sociedade civilizada. As mulheres, tanto jovens quanto adultas, estão expostas ao ataque e ao estupro por gangues armadas.

Como podem essas pavorosas estatísticas existirem quando há tantas pessoas no planeta exigindo direitos humanos igualitários e básicos e dignidade para todas as mulheres? O relatório da ONU representa uma mancha negra contra o mundo todo, tanto os milhões de homens quanto de mulheres que não tomam as ruas para impedir esse genocídio contra as mulheres.

Apesar do fato de que há oito países considerados piores do que a Arábia Saudita no que se refere aos direitos das mulheres, poucos discordarão com relação à vida das mulheres sauditas continuar difícil e complicada.

As restrições contra as mulheres de meu país são grandes e pequenas, mas, às vezes, são as restrições menores as mais enervantes e aprisionadoras. A maioria das mulheres não consegue imaginar como é se preocupar com cada pequena coisa em sua vida diária. Por exemplo, uma menina saudita deve ser cuidadosa para não se meter em uma conversa com um homem que não é da sua família. Caso seja descuidada, ela pode ser acusada de ser prostituta. Se tal acusação for feita, ela pode ser colocada em uma cela e aguardar para ser açoitada. As meninas sauditas que vivem em povoados ou cidades conservadoras devem, ainda, cobrir a face, ou podem ser apedrejadas. Visto que as mulheres sauditas não podem dirigir, muitas têm de usar o transporte público, pois não há, muitas vezes, um homem disponível para levá-las para a escola, para o trabalho ou para uma consulta médica. Elas devem ser muito cuidadosas ao usarem o transporte público, pois alguns motoristas de táxi acreditam, erroneamente, que uma menina desacompanhada está procurando um homem para lhe proporcionar alguma diversão. É possível que esse homem faça uma investida imprópria e, nesse caso, ela estará arruinada para sempre, caso alguém descubra o ato impróprio, não obstante a inocência dela.

Essas restrições significam que minha tristeza ao ver Maha partindo para retornar à Europa se mistura também à sensação de alívio. Minha filha é uma menina ousada que vive livremente na Europa e não vê razão para mudar seu comportamento quando está na Arábia Saudita. Dessa forma, Kareem e eu ficamos sempre nervosos durante suas visitas. Embora o pai e eu possamos protegê-la da maioria dos problemas que ela causa a si mesma, não desejamos enredar nossa família em qualquer escândalo, uma vez que, em nossa cultura, escândalos individuais envolvem todos os parentes. Caso Maha ficasse marcada como uma menina que outros consideram indecorosa, o irmão Abdullah e a irmã Amani seriam difamados com o mesmo constrangimento, não importa o não envolvimento deles em quaisquer das atividades de Maha, tal como dirigir ou alguma outra atividade considerada tabu por nossa cultura. Meu filho e minha filha mais nova escolheram permanecer em seu país de nascimento e conseguir uma boa vida para eles aqui. Eles devem ser protegidos.

Porém, Maha não é a única princesa jovem, bastante destemida, a pressionar contra a discriminação das mulheres sauditas. Há outras. Uma princesa em particular vem à minha mente.

Uma das primas favoritas de Maha é a princesa Aisha, filha de um graduado príncipe que serviu como governador de uma província saudita. Esse primo é um homem extraordinariamente recatado; sabemos muito pouco sobre seus verdadeiros sentimentos em relação a qualquer assunto. Por essa razão apenas, não o nomearei nesta história, embora ele viva uma vida pública, atuando em diversas esferas governamentais.

Maha e Aisha se conheceram na escola primária, e sua amizade sobreviveu à idade adulta somente porque as meninas se reencontraram na Europa quando a princesa Aisha frequentava um famoso internato na Suíça. Aisha passou muitas férias com Maha na Europa e sei que elas compartilham sentimentos semelhantes sobre a Arábia Saudita e a falta de liberdade para as mulheres. Maha me confidenciou algumas de suas conversas.

Após os dias de internato, Aisha se matriculou em várias universidades europeias e, na última contagem, obteve três graduações universitárias. A princesa Aisha tem frequentado universidades há mais tempo do que qualquer um de nós pode se lembrar, embora percebamos que ela esteja usando a educação continuada como desculpa para escapar da repressiva Arábia Saudita. Sempre brincamos que Aisha, com certeza, obterá doutorados em vários campos da ciência e, possivelmente, algumas licenças como doutora em medicina antes de sua vida terminar.

A princesa Aisha é alta e magra, tem cabelos castanho-claros e olhos castanho-escuros que brilham com o entusiasmo da vida. Seus gestos são exagerados, visto que essa princesa fala com as mãos e exibe expressões faciais cheias de vida. Ela não é uma menina escandalosa como minha Maha, mas tem um espírito decididamente agressivo. Sua personalidade cria muitos problemas em sua família imediata porque ela é a mais progressista de todas as crianças em sua família surpreendentemente grande. Meu primo casou-se com quatro mulheres e cada uma delas teve filhos. Porém, Aisha é a filha mais nova na família toda, e sua mãe é a esposa mais nova, uma mulher adorável, do Marrocos.

As seis meias-irmãs mais velhas de Aisha compartilham a mesma mãe, que foi a primeira esposa de meu primo. As mães, em geral, têm maior influência sobre as filhas em meu país, visto que os pais raramente se interessam pelas meninas. O foco principal deles é, em geral, os filhos; eles permitem que as esposas tendam às filhas, a menos que haja algum grande acontecimento que exija a atenção deles.

As irmãs mais velhas de Aisha são todas casadas e alegam não entender a necessidade de qualquer mulher saudita de ter liberdade para dirigir ou casar com o homem que escolherem ou passarem a maior parte do tempo fora do país, como faz a irmã delas. Elas parecem satisfeitas com a sociedade saudita da forma como é hoje e como sempre foi.

Conheço as duas mães pessoalmente, e a mãe das seis meias-irmãs de Aisha é uma das mulheres mais conservadoras entre as nobres sauditas. Assim que a televisão foi introduzida nos lares sauditas, foi ela quem insistiu para que se usasse o véu quando estivesse assistindo à televisão porque havia "homens de verdade na caixa", ela afirmava. Ela acreditava verdadeiramente que os apresentadores pudessem vê-la assim como ela conseguia vê-los. Diz-se que ela ainda tem esse hábito, embora a família não queira que se saiba.

No dia de seu casamento, essa prima nobre declarou que nenhum homem jamais a veria novamente sem o véu, até mesmo seus irmãos. Ficamos todos muito aliviados que ela nunca tivesse dado à luz um menino, pois suponho que a pobre criança nunca seria autorizada a ver o rosto da mãe, o que teria sido uma situação traumática.

Essa prima nobre incutiu muitas de suas crenças e valores nas seis filhas. Todas afirmavam que deveriam ser governadas por um homem, e que nenhuma mulher deveria jamais questionar qualquer homem — sobretudo aqueles que têm autoridade. A mãe de Aisha, por outro lado, nascida e criada no Marrocos, é uma mulher mais moderna, que goza de uma vida bastante livre com o marido; ela acha que a filha deveria perseguir seus sonhos. Ela está muito orgulhosa de Aisha, com seus múltiplos diplomas, e acredita que deu à luz um raro gênio, o que proclama em toda reunião de mulheres, muito para o deleite de todos que sabem que Aisha é uma menina muito inteligente, mas está longe de ser o que qualquer autoridade intelectual chamaria de gênio.

Quando Maha estava visitando o reino no ano anterior à sua última visita, Aisha também estava, por coincidência, no reino. Embora tivessem se visto apenas duas vezes, Maha disse que aquelas duas visitas haviam sido instigantes porque Aisha estava envolvida em uma grande luta com as seis meias-irmãs. Acusações pairavam sobre elas, segundo minha filha. Maha sempre apreciava as revoltas, embora eu não consiga explicar por quê.

Apesar do deleite de Maha, o episódio da família era sério. As discussões familiares ocorriam porque alguém havia colocado diversos itens sexuais na bagagem de Aisha, todos proibidos em nossa cultura saudita extremamente tradicional, e mais especialmente nas mãos de uma mulher solteira. Revistas de sexo, lingeries pequenas e sensuais e até uma caixa de camisinhas haviam sido estrategicamente escondidas em diversos bolsos internos e enfiadas entre as roupas na bagagem. Quem quer que tenha sido o culpado, queria claramente que Aisha tivesse dificuldades com os oficiais da alfândega ou com o pai dela. Visto que Aisha é da família real, sua bagagem não foi inspecionada no aeroporto, logo, ela não soube se os itens proibidos foram plantados antes de sua partida da Europa ou depois de retornar à casa.

Uma vez que Aisha ainda frequenta a faculdade na Europa, pode ser que uma de suas amigas tivesse pensado que seria uma brincadeira engraçada fazer tal coisa, por não conhecer muito a cultura saudita e o dano que isso poderia acarretar a uma saudita solteira, caso fosse pega com tais artigos. Se a luz da suspeita tivesse brilhado sobre Aisha, indicando que ela estava envolvida romanticamente com um homem, sua reputação teria sido seriamente maculada; na realidade, teria custado a Aisha sua liberdade — ou sua vida. Somente os que visitaram a Arábia Saudita e estão a par das restrições impostas às mulheres podem avaliar a seriedade de tais circunstâncias.

Ao desfazer as malas, Aisha ficou assustada ao encontrar os itens em sua bagagem. Ela ficou tão amedrontada que rapidamente fechou as malas, pensando que encontraria uma forma de se desfazer daqueles artigos mais tarde, sem que ninguém os encontrasse.

Mas esse não foi o fim da história.

Depois de alguns dias da volta de Aisha, duas das meias-irmãs sorrateiras de Aisha revistaram o quarto dela na esperança de encontrar algo comprometedor. A revista delas foi bem-sucedida. Inesperadamente, a pobre Aisha se encontrava em uma situação difícil.

Maha, que conhece bem Aisha, jurou que Aisha era inocente. Maha diz que todas as vezes em que ela e Aisha se visitaram na Europa, ela nunca soube de Aisha estar namorando ninguém e que, certamente, não era culpada por estar em um relacionamento sexual.

Aisha é muito inteligente para arriscar sua liberdade e bem-estar futuro. Ela está muito ciente de que um dia o pai insistirá em seu casamento, embora ele pareça ter se esquecido de como os anos haviam passado, visto que Aisha está com quase 30 anos, já velha para uma noiva saudita. Aisha dissera a Maha mais de uma vez que iria para a cama matrimonial virgem, mesmo que fosse uma mulher de 40 anos quando finalmente se casasse. Fazer de outra forma na Arábia Saudita é um grande risco. Espera-se que até as noivas mais velhas sejam virgens, a menos que sejam viúvas ou divorciadas e estejam se casando pela segunda ou terceira vez.

Sabemos, em primeira mão, de uma ocasião específica em que uma princesa de 30 anos de idade que não mostrou o sangue na cama matrimonial foi levada de volta para a casa da família para ser rudemente jogada em desgraça na porta da frente. Pouco importou que ela tivesse sido uma menina que sempre gostara de praticar esportes com os irmãos, que eram bastante gentis a ponto de deixar que ela participasse dos jogos de futebol e até andar de bicicleta quando ninguém estivesse olhando — no passado, as meninas eram proibidas de andar de bicicleta ou qualquer outro modo de transporte semelhante. A médica que ela consultou após o casamento disse que, certamente, as atividades esportivas juvenis fizeram com que o hímen tivesse se rompido quando criança, em vez de ter sido resultado de uma relação sexual ilícita; a menina chorosa jurou que nunca tivera estado sozinha com um homem que não fosse os de sua família. Ela era, na realidade, uma menina virtuosa que foi marginalizada pela sociedade daquele tempo e mais tarde casou-se como segunda esposa com um homem abaixo de seu status social.

Segundo Maha, Aisha é o mesmo tipo de menina sem culpa. Ela é casta e não faz nada do que os nossos homens gostam de alegar que todas as mulheres fazem quando estão sem vigilância.

Por acaso, Maha estivera com Aisha no dia em que suas irmãs encontraram os artigos chocantes e proibidos. Minha filha descreveu a cena desagradável, dizendo que, quando ela e Aisha entraram no palácio da família, as seis irmãs de Aisha estavam esperando por ela com línguas afiadas e carregadas de acusações falsas.

Para incredulidade de Maha, uma das seis ficou agitando entusiasticamente uma revista *Playboy*, a qual estava aberta na página da coluna central em que havia uma modelo "coelhinha" nua.

Essas irmãs vibravam por terem descoberto aqueles artigos ofensivos. Todas odiavam Aisha desde o dia de seu nascimento pela quarta esposa do seu pai. Aisha era bela desde bebê, e suas meias-irmãs faziam críticas em relação a ela desde esse dia, odiando sua beleza, inteligência e habilidade para escapar da vida que elas alegavam tanto amar. Todos que conhecem aquelas seis mulheres duvidam de que elas amem suas vidas, cheias de luxo vazio, como constantemente professam, mas elas têm dito isso tantas vezes que expressar dúvida sobre isso agora seria vergonhoso para qualquer uma delas.

Essas filhas iradas até chamaram a mãe para sair de seu quarto e ver o que haviam encontrado, para que ela pudesse testemunhar a depravação da filha mais nova da esposa rival de seu marido. A prima nobre nunca em sua vida havia visto uma fotografia de uma mulher nua; então, enquanto uma das filhas mostrava a fotografia e a outra balançava um conjunto de roupas de dormir inadequadas e pequenas que elas acreditavam que Aisha havia comprado, a mulher idosa desmaiou. E assim ficou, no chão, durante toda a cena melodramática.

As discussões se agravaram, com Aisha alegando inocência enquanto as seis meias-irmãs a acusavam, em um estado de fúria, afirmando que ela trabalhara como prostituta na Europa em vez de ir à faculdade, o que certamente era uma alegação ridícula, mas uma acusação, muitas vezes em nossa cultura atribuída contra qualquer mulher que vive livremente.

Maha disse que a discussão fugira do controle, embora tenha ficado histericamente engraçada visto que a princesa idosa ficava acordando de seu estupor para olhar e apontar para a "coelhinha" nua antes de desmaiar novamente.

Muitas vezes, minha filha é muito travessa e implacável quando lida com os que condenam as amigas ou demonstram que são hipercríticas em relação à forma como algumas pessoas escolhem viver a vida. Não concordo com minha filha em tudo, mas Maha é Maha, e faz o que lhe agrada. Para surpresa de ninguém, desde esse dia traumático, ela nunca mais recebeu um convite para visitar aquela casa, mas Maha diz que valeu a pena ser banida apenas pelo entretenimento em si, uma vez que nunca rira tão divertidamente por tanto tempo!

A princesa Aisha teve permissão para voltar à Europa somente porque o príncipe e pai de todas as meninas estava fora do país e suas inimigas ficaram impossibilitadas de expressar suas queixas diretamente para o homem que era o tutor de Aisha. Embora inocente, Aisha ficou aliviada, compreensivelmente, por escapar do reino, mas confessou para Maha que sentia a sombra da maldição perseguindo seus passos até quando entrava em seu apartamento e frequentava a faculdade na Europa.

Suas meias-irmãs maliciosas finalmente atingiram seus objetivos. Um mês após Aisha retornar à Europa, sua conta bancária foi fechada e ela ficou sem quaisquer recursos financeiros. O pai ordenou que ela voltasse para Riade. Ela não tinha alternativa alguma a não ser retornar para o reino. Uma vez em Riade, ela foi interrogada pelo pai indignado, que não mencionou os artigos específicos encontrados em sua bagagem, embora tivesse perguntado explicitamente para ela: "Minha filha, você é pura?"

Quando Aisha jurou sobre o Corão Sagrado que era tão casta quanto um bebê recém-nascido, ele não desperdiçou mais palavra alguma, apenas disse: "É bom saber disso, porque seu casamento já foi arranjado. Sua mãe a avisará sobre os detalhes."

Aisha contou a Maha: "Não houve tempo de apelar para escapar do casamento com um estranho porque meu pai se levantou e sumiu da minha frente antes que eu tivesse tempo de mover a língua para falar."

E, então, Aisha se casou com um jovem de fora da família real, mas de uma boa família, bem conhecida pelos nobres, visto que são parceiros comerciais próximos e muito respeitados.

Para uma das poucas vezes em que um semelhante casamento apressado ocorreu, houve um final feliz. Descobriu-se que Aisha havia sido verdadeira em relação à sua pureza, já que nunca perdera a virgindade, mesmo após muitos anos vivendo livremente na Europa. A mãe de Aisha, orgulhosamente, mostrou o lençol matrimonial manchado de sangue para as meias-irmãs, e para o marido, que ficou aliviado e satisfeito.

Mais surpreendente ainda foi que Aisha encontrou amor em seu parceiro e viveram uma vida feliz, visto que o emprego do marido o levou para a Ásia. Viver longe da Arábia Saudita satisfaz Aisha e o marido.

Aisha é efusiva ao dizer para Maha que sente que ganhou um grande prêmio ao ter se casado, visto que os dois têm muito em comum e desfrutam de uma amizade e de um amor romântico. Recentemente, ela frustrou as seis meias-irmãs quando agradeceu profusamente por tê-la puxado de volta ao círculo da vida saudita, no qual se casou com o homem de seus sonhos.

Até mesmo na Arábia Saudita há momentos em que algumas mulheres são abençoadas com um bom homem e um casamento feliz. Nenhuma mulher merece isso mais do que Aisha, que durante anos vinha buscando algo — algo que trouxesse amor e felicidade para sua vida. Esse algo foi um homem especial que vivia na Arábia Saudita e esperava que o destino os unisse.

*   *   *

Dez dias após terem se reunido com Amani e comigo no meu palácio em Riade, a Dra. Meena e Nadia retornaram para uma visita com Fatima, a mulher mais infeliz no mundo, sobre quem discutimos em nossa reunião anterior. Ela chegou com as duas queridas gêmeas, crianças de 3 anos de idade. Quando soube que as filhas estariam presentes, convidei a pequena Sultana para me visitar, explicando brevemente para minha neta que as duas meninas pequenas, que estavam vivendo uma vida triste, nos visitariam e que, possivelmente, gostariam de conhecer a pequena princesa, que poderia oferecer a elas alguns presentes encantadores e degustar um chá enquanto as mulheres se reuniam e discutiam assuntos sérios.

A pequena Sultana ficou muito empolgada por fazer parte de algo importante. Abdullah confidenciou que a filha passara muitas horas vasculhando os brinquedos, separando-os em presentes adequados para as crianças. Abdullah tinha lágrimas nos olhos quando me contou que a pequena Sultana insistira em levar os brinquedos favoritos, que pareciam novos. Ele disse ter insistido para que ela não levasse sua boneca favorita, Jasmine, e viu uma ponta de alívio no rosto da menina — a pequena Sultana admitiu que Jasmine se sentiu indisposta e que talvez fosse melhor mantê-la repousando na cama em casa. Não extraordinariamente, havia, ao que parecia, um limite para a generosidade da pequena Sultana!

A pequena Sultana parecia um sonho, usando seu vestido rosa simples, com o longo cabelo em uma trança. Ela se sentou muito pacientemente comigo, esperando nossas convidadas. Ela estava ansiosa com o fato de que as menininhas que viveram uma vida tão miserável pudessem não ficar à vontade em um palácio com uma princesa. Ela se preocupava com o que ela poderia dizer ou fazer para deixá-las tranquilas.

"Elas são meninas pequenas, querida", assegurei. "São cinco anos mais novas do que você; então, você será como uma irmã mais velha. Faça-as se sentirem bem-vindas e brinque de alguns jogos com elas. Elas ficarão felizes, eu sei."

A pequena Sultana concordou com uma seriedade que partiu meu coração. Minha neta é a criança mais sensível e adorável que já conheci. Sua sensibilidade pelos sentimentos dos outros é esplêndida e traz a ternura de minha mãe à mente. Ela também foi uma pessoa muito sensível e afetuosa.

Naquele momento, Amani chegou, juntamente com nossas convidadas. Meus olhos procuraram o rosto da mulher que eu não conhecia, a mãe das duas meninas pequenas. Lembrava-me de que Fatima tinha apenas 20 anos de idade, muitos anos mais jovem do que Amani. O abuso assustador que sofrera desde os dias de sua infância a havia envelhecido prematuramente, pois ela aparentava ser uma mulher de 40 anos ou mais. Eu me preparara para ver uma mulher com um rosto totalmente sem atrativos, pois até Fatima havia se descrito dessa forma. Embora ela não fosse bonita, eu a achei uma mulher de rosto gentil e conduta muito agradável. Seu nariz era grande e desfigurado, mas eu sabia que era resultado das surras que havia levado do marido. Instantaneamente, decidi que se Fatima fosse receptiva às minhas sugestões, eu pagaria uma cirurgia reparadora para seu nariz danificado e qualquer outro dano resultante dos anos de maus-tratos físicos.

Que tristeza a família perversa ter convencido essa mulher de que ela era repulsiva na aparência, o que não era o caso. Porém, ela acreditava ser, o que não era surpresa, visto que eu estava ciente há muito de que feiura na mente é o mesmo que feiura no espelho.

A pequena Sultana se aproximou cuidadosamente das amedrontadas gêmeas, que eram, compreensivelmente, tímidas, inseguras do que fazer ou aonde ir. Minha neta falou lenta e gentilmente para as meninas, que pareceram gostar da pequena Sultana instantaneamente. Minha neta perguntou educadamente se elas poderiam ter licença para ir para a sala de estar adjacente para desfrutar de um chá.

As gêmeas alegremente correram para o lado da pequena Sultana, e eu sabia que tudo ficaria bem com aquelas três crianças. Além disso, sei que crianças se adaptam muito rapidamente a situações estranhas ou incomuns. Elas ficam felizes em brincar em um palácio opulento ou em uma tenda humilde; faz pouca diferença para uma criança.

Nadia, como era seu jeito, colocou todos à vontade. A Dra. Meena observou e Amani tomou seu chá.

Embora Fatima estivesse calada, eu pude notar que ela era uma espectadora atenta a tudo. Como uma mulher que habitualmente sofrera com os aspectos negativos da natureza humana, não fiquei surpresa que ela se mantivesse contida como se aguardasse o inesperado, talvez esperando uma de nós se enfurecer sem razão alguma, porque essa era sua prévia e única experiência com membros da família e com seu ex-marido.

Repentinamente, Nadia ficou muito séria. Ela começou a nos atualizar com as notícias horríveis do que os administradores do hospital estavam recomendando a Fatima. Eles recomendavam que Fatima vivesse permanentemente na casa para mulheres abandonadas, mas que as meninas fossem colocadas em um orfanato recém-inaugurado fundado por uma das princesas reais.

Fatima parecia assustada e imediatamente começou a chorar. "Não, não, eu devo ficar com minhas meninas. Elas só têm a mãe delas. Minhas meninas ficarão apavoradas sem a mãe. Pela vida toda, elas só tiveram a mim, e nós não podemos nos separar!"

Fiquei estupefata com a informação, acreditando que o hospital forneceria orientação apropriada para que Fatima e as crianças permanecessem juntas em um lugar seguro, embora eu tivesse planos para ajudá-las de outras formas.

"Nadia", eu disse, "certamente, há uma solução melhor. Uma mãe não deve ser separada dos filhos." Após ver as crianças tímidas que estavam naquele momento com minha neta, soube que elas sofreriam terrivelmente sem a mãe. Eu não permitiria que tal coisa acontecesse.

Nadia respondeu: "Você está certa, princesa. Essa não é a melhor solução. Mas a casa para mulheres abandonadas está quase totalmente ocupada com mulheres que não têm um lugar para onde ir e os administradores lá acreditam que as meninas ficariam mais felizes com outras crianças."

"Isso não faz sentido algum. As crianças têm de ficar com a mãe", respondi.

Após observar meu rosto por longos momentos, Fatima falou, com uma voz fraca: "Princesa, por que estou aqui? O que uma mulher pobre como eu está fazendo no palácio de uma princesa?"

"Fatima", acalmei-a, "posso ser uma princesa, mas, acima de tudo, sou uma mulher. E não deixe este palácio enganá-la. Quando criança, tive meus problemas, pois também vivo a vida de uma menina cujo pai parecia amar os filhos e não as filhas. Minha vida é muito feliz agora, mas conheço a dor da rejeição."

Fatima me olhou fixamente com uma expressão hesitante, provavelmente se perguntando se eu era confiável. Eu a confortei uma segunda vez: "Fatima, não permitirei que ninguém leve suas filhas."

Continuei a olhar fixamente para a pobre mulher em perigo de ser forçada a viver em uma casa para mulheres abandonadas, sozinha e solitária, enquanto seus bebês eram levados para viver com medo em outro lugar, longe da mãe. Fatima se recostou na cadeira. Ela era uma mulher tão amedrontada quanto um animal encurralado, olhando fixamente, primeiro, para mim, depois, para a Dra. Meena, que ficara em silêncio até então.

"Princesa, eu esperava que você fizesse algo para evitar que essa decisão errada fosse adiante. Nem Nadia nem eu podemos ir contra as ordens dos administradores do hospital ou da casa da mulher, todos são homens sauditas que supõem que todas as mulheres são meras peças de um jogo que eles podem mover daqui para ali, segundo o seu capricho, sem preocupação com o que é melhor para a mulher e para as crianças."

Uma Amani angustiada falou pela primeira vez: "O que faremos, mamãe?"

"Estou pensando, filha", respondi, preocupada. Embora eu não fosse permitir que aquela mulher desafortunada fosse separada das crianças, a solução do problema levaria tempo. Meus pensamentos se dispersavam: lembrava-me de minha própria infância triste e pensava, mais uma vez, que apenas mulheres estavam trabalhando para resolver as questões enfrentadas por outra mulher.

Começava a me sentir muito sozinha na luta contra a crueldade e a discriminação para com as mulheres. A batalha era longa e árdua, uma vez que eu era uma das primeiras mulheres na família real a fazer pressão contra esses crimes. Enquanto algumas do meu gênero eram a favor dos meus protestos, poucas intervinham para proteger a nós mesmas. Agora, os homens estavam tomando decisões negligentes e insensíveis com relação a duas crianças pequenas, afastando-as da mãe. Precisávamos, urgentemente, que os homens da Arábia Saudita confrontassem os homens responsáveis e se opusessem em nosso nome. Até agora, isso fora apenas um sonho. Embora muitos homens sauditas discordassem das sentenças cruéis dos clérigos contra as mulheres e fossem contra as tradições culturais que mantinham as mulheres em escravidão, esses dissidentes permaneciam em silêncio diante dos mais cruéis castigos impostos a meninas e mulheres. Muitas vezes, desejei saber a razão por que os homens sauditas deixam de ajudar suas mulheres. Fossem meninas que estavam sendo mortas por ofensas menores ou se casando ainda crianças, nunca soube de nenhum homem que corresse para proteger uma menina ou mulher inocente.

Consigo apenas supor que nossos homens estejam muito amedrontados para confrontar as instituições e os clérigos ou, ainda mais vergonhoso, que permanecem em silêncio porque obtêm grande prazer das vantagens de seu status dominante. Porém eu sabia que o momento havia chegado para insistir que nossos homens se juntassem a nós nessa batalha.

Embora sentada em silêncio, minha mente estava ocupada, pensando no que eu poderia fazer. "Quando esses administradores estão planejando separar Fatima das filhas?", perguntei.

Nadia olhou para Fatima com preocupação.

"Tenho de saber quanto tempo temos", disse.

"Dentro de dois dias", Nadia afirmou em voz baixa.

"Não!", gritou Fatima em agonia. "Não!"

A Dra. Meena se encaminhou para o lado de Fatima. "Não se preocupe. A princesa nos ajudará."

Amani ficou em pé ao lado de Fatima, acariciando sua mão. Soube, naquele momento, que, gostasse ou não, meu marido Kareem teria de ajudar a resolver o dilema terrível que enfrentávamos. Ele era um homem bom e um homem com alguma influência no reino.

"Por favor, esperem, vou telefonar para meu marido", disse, enquanto apressadamente saía da sala.

O destino estava do meu lado quando ouvi a voz de meu marido do outro lado da linha. Rapidamente expliquei a situação e o impacto que teria na pobre Fatima e nas filhas, a menos que interviéssemos.

Para minha surpresa, Kareem não se irritou comigo, como teria feito no passado, por jogar tal problema inesperadamente em sua direção. Desde que revelou no início do ano que nunca ignoraria novamente a triste condição das mulheres sauditas, ele era um homem mais paciente, nunca perdendo a calma em relação às minhas respostas a situações horríveis que afetavam mulheres e crianças. Ele me mostrava agora que pretendia manter sua promessa para mim e que suas palavras eram verdadeiras.

"Querida", falou Kareem, "você está certa. Não podemos deixar de tomar uma atitude e permitir que uma mulher perca os bebês. A resposta para esse problema é fácil. Vamos levar Fatima e as filhas para uma de nossas casas, para o Cairo ou para Londres. Já fizemos isso no passado. Fatima pode viver com nossos empregados em outro país e pode manter as crianças com ela."

"Você está certo disso, marido?"

"Sultana, você nunca mais seria feliz se não fizéssemos algo. A verdade é que ela não deve ser separada das crianças. Se deixarmos essa situação para os oficiais do governo decidirem, o resultado será trágico. Não vamos lhes dar a chance de destruir a vida dessa mulher. Diga a sua Dra. Meena e Nadia para avisar aos oficiais que Fatima foi salva. Os administradores e oficiais ficarão aliviados por terem uma mulher problemática e as meninas longe de suas mãos. Eles não questionarão ninguém. Caso criem algum problema, eu telefonarei para eles."

"Você está certo, marido. Eu não deixarei que ela volte para aquele lugar."

"Vá e cuide disso como sempre faz, Sultana. Se houver um segundo problema ou qualquer novo desenlace, telefone de volta."

"Você está certo de que devemos levá-la para o exterior? Ela não poderia viver conosco aqui, em nosso palácio, ou em Jidá?"

"Podemos conversar os detalhes com a mulher, mas com tal família como você descreveu, eles logo viriam até nós e tentariam levá-la de volta — fazendo permuta e tirando vantagem de nossas boas intenções. Sua família só a usaria. Eles a machucariam novamente, se tivessem a chance de fazê-lo."

"Você está certo, marido. Não havia pensado nessa possibilidade." Certamente, a última coisa de que gostaria em nossas vidas era que a família perversa de Fatima e o ex-marido exigissem dinheiro. Aquelas pessoas não mereciam nada de bom. Despedi-me, sentindo-me mais otimista do que já me sentira em anos, pois havia salvado mulheres sozinha a maior parte da minha vida, e agora meu marido era um parceiro completo, verdadeiramente interessado em desempenhar um papel em ajudar mulheres a ganhar a liberdade.

Voltei para minhas convidadas com um sorriso largo. Todas olharam para mim com expectativa esperançosa. "Tudo está bem. Falei com meu marido. Ele está de pleno acordo de que não podemos permitir que tal decisão infeliz seja tomada."

Olhei atentamente para Fatima, cercada pelas três mulheres que estavam preparadas para defender seus direitos de manter as crianças pequenas, e aquelas mulheres eram a Dra. Meena, Nadia e minha própria filha querida. Senti-me muito satisfeita.

"Fatima, você gostaria de trabalhar para mim e meu marido? Se aceitar, trataremos de colocar você em uma posição na qual estará segura e suas crianças estarão com você. Você terá alojamento e todas as necessidades supridas, um salário, e suas crianças receberão uma boa educação. Você não terá nada a temer."

"Princesa, princesa, eu não sei o que dizer."

"Diga sim, Fatima", falou Amani, rindo. "Apenas diga sim."

"Sim, claro. Ficaria honrada, princesa. Ficaria honrada."

Meu coração batia rapidamente de pura felicidade por meu marido e eu estarmos salvando aquela mulher e suas crianças. Mentalmente, eu enumerava todas as boas coisas que poderia fazer por Fatima, uma mulher que não conhecera nada além de desprezo e abuso a vida toda. Certamente, ela nunca seria abusada em nossa casa.

Enquanto Nadia e Amani se abraçavam e gritavam de alegria com Fatima, a Dra. Meena fez uma expressão muito séria. Ela andou até mim e pediu que conversássemos em particular. Dirigimo-nos para outra sala e a boa doutora olhou para mim com preocupação genuína.

"Princesa, eu acreditei que resolveríamos os problemas de cada mulher de outra forma. Não acho que você poderá acolher cada mulher que se encontrar em circunstâncias difíceis ou perigosas e levar para viver em sua casa."

Sorri para a Dra. Meena, que estava muito séria, para seu próprio bem. "Doutora", falei, "você está certa, claro. Eu não conseguirei trazer pessoalmente todas as meninas e mulheres sauditas com problemas para meu palácio. Encontraremos outras soluções, para outras mulheres. Mas este caso é único. Há meninas gêmeas envolvidas, e as dificuldades são mais complicadas do que o normal. Se elas forem tiradas da mãe, é possível que sejam separadas uma da outra, o que seria assustador para essas crianças. Prometo que encontrarei respostas diferentes para outros casos. Mas, por enquanto, celebremos por eu ter a oportunidade de mudar a vida de Fatima e as vidas das filhas dela da maneira mais extraordinária."

A Dra. Meena sorriu pela primeira vez desde que a conheci. "Você está certa, princesa. O caso de Fatima é diferente dos demais."

Ela pegou minha mão e a envolveu nas suas, como se fôssemos amigas desde a infância. Com uma expressão muito alegre, ela me conduziu de volta para Fatima, dizendo: "Agora, você deve me ligar e contar todas as surpresas agradáveis que sei que terá em estoque para esta mulher. Ela ganhou na loteria da princesa Sultana e por isso estou tão feliz quanto ela estará."

A pequena Sultana levantou-se de repente com alegria quando soube que as duas meninas iriam ter uma casa segura com a mãe e que ela as veria de tempos em tempos.

Meu momento mais gratificante veio quando Fatima acolheu as gêmeas nos braços e chorou com uma felicidade que nunca vi em minha vida. Enquanto olhava fixamente para Fatima, que parecia bela aos meus olhos, apesar dos danos que foram feitos em sua face, vi uma mulher que vivia um momento de felicidade perfeita.

Na minha opinião, não há uma visão mais gratificante e bonita.

Capítulo 10

Resolvendo o problema de Fatima — E, então, veio Noor

Observar a cicatrização física e emocional de uma mulher que só conheceu o desprezo e a exploração desde o momento do nascimento provou ser uma das maiores alegrias de minha vida. Fatima entrou em meu palácio precisando de cuidados médicos; ela estava tão destruída emocionalmente que tinha medo de todos os sauditas. Senti que ela tinha medo de mim e de minha família, embora nosso único desejo fosse assegurar seu bem-estar, salvá-la de mais danos e levar alegria à sua vida. Após 20 anos de abuso, as emoções de Fatima haviam sido danificadas. A alegria da vida nunca fora despertada nela enquanto jovem menina, portanto, suas únicas emoções eram medo e terror. Todas as outras sensações pareciam adormecidas; elas eram incapazes de emergir como esperança e alegria. Em toda a sua vida, nada agradável ocorrera alguma vez, embora obtivesse muita gratificação do amor que nutria pelas filhas gêmeas. Mesmo assim, sua enorme dedicação às meninas estava minada pela preocupação com o que poderia acontecer a elas na Arábia Saudita: visto que, na condição de meninas pobres, oriundas de uma família como a delas, certamente teriam seguido seu caminho de sofrimento e aflição.

Porém, há momentos em que nós humanos devemos caminhar, cheios de angústia, por uma viela escura para encontrar alegria do outro lado. Felizmente, foi o que aconteceu a Fatima. Embora tenha sido forçada a deixar sua casa e sofrer imensamente, os problemas a conduziram, e suas filhas, à porta do meu palácio; lá, encontraria muitas oportunidades para ela e para as crianças.

Antes de a Dra. Meena e Nadia irem embora, naquele dia, pensei em pedir a Fatima que fornecesse informações para elas sobre seu ex-marido e a jovem com quem ele se casara, que, certamente, estava sofrendo torturas infindáveis, semelhantes às que Fatima sofrera. Se possível, eu achava que talvez pudéssemos salvar aquela jovem menina também, embora a Dra. Meena parecesse desconfortável com meu plano, calmamente me lembrando de que tínhamos muitas meninas e mulheres para salvar sem entrar em povoados e invadir as casas.

A Dra. Meena ganhou meu respeito desde nosso primeiro encontro, pois sabia que ela sempre falaria honestamente quando discordasse de meus planos. Garanti que não faria nada para despertar a atenção do governo ou das autoridades religiosas, mas lembrei-a que uma jovem menina estava sendo estuprada e espancada por um homem violento. Sei como tais homens reagem quando lhes é oferecida uma quantia em dinheiro, então, estava pensando que poderia pedir para meu marido enviar um de seus assistentes para salvar a garota e quaisquer crianças que ela pudesse ter tido. Embora não convencida ainda, ela concordou que Nadia poderia usar sua posição nos serviços sociais para encontrar a menina, se possível.

Após a Dra. Meena e Nadia partirem, com planos para nos encontrarmos novamente algumas semanas depois, Fatima ficou muito nervosa, pois eu era uma estranha para aquela mulher. Disse a Amani para ligar para Selma, uma de nossas chefes de cozinha do Egito, e Haneen, uma babá muito estimada do Jordão que mora em minha casa e ajuda quando meus netinhos príncipes vêm nos fazer prolongadas visitas. Achava que ambas as mulheres poderiam ajudar a tranquilizar Fatima, pois ela estava amedrontada e não sabia o que esperar dessa nova experiência. Sabia que ela precisava estar cercada por aqueles que poderiam facilmente se comunicar com ela.

Ao conhecer as gêmeas de Fatima, a pequena Sultana comportara-se como uma pequena mãe para elas. Assim que a empolgação diminuiu, ela ficou estimulada para descobrir se as meninas ficariam algum tempo na casa da avó. Quando chegou o momento de ir embora com o pai, que chegara para buscá-la, ela calmamente convenceu meu filho de que seu trabalho não estaria terminado até que as gêmeas jantassem, tomassem banho e estivessem prontas para dormir. Meu filho olhou para mim com um brilho no olhar e disse: "Mamãe, vejo que minha vida terminará como começou, vivendo em um palácio com uma mulher que salvará para sempre os que precisam."

"Há coisas piores, meu filho", respondi com um sorriso.

E, então, Abdullah telefonou para Zain e minha nora concordou com a ideia de que a pequena Sultana passasse a noite em nossa casa.

Embora Fatima tivesse caído em uma vida que jamais poderia ter imaginado antes, eu fiquei muito preocupada com o estado de espírito dela, visto que estava ficando cada vez mais nervosa. Rapidamente, percebi que a presença da Dra. Meena e de Nadia a haviam acalmado e queria ter pedido a elas que ficassem um pouco mais. Claramente, muita coisa estava acontecendo rápido demais para a jovem mãe.

Vi que o olho esquerdo de Fatima contraía-se em movimentos velozes e suas mãos tremiam. A voz ficava estridente quando respondia às perguntas. Em um momento, parecia estar empolgada e, no seguinte, mostrava sinais de terror. Eu estava certa de que ela nunca estivera dentro de um palácio; observava seus olhos ficarem imensos, maravilhados quando examinava nossos ambientes enormes e as mobílias e a decoração luxuosas. Realmente, tive medo de que ela fosse desmaiar.

Assim que foi apresentada a Selma e a Haneen, Fatima ficou ainda mais estressada. Ela olhou para mim; em seguida, virou as costas, falando com Haneen reservadamente.

Haneen parecia confusa por um momento, depois, sorriu e gentilmente acariciou o ombro de Fatima, respondendo em voz alta o suficiente para eu escutar: "Certamente, não somos escravas neste palácio, Fatima. Trabalhamos para a princesa e sua família. Eu amo meu trabalho e sou livre para ir embora quando quiser."

Pobre Fatima! Ela tinha medo de que a prendêssemos. Queria correr e acalmá-la, mas não o fiz. Tão logo Fatima estivesse à vontade em seu próprio quarto, mais rápido ela se acalmaria. Temos muitos quartos sem uso em nosso palácio em Riade, e Fatima e as filhas receberam um apartamento de tamanho generoso para chamar de seu.

Selma e Haneen foram informadas de que deveriam esquecer suas obrigações normais por alguns dias e ajudar Fatima e as meninas a se adaptarem. Ambas pareciam contentes com suas novas circunstâncias, visto que estavam acostumadas aos meus hábitos; elas me contaram, no passado, que seus trabalhos nunca eram monótonos, pois nunca sabiam ao certo o que estariam fazendo cada dia. Sei que Selma gosta das tarefas como chefe de cozinha, então, eu lhe disse que ficasse responsável por preparar a comida que Fatima e suas meninas gostassem e, então, se juntar a Haneen para fazer nossas hóspedes se sentirem à vontade.

Amani ocupou-se de tomar as medidas de Fatima e das meninas, porque elas precisavam de roupas novas. Todas as três usavam roupas muito simples e minha filha observara que havia rasgos e buracos nos tecidos, ao mesmo tempo em que as solas das sandálias estavam quase totalmente gastas. Mantemos uma variedade de trajes e calçados novos em um closet grande na área próxima dos quartos dos empregados, caso os que trabalham para nós não tenham recursos financeiros para comprar o traje necessário, sobretudo quando eles chegam para trabalhar no palácio pela primeira vez. Eu também mantenho uma coleção de roupas, sapatos, laços para o cabelo e outros acessórios infantis, pois há momentos em que fico sabendo de alguma criança que precisa e sempre corro para ajudar quando crianças estão envolvidas.

Haneen e a pequena Sultana levaram as filhas de Fatima para um grande banheiro, o que gerou muitas exclamações animadas das crianças. Elas gostaram, sobretudo, dos pequenos camelos e carneiros de borracha esperando por elas. Suas mãos pequeninas brincaram com os pequenos animais na água quente da banheira. Um perfume suave foi aberto e colocado na água, produzindo muitas bolhas, o que criou ainda mais excitação.

Tal alegria infantil proporcionou grande felicidade para a pequena Sultana, assim como para os adultos que observavam aquelas meninas inocentes, que, provavelmente, nunca haviam tido um banho ou brinquedos novos semelhantes em três anos de vida. Observei que o lindo vestido da pequena Sultana já estava ensopado antes de eu deixar a área, mas não me importei. Minha neta estava alegremente envolvida em ajudar os outros, e eu nunca parti mais certa de que ela faria do trabalho beneficente para a humanidade seu emprego de vida, o que era meu desejo.

Deixei Fatima nas competentes mãos de Selma e agradeci a Amani por ficar responsável por reunir os produtos cosméticos e roupas necessários para nossa hóspede e suas filhas. Amani tinha a aparência de uma mulher misericordiosa em uma missão quando a deixei para ir para o meu quarto para repousar por algumas horas antes de Kareem chegar em casa de um longo dia no escritório. Meu marido raramente reclama de meu trabalho de caridade, a menos que eu me esgote a ponto de ficar fisicamente impossibilitada de relaxar com ele após um dia de trabalho e me envolver nas questões familiares. Sabia que ele havia tido muitas reuniões importantes naquele dia, e ele gostava de compartilhar as informações comigo. Ele também queria saber algo mais sobre Fatima e as meninas, para que pudéssemos discutir várias opções com ela e tomar uma decisão final sobre sua residência permanente.

Ao retornar para meus aposentos, relaxei em um banho de banheira tranquilizador e, depois de me vestir com um traje do tipo quimono confortável que Abdullah comprara para mim quando estava no Japão, escovei meu longo cabelo. Após essa tarefa prolongada, deitei-me atravessada na cama, pensando que não dormiria, apenas descansaria os olhos.

Várias horas mais tarde acordei com beijinhos em minha testa e em minhas bochechas e, depois, em meus lábios. Kareem estava em casa e com um humor maravilhoso, porque seu dia havia sido surpreendentemente bem-sucedido. Ele também passara momentos excelentes com Abdullah pela manhã. Nosso filho é o melhor amigo de meu marido e meu filho sente o mesmo com relação ao pai.

Eu estava ainda mais feliz de ver meu marido porque, pela primeira vez em nossas vidas, sabia que ele tinha finalmente percebido a importância do trabalho que eu estava fazendo, que cada mulher salva melhorava o mundo em que vivemos. Tinha estado pregando há anos que cada mulher perdida causava danos a nós todos e, agora, finalmente, meu marido parecia compreender.

Kareem e eu desfrutamos de um café juntos e, em seguida, ele me incentivou a chamar Amani e a pequena Sultana para passar tempo com ele enquanto eu me informava sobre Fatima e as meninas.

Alguns momentos depois a pequena Sultana entrou correndo em nosso quarto para compartilhar sua empolgação por nossas visitantes. Fiquei feliz de ver que Amani vestira a pequena Sultana com roupas secas, embora minha neta estivesse usando um traje que não combinava, e era muito pequeno. Obviamente, Amani tirara algo dos quartos dos empregados, mas a pequena Sultana estava tão feliz como jamais a vira antes.

A pequena Sultana pegou a minha mão, dizendo-me: *"Jaddatee*, Afaf e Abir não sabiam que a bola de sorvete redonda era para ser comida! Elas pensavam que as bolas de sorvete eram brinquedos. Elas as jogaram na tia Amani. Vê o vestido dela? Está sujo agora."

"Ah, estou vendo", falei, enquanto examinava o vestido de Amani. O corpete estava sujo de manchas de morango e chocolate. Amani está sempre impecável — ela não conseguia suportar vestir roupas manchadas até quando era criança — mas, agora, ela dava de ombros, indiferente, descartando as manchas com um sorriso.

Quando eu estava saindo da sala ouvi a pequena Sultana contando ao avô, empolgadamente, que estava ajudando a salvar duas meninas pequenas e que ela queria que aquelas meninas com o mesmo rosto e cabelo saíssem de nossa casa e fossem viver no palácio de sua mãe e de seu pai.

A pequena Sultana estava muito atraída pelas gêmeas. Não tinha perguntado seus nomes, mas fiquei feliz que Fatima as havia nomeado Afaf, que significa casta e pura, e Abir, que significa séria e linda.

Quando entrei no quarto ocupado por Fatima e as meninas, Haneen me recebeu com um dedo nos lábios: "As gêmeas finalmente caíram no sono", sussurrou. "Elas estavam exaustas após longos banhos e um jantar completo."

"Fatima comeu, também?"

"Um pouco. Ela parece muito fraca, princesa. Acredito que precise ir ao médico."

"Certamente. Fatima e as duas filhas farão um exame médico completo amanhã."

"Ela ainda está muito nervosa."

"Quem pode culpá-la? Fatima levou a vida mais horrível. Ela nunca conseguiu confiar nos membros da família. A visão de todos esses estranhos tentando ajudá-la deve ser muito intimidadora. Espero que você tenha conseguido tranquilizá-la de que não será uma escrava."

"Ah, eu o fiz, princesa", disse Haneen, com um grande sorriso. "Ela me fez muitas perguntas. Ela desejava saber se você batia nos empregados, e ficou muito aliviada quando eu garanti que nunca ouvira você levantar a voz para qualquer empregado e, certamente, você nunca foi conhecida por nos bater!"

"Ah, coitadinha. Sinto muito pela vida que levou. Mas ela não tem mais preocupações, embora não esteja certa disso ainda."

Meu coração ficou partido por Fatima. Mal sabia ela que seria protegida enquanto eu vivesse e, depois, meu filho e as duas filhas tomariam conta dela assim que eu não estivesse mais nesta Terra. Era maravilhoso saber que havia uma mulher saudita anteriormente abusada que nunca mais teria de viver com medo.

Caminhei silenciosamente para o quarto delas e espiei. Fatima estava dormindo. Para se sentir segura, suponho, ela colocara uma filha de cada lado dela, e na mesma cama. Eu não conseguia culpá-la. Fatima esteve muito perto de perder as filhas por causa da insensível burocracia governamental.

No dia seguinte, Amani marcou várias consultas médicas com seus médicos pessoais. Minha filha tem bons relacionamentos com diversos médicos do palácio e, então, eles marcaram uma consulta especial para Fatima, com uma médica residente do Egito, e para as gêmeas serem examinadas por uma das melhores pediatras na Arábia Saudita, uma mulher adorável da Inglaterra.

Ficamos aliviadas por saber que Fatima não fora diagnosticada com nenhuma doença séria, mas não ficamos surpresas em saber que ela tinha muitos ferimentos antigos provenientes dos espancamentos a que fora submetida pelo marido, inclusive costelas quebradas, uma das mãos quebrada e o nariz quebrado; todos calcificados de forma inadequada. Ela teria dor na mão para sempre, se o osso não fosse quebrado novamente e recolocado. Ela também precisava de extensivos cuidados dentários, pois seu marido havia quebrado mais de dez dentes dela.

Enviei um recado por Amani para os médicos de que Fatima logo deixaria o reino e eu pediria a eles orientações para onde quer que Fatima fosse vir a morar. Eu queria que seu nariz fosse consertado, os ossos em suas mãos, recolocados, os dentes reparados e tudo mais que ela precisasse.

A juventude, graças sejam dadas a Alá, é muito resiliente, e as meninas estavam saudáveis, exceto por estarem infectadas por parasitas, o que não é incomum em famílias pobres de meu país. Elas receberam os medicamentos apropriados e eu fui informada de que não precisava me preocupar com a pequena Sultana, visto que era improvável que ela fosse infectada. Todavia, liguei para Zain, para que a pequena Sultana fosse examinada pelo mesmo pediatra, certificando-se de que estava livre daqueles parasitas.

Uma das meninas precisava de óculos, enquanto a outra tinha visão perfeita. Sempre acreditei que gêmeas idênticas fossem exatamente iguais, portanto, essa informação foi uma revelação para mim.

Nas semanas seguintes, Fatima ficou psicologicamente mais calma, pois percebeu que estava, de fato, segura, e que Kareem e eu disséramos a verdade; ela não precisava mais ter medo de ficar sem uma casa, ou de ser afastada das crianças. Nunca mais teria de se preocupar em ser abandonada. Ela poderia trabalhar para nós pelo resto de sua vida, embora desejássemos que descansasse seu corpo exausto por alguns meses antes que quaisquer decisões fossem tomadas com relação ao seu futuro.

Quando ela já estava mais descontraída, perguntei: "Fatima, você gostaria de pensar sobre casamento novamente um dia?"

Visivelmente, Fatima encolheu-se de medo, olhando-me fixamente com os olhos arregalados e a boca aberta. Era como se ela temesse que eu tivesse enlouquecido e pudesse ser perigosa. Ela engoliu em seco e ouvi sons vindos de sua garganta. Finalmente, ela respondeu, com voz fraca: "Não, princesa. Não, por favor. Tive um dominador. Nunca mais quero outro homem me dominando. Não."

"Mas você é tão jovem, Fatima. E nem todos os homens são como seu ex-marido."

A pobre Fatima fez um gesto na direção do rosto, acariciando o grande nariz deformado com os dedos. "Com este rosto feio, nenhum homem me amará como seu marido ama você, princesa. Não, princesa, não é possível. Tudo que desejo desta vida é ser livre de preocupações de que serei espancada ou de que terei fome ou de que alguém tentará tirar minhas crianças de mim. Serei a mulher mais feliz do mundo se ao menos isso puder ser meu futuro."

Aproximei-me de Fatima e a abracei gentilmente. "Você tem a minha palavra, Fatima. Se essa é a vida que deseja, você a terá." Como me senti maravilhada, sabendo que uma mulher que outrora se intitulara a mulher mais infeliz no mundo, agora tinha a oportunidade de ser a mulher mais feliz. Eu garantiria que essa fosse a nova realidade de Fatima.

"Obrigada, princesa. Obrigada. Você nos salvou", falou ela, olhando para as crianças com um sorriso tão delicado e cheio de amor que parecia tão bonita quanto uma mulher pode ser, aos meus olhos.

Incentivei Fatima a passar o tempo que precisasse para descansar seu corpo exausto enquanto dedicava cada momento às meninas. Foi gratificante ver uma jovem mãe ter tanta alegria em brincar com suas crianças. Quando eu contratei uma tutora para começar as lições com as jovens, Fatima perguntou se podia se juntar a elas, visto que nunca fora educada e pensava ser uma boa oportunidade para aprender a ler e praticar números.

Três meses depois de Fatima e as meninas virem viver em nossa casa, discutimos todas as opções com ela, mas pedimos que ela tomasse suas decisões com relação ao local onde desejava viver. Ela pensou em sua situação por algumas semanas antes de vir até nós com uma resposta, pedindo que, se fosse possível, ela gostaria de permanecer na Arábia Saudita, uma vez que estava muito familiarizada com nosso país e com medo de ir para a Inglaterra, para o Egito ou outra terra estranha.

A essa altura minha família tornara-se muito apegada a Fatima e suas duas meninas queridas. Após diversas conversas familiares, convidamos Fatima para viver em nosso pequeno palácio em Taif, de forma que pudéssemos manter um acompanhamento sobre seu bem-estar, assim como o das meninas, as quais todos nós queríamos ver bem-educadas. Amani mencionou que as meninas mostravam sinais de grande inteligência apesar da juventude e ela achava que deveríamos prepará-las para um nível alto de educação. Talvez, como a Dra. Meena, elas possam alcançar também um alto status acadêmico um dia.

E por que não? A Dra. Meena realizara esse grande objetivo sem o apoio de uma princesa patrocinadora. Com nosso apoio, as gêmeas conseguiriam realizar seus sonhos, fossem eles quais fossem.

E, então, estou satisfeita de informar que uma jovem mulher chamada Fatima está nos ajudando enquanto nós a ajudamos, pois ela é uma das empregadas mais leais e aplicadas que tivemos o prazer de contratar. Ela é tão eficiente que atualmente é a supervisora de nossa casa em Taif. Ela tem bom relacionamento com todos os nossos empregados lá, assim como com os membros de nossa família. Fatima tem um bom salário e economiza muito de seu dinheiro, uma vez que a sua casa e as refeições são gratuitas. As filhas podem frequentar qualquer escola que queiram, visto que Amani assumiu o apoio financeiro para as gêmeas.

A pequena Sultana, atualmente, aproveita Taif mais do que qualquer outra de nossas casas de férias, porque ela afirma ser responsável pela felicidade de Afaf e Abir, as quais amam a pequena Sultana como uma irmã mais velha, e não como a neta da patroa de sua mãe.

Essas interações são boas para minhas crianças e para meus netos, pois recebemos a dádiva da riqueza sem ter de conquistá-la. É nossa boa sorte que Alá nos tenha colocado nesta família. Uma vez que somos indignos da riqueza que temos recebido, devemos garantir que compartilhemos e que tratemos os outros com a mesma dignidade e respeito que desfrutamos. Essas relações de cortesia com aqueles que trabalham para nós ajudam a manter minhas crianças e meus netos com os pés no chão. Afinal, como muçulmanos, somos ensinados que não somos melhores do que qualquer homem ou mulher, e que nenhum homem ou mulher é tampouco melhor do que nós.

É bom seguir tais ensinamentos, e, melhor ainda, acreditar que sejam verdadeiros. E eu acredito.

*   *   *

Alguns dias após termos acomodado Fatima e as meninas, recebi um telefonema inesperado da Dra. Meena. Ela me pedia que fosse até seu escritório no hospital para que eu pudesse conhecer outra mulher saudita que era paciente de ambulatório.

"Essa pobre mulher necessita de ajuda imediata?", perguntei, pois me encontrava no meio de uma manhã muito ocupada.

A Dra. Meena fez uma pausa por um longo tempo. "Princesa, acredito que você deva se encontrar com ela pessoalmente e decidir por si mesma. Por favor, você pode reservar pelo menos uma hora de seu dia para vir aqui?"

Sabendo que a Dra. Meena não é uma mulher que faria pressão a menos que fosse necessário, concordei em organizar meu dia para que pudesse sair do palácio e me dirigir ao hospital o mais rápido possível.

Adiei os projetos que tinha agendado e algumas horas mais tarde fui ao hospital onde a Dra. Meena trabalha. Mais uma vez, encontrei-me andando pelos longos corredores, sondando as figuras misteriosas vestidas em túnicas e véus pretos cuidando de seus negócios. Uma mulher andava vagarosamente na minha frente, os pés rachados dentro de sandálias plásticas batiam nos chãos de ladrilho duro. Outra mulher, uma beduína, vestia um véu com uma pequena abertura através da qual eu conseguia ver o incansável fitar de seus olhos negros.

Como eu, quase todos ao redor estavam totalmente envolvidos em preto. Sinceramente, eu tinha a esperança de que a maioria fosse de mulheres felizes que achassem, assim como eu, que eu era uma mulher com uma vida completa cuja intenção de usar o véu duraria somente até a tradição em Riade e outras cidades conservadoras terminar.

Logo localizei Nadia. Ela vestia a túnica e o lenço de cabeça, mas estava sem o véu. Tal visão me deixou feliz — Nadia estava se rebelando contra o costume de usar o véu. Ela se movia rapidamente em minha direção, notavelmente impaciente para a minha chegada. Minha mente fora programada para encontrar com a Dra. Meena, mas cumprimentei Nadia de forma agradável antes de perguntar: "Essa pobre mulher tomou um rumo para o pior?"

Nadia me deu um sorriso amplo, um sorriso que senti ser impróprio nas circunstâncias de emergência. Porém, fechei a boca bem fechada, e não fiz nenhuma crítica.

"Não, princesa. A mulher está bem neste momento." As palavras seguintes de Nadia soaram estranhas. "No entanto, sua família pode estar em perigo."

"O quê?" Essa incumbência estava se tornando um mistério para mim. Do que Nadia estava falando?

"Por favor, princesa, venha comigo ao ambulatório, onde a Dra. Meena está esperando com a mulher. Seu nome é Noor."

Segui Nadia, embora o assunto estivesse ficando cada vez mais intrigante a cada momento. Estava cada vez mais ansiosa para ouvir essa história. Alguns minutos depois, ao nos aproximarmos das clínicas externas do hospital, todas dispostas em uma linha reta fora do corredor principal, ouvi uma forte voz feminina explodindo de raiva.

"Aquela é Noor, princesa", afirmou Nadia.

"Ah?", observei. Não conseguia entender exatamente o que estava sendo dito, mas supus que a pobre mulher, tendo sofrido abuso, e agora se encontrando na companhia de outras que estavam ali para protegê-la, encontrara coragem para se defender do marido.

Nadia me acompanhou para entrar no pequeno consultório da Dra. Meena antes de se despedir rapidamente. A porta adjacente, que conduzia para a sala de exame, estava aberta. Como fiquei parada na porta, não estava preparada para o que vi. Um beduíno robusto, vestindo um *thobe* todo branco e um *shemagh* desgrenhado (acessório de cabeça tradicional axadrezado de vermelho e branco usado por homens sauditas) estava afundado em uma cadeira com a cabeça pendendo sobre o peito, olhando como se tivesse morrido repentinamente. Ele havia sido vítima de um ataque de coração? Respirei fortemente quando vi vestígios de sangue correndo de seu pescoço e braço. Esse homem estivera em uma briga, muito provavelmente enquanto atacava uma mulher indefesa!

Ele não podia ver meu rosto, mas eu conseguia ver o dele. Era cheio de marcas de varíola, com grandes cicatrizes, indicando um caso sério de acne juvenil não tratada. Quando saiu de sua apatia para olhar para mim, vi que o branco de seus olhos estava vermelho. Ele parecia exausto, no entanto, encontrou a energia para sorrir maliciosamente, sussurrando: "Você é a princesa?"

Bem, eu não iria responder a sua pergunta! Ele era, obviamente um daqueles homens orgulhosos de abusar de mulheres em sua família. Olhei para ele com cara feia, mas, devido ao meu rosto coberto, ele foi poupado de meu olhar de raiva.

A audição da Dra. Meena é aparentemente excepcional, pois ela me chamou: "Por favor, entre."

A essa altura minha curiosidade crescera ao máximo. Fiz o que a Dra. Meena pediu. Ela estava de pé ao lado de uma paciente cujas rugas enchiam sua face. Na Arábia Saudita, tais características não podem ser de fato usadas para determinar a idade de uma mulher, pois muitas de nossas mulheres envelhecem cedo. Supus que ela tinha, muito provavelmente, 50 anos de idade ou mais. Ela usava um vestido de algodão vermelho com brilhosos desenhos bordados coloridos no corpete. Um lenço de cabeça preto caía enrolado em torno do pescoço.

A mulher exibia uma expressão de amargura sentada na maca de exame com os pés descalços balançando. As mãos marrons ásperas estavam cruzadas sobre o peito; ela parecia estar protegendo um braço muito contundido e arranhado. Meus olhos desceram para os pés descalços, os quais necessitavam urgentemente de atenção, pois a pele estava áspera, com cascões de pele grossa e seca; as unhas dos dedos dos pés estavam rachadas e quebradas. Sua compleição física era a de uma mulher magra e musculosa com pouca carne sobre os ossos.

Eu estava olhando para uma mulher beduína. Certamente, era a esposa da besta sentada do lado de fora da entrada. Meus primeiros pensamentos eram de que eu havia sido chamada para ajudar a salvar aquela mulher, que, provavelmente, havia sido esmurrada, ou pior, pelo marido, embora não conseguisse ver nenhum sinal visível de abuso. Sua pele avermelhada não mostrava nenhum indício de escoriações ou cicatrizes. Enquanto meus olhos examinavam o corpo todo dela, vi sangue seco em suas mãos, muito provavelmente ferimentos defensivos, pensei.

"Princesa, obrigada por vir."

"Dra. Meena, sim, claro."

A Dra. Meena concordou fazendo um sinal com a cabeça na direção da mulher. "O nome desta mulher é Noor. Seu marido, Mohammed, espera por ela na outra sala."

Olhei para a mulher chamada Noor e levantei meu véu pela parte de baixo e sorri. Ela não retribuiu meu sorriso, coitada. Sem dúvida alguma, estava se recuperando do ataque físico mais recente.

"Qual é o problema, doutora?", perguntei, minha raiva aumentando.

Noor interrompeu rudemente e, apontando com o dedo para a porta aberta — o qual é um gesto extremamente ofensivo para qualquer saudita fazer —, falou em voz alta: "O problema é aquele vagabundo. Chegou a hora de pedir o divórcio."

Não houve resposta do marido, Mohammed.

Noor ofegava de raiva ao berrar: "Está dormindo, seu asno?"

A Dra. Meena interveio: "Noor, por favor, estamos aqui para solucionar problemas. Não crie mais."

O olhar de Noor fixou-se na Dra. Meena. "Mas ele *é* um asno teimoso!", falou.

Ouvi sem querer um riso baixo e uma voz masculina dizendo: "Nunca me divorciarei de você, Noor, nunca. Você será minha esposa até a morte."

Com um aceno desprezível de suas mãos marrons, ela gritou uma ordem: "Eu exijo o divórcio!"

Eu estava começando a ficar desorientada com a cena que se desenrolava à minha frente, colocando a mão na testa e me perguntando o que estava acontecendo ali. E por que havia sido chamada.

Uma versão mais jovem de Noor entrou na sala. Ela fez um aceno de cabeça e sorriu, mas não falou. Ela se deslocou para mais perto da mãe. Noor parecia não ter notado a filha.

A Dra. Meena se deslocou para a entrada aberta e disse algumas poucas palavras tranquilizadoras para o marido de Noor antes de fechar a porta.

Com privacidade garantida, eu retirei meu véu completamente.

"O que ele fez para esta pobre mulher?", indaguei.

"Princesa, por favor, sente-se por um momento", pediu a Dra. Meena, apontando para uma pequena mesa e duas cadeiras. "Sentarei com você. E, por favor, perdoe-me por interromper seu dia por uma situação incomum."

Eu dei de ombros, mas não falei, olhando de volta para o rosto zangado de Noor, que repentinamente se debatia para sair da maca de exame.

"Por favor, Noor. Fique quieta. Dê-nos um momento."

Noor, de má vontade, parou de se debater e relutantemente retomou sua posição anterior, sentando-se imóvel.

A Dra. Meena parou de falar em árabe, comunicando-se comigo em inglês para que nossas palavras pudessem permanecer confidenciais.

"Princesa, por favor, perdoe-me por lhe contar a história de outra mulher, mas Noor está muito agitada. A filha também é muito impetuosa. Ambas são tão emocionais que, uma vez que começam, não conseguem parar de falar."

"Por favor, doutora, conte-me."

"Princesa, como conversamos, nosso objetivo é ajudar meninas e mulheres sauditas a escapar de relacionamentos abusivos. Nós também usamos nossa energia para salvar jovens meninas de casamentos e, sobretudo, mantê-las na escola. Essa grande incumbência pode ser muito deprimente para todos, uma vez que há muitas histórias trágicas ligadas a mulheres sauditas. Embora tenhamos prazer com nossas vitórias, com mulheres jovens, tais como Nadia ou Fatima e as filhas, todos sabemos que nossos pequenos dedos enfiados em buracos mínimos da barreira da miséria humana não conseguem evitar o estrago da represa e sabemos também que é impossível salvar milhares de jovens meninas e mulheres."

A Dra. Meena cerrou os lábios e desviou o olhar, escolhendo as palavras muito cuidadosamente. "Princesa, embora ambas saibamos que são as meninas e as mulheres que mais precisam de nós, qual seria nosso compromisso para ajudar uma mulher que trouxe o abuso para a própria vida e que, possivelmente, se tornou um perigo para outras?"

"O que está dizendo, Dra. Meena?", perguntei, tão perplexa como jamais estivera na vida.

"Sinto por estar confundindo-a, princesa", respondeu a Dra. Meena. "Eu a chamei aqui hoje para ajudar a resolver um problema muito incomum. Acredito que juntas possamos evitar um assassinato."

"Um assassinato?"

A Dra. Meena olhou de relance para Noor; em seguida, de volta para mim.

"Quem", perguntei, "corre o risco de ser assassinada? Essa mulher beduína?"

"Talvez", falou a Dra. Meena. "Ou, talvez, o marido dela será a vítima."

Achei tal cenário difícil de acreditar. O marido beduíno de Noor era um homem forte que parecia ser muito musculoso, enquanto a magra Noor era uma mulher pequena.

A Dra. Meena fitou-me de maneira decidida e firme. "É verdade. Temos dois agressores e dois agredidos neste relacionamento. Realmente não sei a quem ajudar, ou a quem proteger. Noor não é uma mulher muito agradável, mas ela trabalha arduamente e tem destruído a saúde sustentando um marido preguiçoso e as quatro crianças. Mohammed é um homem manipulador e culpado de abuso psicológico e físico."

Meus olhos se escancararam de espanto.

A Dra. Meena observou Noor e as filhas por um breve período antes de continuar sua história muito bizarra. "Princesa, permita-me contar-lhe a história de Noor."

Eu concordei com a cabeça.

"Noor é uma verdadeira viajante do deserto, uma menina beduína. Acredito que ela tenha sido formada por herança genética e por um ambiente rude. Em sua juventude, a família era nômade; passava apenas a parte mais quente do ano no oásis e mudavam-se para o planalto para ter grama para os animais na parte mais tardia do inverno e na parte inicial da primavera. Ela foi uma das quatro filhas dentre nove crianças. Ela diz que quando atingiu seu 10º verão, o pai observara que ela era mais forte, ligeira e mais perspicaz do que seus cinco irmãos.

"Devido às suas múltiplas habilidades e sob as ordens do pai, Noor nunca fez trabalho de mulher beduína, o que, como você sabe, teria consistido em montar a tenda, cozinhar e cuidar da produção quando eles estivessem em uma área fértil onde poderiam tentar plantar milheto, alfafa ou trigo. Noor fazia o trabalho dos homens desde cedo na vida, quando ficou encarregada dos camelos caríssimos. Seus irmãos foram ordenados a tomar conta das cabras e dos carneiros.

"As habilidades abrangentes de Noor eram uma surpresa para a família toda, e para sua tribo. Ela demostrava ter um entrosamento especial com os animais e instintivamente sentia problemas de saúde até antes de os animais mostrarem sinais de sofrimento. Para surpresa de todos, logo Noor estava ajudando a diagnosticar sob o ponto de vista médico e tratar os animais lado a lado com o médico veterinário beduíno do povoado.

"Como as outras meninas e mulheres beduínas, Noor usava o véu quando a família vinha para Riade para vender algumas das vestimentas femininas, mas, quando no povoado, Noor se recusava a cobrir o rosto. Ela alegava que ele restringia sua habilidade para consertar caminhões ou cuidar dos animais.

"A filha dela diz que nenhum homem era corajoso o suficiente para confrontar Noor, embora ela fosse mulher e jovem. Os que a conheciam desde a juventude dizem que o furor de seu temperamento deve ser visto para se acreditar. Testemunhas pessoais contaram à filha de Noor que sua mãe reagia com tal ferocidade que era temida fisicamente. Quem sabia o que ela poderia fazer?

"Todavia, sabemos que mulheres beduínas podem ser muito fortes, e muitas delas não usam o véu quando estão em seus povoados ou trabalhando nos campos.

"A partir do que fui informada por sua filha, quando Noor tinha 13 anos de idade, o pai começou a tratá-la melhor do que tratava os filhos; na realidade, ele começou a preferir a filha em detrimento dos filhos.

"A essa altura, a família era seminômade, vivendo na maior parte do ano em um pequeno povoado do oásis não muito distante de Riade. Os filhos eram os mais velhos das crianças e, nesse meio-tempo, estavam todos casados, com suas famílias próprias. Todos os irmãos de Noor haviam encontrado emprego na indústria de petróleo e se mudado para o outro lado do país, onde seu trabalho estava localizado.

"Após a família ter se assentado em um povoado, a mãe e as irmãs de Noor aprenderam uma nova arte: a arte de fazer joias de prata beduínas. A essa altura muitos estrangeiros estavam entrando no país para trabalhar em nossas escolas e hospitais, e você sabe como as mulheres estrangeiras amam as joias beduínas. Então, a fortuna da família cresceu, em comparação ao que possuíam quando ainda nômades. O pai de Noor usou parte da renda da família para comprar um caminhão Toyota branco.

"No princípio, o pai de Noor era quem dirigia o tempo todo. Então, ele sofreu um derrame pouco antes dos 50 anos. Sem qualquer filho vivendo por perto para assumir a responsabilidade, ele incentivou Noor a aprender a dirigir. Noor aprendeu sozinha e, apesar de alegar ser uma motorista habilidosa desde o momento em que suas mãos tocaram o volante, a filha de Noor revelou que durante o período de aprendizagem Noor, acidentalmente, atropelou um casal beduíno e duas crianças pequenas. Felizmente, Noor dirigia numa velocidade muito baixa, então, ninguém ficou seriamente ferido. No entanto, ela de fato matou duas cabras e um cachorro.

"Você e eu sabemos, princesa, que não é raro para essas mulheres beduínas de caráter forte aprender a dirigir quando crianças e transportar animais e produção para as fazendas da família em pequenos povoados."

Fiz um aceno com a cabeça, concordando. Eu tinha pessoalmente visto beduínas ou mulheres da fazenda dirigindo caminhões e automóveis em diversas regiões da Arábia Saudita. Há muitas fazendas na área de Taif e não era raro vê-las ajudando os maridos ou os pais, transportando mercadorias nas estradas do país. Devido a distância de suas localizações, as autoridades governamentais decidiram ignorar a teimosia delas.

A Dra. Meena continuou sua muito interessante história: "Noor era diferente das outras meninas do povoado em muitas maneiras. Ela tinha uma habilidade especial para dirigir e logo ficou conhecida como uma das motoristas mais competentes no povoado. Noor também tinha um talento natural por todas as coisas mecânicas. Logo se espalhou a notícia pela tribo de que ninguém conseguia consertar um veículo como ela. Homens jovens começaram a observar Noor, que não era uma grande beleza, mas bastante atraente e, sobretudo, hábil para cuidar de cada aspecto necessário para a vida. Aqueles homens jovens perceberam que tal mulher aumentaria suas habilidades para ter sucesso. Possivelmente, um homem pobre ficaria rico com uma esposa talentosa como ela.

"Noor ficou tão famosa em sua área que o pai recebeu mais ofertas de casamento para ela do que para suas outras três filhas juntas. Embora isso fosse bom para a família, tanta atenção criou um lado muito egoístico para o caráter de Noor. Ela logo se sentiu acima de todas as mulheres e de todos os homens. Segundo as histórias contadas para a filha de Noor pela sua própria avó, ela tornou-se uma menina difícil. Acredito que ela estivesse esgotada pelo trabalho e tão raivosa que ofendia verbalmente a todos na família. Ela era tão agressiva, na realidade, que ninguém a enfrentava. E Noor? Bem, o pai a fizera acreditar que ela era a pessoa mais inteligentes e mais capaz no povoado.

"A família pensava que um marido poderia ser capaz de conter alguns dos maiores excessos de Noor, mas ela gostava da sua vida exatamente como era e recusava arrogantemente os pedidos da mãe para aceitar uma oferta de casamento. Secretamente, o pai estava satisfeito, porque tinha medo de perder essa filha muito competente que conseguia fazer tudo que se determinasse a fazer, inclusive barganhar melhores negócios para a produção, dirigir e consertar caminhões, cuidar dos camelos caríssimos etc.

"Com os irmãos vivendo em outros lugares e as irmãs aceitando propostas de casamento, Noor era a companhia frequente do pai. Os dois se tornaram tão íntimos que o pai dependia de Noor para tratar de muito da vida diária, da mesma forma que muitos pais dependem dos filhos preferidos.

"Finalmente, alguns anos antes de o pai de Noor falecer, a filha concordou relutantemente em se casar, mas somente se o escolhido para o privilégio assinasse um documento consentindo em viver com a família dela, junto com muitas outras exigências, como a de que ele não tivesse uma segunda esposa nem esperasse mais do que três filhos dessa união. Todas essas ideias são totalmente estranhas para qualquer homem na Arábia Saudita e, certamente mais ainda para os homens simples do povoado considerados bons partidos para uma menina do povoado. Mas, embora estivessem ansiosos para se casarem com a muito habilidosa Noor, seus pretendentes se recusavam a se emascular publicamente concordando com um ultimato tão inusitado. Embora desejassem que Noor trabalhasse para eles, para tornar-lhes a vida mais fácil, eles não estavam procurando uma mulher para mandar em suas casas."

A Dra. Meena deu de ombros. "Isto é, todos, exceto um homem. Um jovem chamado Mohammed, o homem que você acabou de ver na sala de espera. Mohammed prontamente concordou com os termos matrimoniais exigidos."

Lembrando do sangue que vi cobrindo o pescoço, os braços e mãos dele, perguntei: "E, então, Mohammed não atacou Noor? Ela foi quem causou aqueles ferimentos que vi nele?"

"Não é tão simples assim, princesa. Noor, de fato, bate no marido, mas Mohammed bate em Noor, também. É uma situação terrível, e alguém será morto."

Minha mente repelia o que ouvia. "Como ela bate nele? Ele tem duas vezes o tamanho dela."

"Ah, Noor é muito inteligente. Ela o ataca enquanto ele está dormindo, batendo nele com tábuas e o arranhando com as unhas fortes."

"Nossa!", murmurei por fim. "O que ela diz serem as razões para bater nele?"

A Dra. Meena suspirou. "Noor está desesperada pelo divórcio e Mohammed se recusa a concordar com isso. Ele é muito preguiçoso. Ele se casou com Noor por todas as razões erradas e tem passado sua vida adulta com uma esposa escrava que faz todo o trabalho. Agora que Noor está velha e não é mais fisicamente capaz de trabalhar como já fez um dia, Mohammed tornou-se muito malvado e está ficando mais violento a cada dia. Noor acha que se ela bater nele o suficiente, ele se divorciará dela. Ela está muito cansada de ser uma escrava para um homem que nunca levantará um dedo para ajudar."

"Então, ele não se divorciará dela porque ele precisa dela para fazer todo o trabalho?" perguntei.

Certamente, se Mohammed desejasse o divórcio, seria muito simples. Qualquer homem saudita pode facilmente se divorciar da esposa dizendo a ela três vezes que está se divorciando dela. Então, ele deve notificar as autoridades sobre seu divórcio. O divórcio para um homem na Arábia Saudita é um ato simples, enquanto, para uma mulher, é uma tarefa muito mais difícil. Geralmente, a sociedade fica contra uma mulher que pede o divórcio e os clérigos, muitas vezes, recusam conceder o pedido dela, dizendo que ela vá para casa e faça o marido feliz. Obviamente, isso havia acontecido com a pobre Noor. Ela não tinha permissão para deixar o homem que a usara pela vida toda. Ela estava sendo forçada a permanecer com ele.

Olhei na direção de Noor. Quando olhei para ela com mais atenção, descobri que ela parecia muito frágil. Certamente, ela era muito velha para gerir uma fazenda. Não surpreende que estivesse tão raivosa.

"Eu realmente não sei o que dizer, Dra. Meena."

"Compreendo, princesa. Mas estou preocupada porque a violência está aumentando. Noor não é mais tão saudável; ela já não pode ser a 'mulher maravilha' rara que já foi. Isso está criando frustração porque ela é incapaz de fazer o trabalho que costumava fazer. Agora, ela percebe que Mohammed nunca a amou. Ele somente desejava que ela trabalhasse e sustentasse a ele e às crianças."

A Dra. Meena parecia estar pensando em voz alta: "O casamento deles foi desequilibrado desde o primeiro dia. Mohammed é uma criatura preguiçosa, feliz por permitir que a esposa administre a família e os negócios enquanto se senta em torno da fogueira e compartilha as histórias beduínas e declama poesias."

A Dra. Meena ergueu a sobrancelha na narração: "A filha dele diz que os irmãos deixaram a área porque não conseguiam mais suportar ver o conflito entre os pais. Todas as crianças têm pena da mãe — e pena do pai.

"Mohammed, de fato, admira Noor e acredita que sua particularidade submissa para o trabalho aumenta o valor dele no povoado. Uma das histórias favoritas dele tem a ver com um dos príncipes Al Sa'ud que visitou a região para uma *Majilis* agendada."

Uma *Majilis* é quando membros masculinos da família real saudita se reúnem com homens sauditas de tribos específicas ou de povoados para ouvir suas queixas, aceitar petições para assistência financeira ou para resolver disputas de terras. As *Majilis* são muito informais, visto que o Corão nos ensina que todos os homens são iguais; portanto, nessas reuniões, os homens se sentem livres para se dirigirem ao príncipe pelo primeiro nome.

"Sim, claro", respondi para a Dra. Meena.

"Parece que quando o príncipe estava tomando café com os homens do povoado, Noor irrompeu reunião adentro abalando o príncipe ao começar a repreender os líderes do povoado, acusando-os de beijar o príncipe na face e xingá-lo quando ele virava as costas. Ela reclamava de que a clínica médica local era administrada tão deficientemente que os médicos lá não eram treinados e suas habilidades eram tão deficientes que os aldeões estavam morrendo sem necessidade. A língua afiada de Noor não perdoou o príncipe; ela lhe disse que recebera cuidados abaixo do padrão por um problema sem importância e que tivera de se curar. Ela disse que conseguiria administrar a clínica melhor do que qualquer médico enviado pelo governo. Ela não sabia quando se calar, e continuou dizendo ao príncipe que pensava que, com tamanha riqueza do petróleo, a família real poderia, pelo menos, gerenciá-lo bem o suficiente para melhorar os serviços médicos simples nos povoados pequenos.

"A situação não melhorou em nada quando o príncipe, que, felizmente para Noor, por acaso foi um homem bondoso e com bom temperamento, pareceu respeitá-la e até disse aos aldeões mais velhos que Noor era uma mulher com uma cabeça boa e que eles deveriam ouvir qualquer conselho que ela pudesse dar."

Meus pensamentos voavam. Inesperadamente, lembrei de Sara compartilhando uma história sobre Assad, seu marido genial. Assad passara muitas semanas frequentando *Majilis* em mais de um povoado próximo de Riade para manter uma conexão íntima com os membros de uma determinada tribo. Assad disse que durante uma visita a um dos povoados uma mulher beduína agressiva surpreendera a todos na reunião quando interrompeu para fazer comentários sobre as instalações médicas disponíveis e sobre a falta de organização por parte dos príncipes reais.

O incidente descrito pela Dra. Meena foi quase idêntico à cena descrita por meu cunhado. Hesitei em compartilhar a informação de que o príncipe envolvido, por acaso, era casado com minha irmã; então sacudi a cabeça sem falar, embora impressionada com quanto nosso mundo é realmente pequeno e como os caminhos humanos se cruzam inesperadamente.

A Dra. Meena e eu olhamos uma para a outra e, em seguida, olhamos para Noor. Ela sabia que estávamos falando dela. Acenei com a cabeça e sorri, mas ela não correspondeu.

Minha compaixão pela situação dela aumentou. Embora Noor fosse forte de muitas formas e se defendesse, sua vida havia sido um grande sofrimento de trabalho árduo. Ela estava velha agora e impossibilitada de manter sua rotina usual. Ela não conseguia escapar do marido — na Arábia Saudita, o marido é o tutor de uma mulher. Ela não poderia simplesmente deixar o povoado e pegar seu caminho. Tal coisa não é permitida em meu país.

"O que você propõe que façamos?", perguntei.

"Eu queria perguntar a você, princesa, se você achava que seu marido poderia enviar alguém do governo para falar com Mohammed e convencê-lo a concordar com o divórcio. Se a situação continuar a piorar, acredito que Noor ou Mohamed irão muito longe com suas brigas. No momento, Noor está usando porretes e, Mohammed, usando as mãos. Porém, em algum momento, um dos dois usará algo mais fatal, talvez um instrumento afiado como um punhal. Embora haja muita coisa de que não goste com relação a ambos, não quero ver nenhum dos dois em suas mortalhas. Se eu não fizer algo, acredito que haverá um assassinato, e eu quero evitar tal acontecimento."

Hesitei. Nunca qualquer homem saudita que eu conheci algum dia interveio entre um homem e sua esposa. A privacidade pessoal relacionada aos homens e aos membros femininos de sua família é considerada fora dos limites.

"Falarei com Kareem hoje à noite, mas não estou esperançosa, doutora."

"Acredite-me, eu compreendo", a Dra. Meena respondeu.

"Por enquanto, o que você fará?"

"Eu vou internar Noor por alguns dias para dar a ambos tempo para se acalmarem. Se seu marido puder pensar em algo que possa convencer Mohammed a se divorciar de Noor, então Noor viverá com uma de suas crianças. Todos concordaram em oferecer a ela uma cama."

Suspirei e, em seguida, disse: "Então, vou embora, doutora. Obrigada por me chamar. Falarei com Kareem esta noite. Telefonarei para você amanhã, com suas ideias sobre o que você me expôs." Ao me preparar para partir, dei à Dra. Meena um olhar astucioso, pois eu deixei essa mulher me compreender melhor do que a maioria e eu acreditava que eu a compreendia. Levantei-me e recoloquei o véu; em seguida, arrumei meus trajes externos.

Parti sem dizer nada a Noor ou a sua filha, embora me sentisse mal por ambas.

Quando estava prestes a deixar a sala, recebi um choque final.

Todos ouvimos Mohammed gritar para Noor, dizendo-lhe, mais uma vez, que ele nunca se divorciaria dela. Noor apareceu em um estalar de dedos, saltando da maca, atirando-se para a porta para abri-la e correndo na direção do marido. Ela pulava para cima e para baixo, batendo na cabeça de Mohammed com os punhos fechados. Quando vi que os olhos dela estavam ameaçadores e negros de raiva do marido, percebi que a Dra. Meena estava certa: Noor seria capaz de matar.

Mohammed ficou de pé e olhou para Noor com um ranger de dentes; então, achei que ele seria também capaz de matá-la!

Felizmente, dois dos assistentes da Dra. Meena intervieram antes que qualquer um fosse seriamente ferido. Dei uma olhada para a Dra. Meena em pé, com os lábios cerrados, balançando a cabeça, consternada.

Saí da sala rapidamente, sentindo-me mais confusa do que me sentira em muitos anos.

Enquanto andava pelo corredor para sair do hospital, sentia meu coração carregado com sentimentos diversos. Queria gritar com qualquer um, mas cerrei os lábios. O ar no hospital estava parado e quente e, após alguns passos, comecei a sentir o suor escorrendo pelo meu pescoço e pelas costas, pequenos fios que pareciam insetos rastejando.

Muitas perguntas e pensamentos cruzavam rapidamente minha mente. Todo casamento era complicado. Qual seria o limite na minha busca por salvar mulheres agredidas? Embora Noor tivesse sido abusada psicologicamente e estivesse agora sofrendo isso fisicamente, ela também era culpada por agredir Mohammed.

E se eu tivesse cometido erros no passado? E se eu tivesse condenado homens inocentes enquanto mulheres coniventes astuciosamente transformavam a realidade das próprias vidas? **A base total de minha vida fora construída na luta contra homens cruéis para proteger mulheres inocentes. Para mim, as mulheres sempre eram a parte inocente; e os homens, os agressores.**

Enquanto eu continuava andando, todos esses pensamentos giravam na minha cabeça. Dúvidas sobre minha capacidade de avaliar situações de abuso se multiplicavam. Lágrimas de raiva embaçavam minha visão e, antes que pudesse sair do hospital e chegar até meu carro, colidi com outra mulher com véu, que gritava como se alguém tivesse enterrado uma faca em seu coração. Eu fiquei tão assustada que cambaleei. Várias mulheres estranhas tentaram me segurar para que eu não caísse, mas escorreguei de suas mãos e me choquei mais uma vez, com a mesma mulher de véu. Eu e ela caímos no ladrilho duro do chão. O véu e o lenço de cabeça dela saíram do lugar e, quando ela levantou a cabeça, o movimento revelou um longo pescoço liso. A túnica dela foi parar nos joelhos, expondo pernas morenas musculosas muito bem-torneadas que claramente pertenciam a uma mulher muito jovem. Quem era ela? Qual era a sua história de vida? Seja ela quem for, era fisicamente muito forte e o provou saltando de uma posição inclinada para ficar em pé sem qualquer esforço. Seria ela uma atleta misteriosa? As mulheres na Arábia Saudita são desestimuladas a praticar esportes; então, algumas meninas treinam clandestinamente em casa para que ninguém do governo fique ciente de seus interesses esportivos.

Fiquei intensamente envergonhada de me encontrar rolando no chão; foi uma das poucas vezes na minha vida em que fiquei satisfeita de usar o véu. Fiquei tão atordoada com tudo que estava acontecendo que levei alguns momentos para me colocar novamente em pé. Muitas pessoas começaram a me perguntar se eu estava bem, mas eu estava à beira das lágrimas, logo, apenas me movi, passando rapidamente entre elas e corri pelo corredor, tropeçando e respirando profundamente. Felizmente, ninguém veio atrás de mim e eu consegui chegar ao meu carro e ao meu motorista assustado.

Nunca me senti tão aliviada de chegar em casa e me retirar para os meus aposentos. Mais tarde, naquela noite, contei a um

Kareem preocupado a razão de ter ido para a cama sem uma palavra e de me sentir tão pessimista; podia sentir uma depressão profunda se apoderando de mim.

Temi até pedir a Kareem para intervir em um casamento, pois já sabia a resposta que meu marido daria. Finalmente, me enchi de coragem e descrevi todos os eventos do dia, detalhando os temores da Dra. Meena com relação a um possível assassinato, o qual, por sua vez, despertara sua solicitação para que eu pedisse a meu marido que intercedesse e convencesse Mohammed a conceder o divórcio à esposa.

Kareem não teve de pensar na resposta: foi um não instantâneo. Ele, como qualquer outro homem na Arábia Saudita, não acredita que um homem possa conhecer a vida de outro homem com sua esposa. O problema é particular.

Kareem também ficou surpreso por eu ter sido chamada pela Dra. Meena em primeiro lugar. "Esse não é o tipo de problema que possa ser resolvido, Sultana. A doutora deve medicar os dois e eles devem ir para casa e resolver seus problemas como marido e mulher. Muitas vezes, você faz milagres, querida, mas não pode interferir entre um homem e uma mulher que vivem como marido e esposa."

"Mas e se um deles matar o outro? Eu nunca me perdoaria. Se Mohammed for morto, então Noor será executada. Se Noor for morta, então Mohammed continuará a sentar-se junto à lareira e entreter seus amigos com suas histórias. Isso não seria certo. Como eu encararia a Dra. Meena?"

"Sultana, você não pode moldar a vida de cada mulher. Se um matar o outro, então, era assim que deveria ser. Seus destinos residem nas mãos de Deus."

Fiquei frustrada por meu fracasso, pois sempre quis intervir e acredito que seja minha obrigação, em qualquer situação em que uma mulher está sendo abusada, mesmo que essa mulher esteja agredindo o marido também.

Quando meus olhos se encheram de lágrimas, Kareem me disse: "Não pense em tentar me fazer sentir culpado, Sultana. Dessa vez, não obterá os resultados que está buscando."

"Não se trata de um truque, Kareem. Estou simplesmente deprimida. Prefiro problemas que são claramente pretos ou brancos. Quando os problemas são nebulosos, cheios de ambiguidades, não sei o que fazer. Esse episódio me levou a questionar muitas decisões que tomei no passado. Agora temo que tenha cometido infinitos erros no trabalho de minha vida. Erros, erros, erros... um erro atrás do outro."

Meu marido era o perfeito contraste para o dia traumatizante que eu tivera. Primeiro, ele me olhou seriamente, antes de beijar minhas mãos e expressar seu amor por mim. Em seguida, ele saiu de nosso quarto por um momento para ir até a cozinha e trazer um copo de meu refrescante suco de abacaxi favorito. Meu marido me passou a bebida antes de se sentar na beira de minha cama. Quando finalmente falou, disse: "Sultana, você confia em mim, querida?"

Fiz com a cabeça que sim, falando em voz baixa: "Sim, eu confio em você."

"Bom. Então, ouça-me. Sultana, tenho vivido cada dia com você há muitos anos. Querida", ele falou, e então se inclinou na minha direção para acariciar meu rosto e olhar nos meus olhos. "Querida, conheço você melhor do que você mesma."

Movi a cabeça ligeiramente.

"Sultana", disse ele com total seriedade: "você, Sultana, é a única pessoa que já conheci que nunca cometeu um único erro."

Fiquei tão surpresa com as palavras de meu marido que engasguei com o suco e tossi por um longo tempo, antes de conseguir voltar a respirar.

Olhei fixamente para Kareem. Observei quando o início de um pequeno sorriso começava a se formar em seus lábios e, sabendo que meu marido estava brincando, repentinamente minha tristeza se transformou em alegria e eu não consegui evitar minha risada.

Ele riu comigo. Rimos alto, como crianças, rimos até eu sentir que nosso riso combinado havia erradicado os venenos que haviam se construído em minha cabeça e em meu coração. Kareem me fez perceber, naquele momento, que todos cometemos erros e, na maioria das vezes, todos tentamos fazer o melhor que podemos nesta vida.

Daquele momento em diante, mais uma vez avancei em minha busca para ajudar as mulheres, embora eu tenha meus olhos abertos para qualquer situação em que um homem está sendo maltratado e, se for assim, me intrometer. Todas as vezes em que tenho dúvidas com relação às minhas ações, meu marido sorri, dizendo-me: "Mas você é uma mulher perfeita que nunca comete erros, então, vá em frente, querida."

Há momentos em que nossos filhos estão na nossa presença quando essas conversas ocorrem e eles trocam olhares que parecem levar a pensamentos de que acham que os pais são ligeiramente loucos.

Algumas pessoas têm uma aversão à alegria, suponho.

Isso é quando Kareem e eu rimos muito livremente, porque as palavras de meu marido nunca falham em me lembrar que sou apenas humana e cometerei erros na vida. Apesar disso, devo lembrar de desfrutar da maior alegria nas minhas vitórias.

Com relação a Noor e Mohammed, uma boa solução foi encontrada sem a ajuda de Kareem ou a minha, para meu alívio. A Dra. Meena sentiu, certamente em curto espaço de tempo, que a medicação poderia ajudar a solucionar a situação e propôs uma medicação para ambos, com drogas que combatiam a ansiedade. Isso provou ser excelente solução, a qual teve um efeito milagroso. A última notícia que a Dra. Meena soube da filha de Noor foi a de que o casal parara com as brigas físicas, embora, de vez em quando, sabia-se que eles praticavam suas habilidades verbais um no outro quando envolvidos em uma briga. Como resultado dessa abordagem mais plácida com relação à vida, o casal se achava mais capaz de discutir e resolver suas diferenças sem recorrer à violência física; eles também negociaram uma divisão mais igualitária de suas cargas de trabalho. O senso comum e a justiça para ambas as partes prevaleceram!

O episódio foi uma boa lição para mim e para a Dra. Meena, visto que agora, frequentemente, lembramos uma à outra de que devemos usar nosso tempo, energia, habilidades e dinheiro para resolver os problemas mais sérios de abuso contra as mulheres na Arábia Saudita.

Capítulo 11
Faria e Shada

Faria e MGF

Pouco depois de ajudar Noor, minha assistência foi necessária novamente. Dessa vez, com uma jovem mulher chamada Faria, que sofrera uma experiência traumática e estava desesperada para escapar da situação. Faria é membro de uma das tribos mais conservadoras do reino, a qual eu não posso nomear por medo de represálias contra a família de Faria. Seriam eles que estariam em perigo, embora não tenham tido nenhum papel na luta de Faria por liberdade; na realidade, eles, muito provavelmente, puniriam Faria, dada a oportunidade, uma vez que seu desejo para deixar para trás sua vida é uma afronta para as mulheres da tribo. Há uma história interessante para a trajetória de Faria, também, pois os homens da família e da tribo dela detestam e desrespeitam minha própria família, os governantes Al Sa'ud. Faria, certamente, seria condenada à morte por tentar entrar em contato com o que esses homens consideram a família mais desprezível do reino.

A família de meu pai, o clã Al Sa'ud, é descendente da tribo Anazah, a qual é uma das maiores e mais antigas tribos na região.

No entanto, ao contrário de muitas tribos, que determinaram há muito tempo manter a pureza de seu clã, os Al Sa'ud têm se misturado com muitas tribos desde o início da década de 1930, quando meu avô, o rei Abdul Aziz, no início de seu governo, conspirou para cimentar alianças políticas casando-se com uma filha de cada tribo na área. Houve algumas tribos que se recusaram a ter uma união com minha família — os laços tribais são profundos na Arábia Saudita, com muitos homens leais às suas tribos primeiro e ao país em segundo lugar; portanto, há tribos na Arábia Saudita, hoje, que não sentem nenhuma lealdade aos seus governantes Al Sa'ud; eles ficariam contentes se nossa família fosse destronada e novos governantes se instalassem, e se fosse de todo possível, que os governantes procedessem de suas próprias tribos.

No entanto, a ideia de meu avô era brilhante, pois casamento e filhos, geralmente, desenvolvem sentimentos corteses até entre as tribos mais antagônicas. Os anos provaram sua genialidade nessa questão, pois o sucesso e a riqueza de muitas tribos na Arábia Saudita estão intimamente conectados às de seus governantes. A maioria das desavenças dos Al Sa'ud ocorreu com as tribos que rejeitaram aquele primeiro elo com meu avô.

Os homens da tribo de Faria nunca, na realidade, se misturaram com outras tribos por meio do casamento e consideram-se os mais puros de quaisquer das tribos regionais. Como não sentem qualquer parentesco com outras tribos, eles acreditam que têm o direito, ou até mesmo a obrigação, de desrespeitar proibições ou infringir leis governamentais das quais eles discordem. A mutilação genital de mulheres é uma das proibições que eles ignoram.

Meu avô proibiu as formas mais extremas de circuncisão masculina durante seu primeiro governo, assim como toda circuncisão feminina, conhecida melhor atualmente como mutilação genital feminina (MGF). A tribo de Faria ainda inflige esse ritual medonho às suas mulheres.

Embora haja 29 países listados pela Organização Mundial de Saúde (OMS) onde a MGF é comum, há outras áreas em que a prática existe, mas afeta um número tão pequeno de indivíduos que os países em questão não são registrados em tais listas. Li muitos relatórios escritos por ocidentais que dizem que a MGF não ocorre mais na Arábia Saudita, mas isso não é verdade. Embora a prática seja ilegal e o número de mulheres afetadas é reconhecidamente pequeno — somente duas tribos sauditas e várias populações imigrantes assentadas em nossa terra ainda mantêm o costume —, cada caso de MGF é uma tragédia pessoal que exige nossa atenção.

Como disse, há duas tribos específicas em minha terra cujas meninas estão em perigo de MGF. Esse fato é desconhecido da maior parte do mundo, mas quem pode interferir em decisões centralizadas em torno das mulheres da Arábia Saudita por seus homens? Ninguém tem a capacidade para impingir leis, com respeito às mulheres, em uma tribo desafiante, nem mesmo os homens que governam a Arábia Saudita. Por quê? A razão é simples. Primeiro, e sobretudo, os relacionamentos entre homens e mulheres na Arábia Saudita são considerados restritos e privilegiados. Segundo, a felicidade da vida de uma mulher nunca é levada em conta. Na realidade, a vida feminina não é particularmente importante, de forma alguma. Os homens de minha família nunca iriam guerrear contra qualquer tribo só para assegurar a proteção das mulheres. As questões relacionadas às decisões familiares que dizem respeito às mulheres são consideradas exclusivas da família, até aos olhos de nosso governo central. Muitas coisas nocivas continuam a acontecer para as mulheres porque os governos pelo planeta não estão preocupados com a segurança e o bem-estar de meu gênero.

Para os que não sabem, a OMS descreve a MGF como um procedimento que intencionalmente altera ou causa danos aos órgãos sexuais femininos por razões não médicas. A OMS ainda relata que:

- O procedimento não traz nenhum benefício para a saúde das meninas e mulheres.

- Os procedimentos podem causar sangramento intenso e problemas urinários e, mais tarde, cistos, infecções e infertilidade, assim como complicações no parto e aumento do risco de nascimentos prematuros.
- Mais de 125 milhões de meninas e mulheres vivas atualmente foram mutiladas em 29 países na África e no Oriente Médio, onde a MGF está concentrada.
- A MGF é, na maioria das vezes, realizada em meninas jovens, a qualquer momento, entre a infância e a idade de 15 anos.
- A MGF é uma violação dos direitos humanos de meninas e mulheres.

Embora muitas pessoas desinformadas acreditem que a MGF significa apenas uma pequena incisão, isso não é verdadeiro. Na maioria dos casos, a MGF envolve remoção parcial ou total dos órgãos genitais externos femininos, criando sérios danos ou até a morte em jovens meninas e mulheres. A prática é bárbara e não tem base persuasiva em qualquer religião, embora muitas meninas que foram submetidas ao brutal procedimento sejam da fé muçulmana.

Frequentemente, são as mães que insistem que as filhas sejam mutiladas, por diversas razões. Muitas mães que foram cortadas quando crianças acreditam que aquilo que foi muito bom para elas também será o melhor para as filhas. Desejando que as filhas permaneçam castas, elas acreditam, erroneamente, que a incisão genital limita o comportamento sexual. Outras mulheres na tribo fazem as mães se sentirem desleais à cultura delas, caso decidam não cortar as filhas.

Desde bebês de duas semanas a meninas da idade de 16 anos são mutilados. A maioria não recebe nem anestesia. De modo revoltante, suas genitálias são cortadas por uma mulher não treinada ou por um homem usando tesouras sujas ou lâminas cegas. Os instrumentos usados para realizar os procedimentos são utilizados em várias vítimas, sem qualquer esterilização.

Foi isso que aconteceu a Faria. A jovem mulher chegou até Nadia após ter sido internada no hospital com hemorragia e infecção. Faria havia sido levada para lá pela família só quando estava quase morrendo; o medo os estimulara a buscar atendimento médico. A infecção estava tão espalhada e séria naquele momento que a equipe do hospital prognosticou que ela não passaria daquela noite. No entanto, Faria superou as expectativas médicas. A cada noite, eles anunciavam que Faria não sobreviveria uma noite mais, e a encontravam viva quando retornavam aos seus plantões na manhã seguinte. Faria venceu as adversidades e se apegou à vida preciosa.

Sua força de vontade para viver logo estimulou o interesse dos médicos e enfermeiras ocidentais, que começaram a dedicar mais horas extras aos seus cuidados. Após uma semana de atenção médica extensiva, Faria acordou em uma UTI, surpresa ao descobrir que ainda estava viva.

Um dos médicos britânicos responsável pelos cuidados de Faria estava familiarizado com a história de nosso país. Embora soubesse que os imigrantes de outras nações, inclusive mulheres da Indonésia e do Egito, por exemplo, eram, frequentemente, internadas nos hospitais para cuidados médicos necessários resultantes de questões de saúde recorrentes causadas pela MGF, ele raramente via meninas ou mulheres sauditas que tinham sido circuncisadas. Faria foi uma das primeiras. Ciente de que a prática havia sido proibida muitos anos antes, ele ficou preocupado com outras jovens meninas na área. Devido às suas preocupações, ele notificou Nadia e mencionou que uma intervenção por meio dos serviços sociais era apropriada.

Mais tarde, Nadia disse que isso chamou sua atenção e despertou seu interesse, pois nunca trabalhara em um caso de MGF, embora soubesse de muitas histórias sobre mulheres internadas por causa dos efeitos de longo prazo da incisão infantil; muitas mulheres sofrem terrivelmente pela vida toda após terem sido vítimas de MGF.

Há infecções constantes devido ao fluxo anormal de urina. A maioria das vítimas desenvolve cicatrizes que cobrem sua vagina, o que torna o sexo extremamente doloroso. Há problemas muito grandes durante a gravidez e o parto. As mulheres com as cicatrizes têm partos longos, os tecidos se rompem e sangram intensamente. Todos esses problemas causam estresse para a mãe e para o bebê. Além desses problemas físicos, há os psicológicos e os emocionais, uma vez que o procedimento é, geralmente, realizado em meninas muito jovens que não têm ideia do porquê estão sendo restringidas e mutiladas tão violenta e dolorosamente.

Sabendo que o assunto é tabu na Arábia Saudita, Nadia escolheu, cuidadosamente, o melhor momento e foi visitar Faria no quarto do hospital quando Faria estava sozinha. A primeira vez que Nadia conversou comigo, ela relatou: "Foi difícil fazer Faria falar, mas, assim que começou, ela descreveu nos mínimos detalhes o que havia acontecido com ela. Eu não ousei interromper."

Faria contara aos prantos para Nadia a história de sua incisão.

"Fui estúpida. Eu deveria ter lutado contra eles. Deveria ter fugido para o deserto. Meu destino, sozinha no deserto, teria sido menos traumático do que o que sofri enquanto estava sob a proteção de meus pais.

"Eu fora informada sobre as incisões, o momento maravilho de se tornar mulher, então, aceitei relutantemente que devia passar por isso. Uma vez, quando fiquei em dúvida, minha mãe disse furiosamente que se me recusasse, eu me tornaria uma aberração. Ela alegava que as minhas partes femininas, meu clitóris, continuaria a crescer, até ficar imenso, do tamanho de um pênis masculino. Eu seria ridicularizada. Eu seria considerada impura. Nenhum homem concordaria em se casar comigo. Minha mãe e minhas irmãs mais novas seriam desdenhadas.

"A ideia de ter um clitóris tão grande quanto um pênis me convenceu, e eu aceitei que deveria fazer tudo que pudesse para evitar tal destino. À medida que o momento para eu fazer a incisão se aproximava, até fiquei um pouco empolgada. Uma grande festa fora planejada para as meninas que iam passar pelo procedimento. Nossos pais compraram presentes especiais para a grande ocasião. Algumas das meninas programaram fazer a incisão ao mesmo tempo que suas amigas. Seríamos honradas, introduzidas na sociedade de mulheres, ou assim nos era dito.

"Também nos foi contado um conto de fadas. Prometeram-nos felicidade infinita. Após a incisão e a cicatrização bem-sucedidas, ficaríamos noivas. Casaríamos com um homem lindo em um ano e seríamos esposas e mães felizes. Que mulher não deseja casar e ter filhos?

"A festa correu muito bem, embora eu começasse a me sentir nervosa quando muitas de minhas amigas que fariam a incisão começaram a tremer e chorar. Essas meninas estavam mais informadas, pois tinham irmãs mais velhas que as advertiram sobre a dor e o sangue. Aquelas meninas estavam apavoradas, pois sabiam o que as esperava.

"Eu era a filha mais velha na minha família, então, não havia ninguém para me advertir. Embora minha mãe tivesse passado pela incisão quando era uma jovem menina, isso havia sido há muitos anos e sua memória falhara. Ela parecia ter esquecido o horror de tudo aquilo. Minha mãe não era do tipo de falar sobre assuntos íntimos, de qualquer maneira. Embora eu tivesse a impressão de que o procedimento poderia doer um pouco, fui assegurada pela minha mãe de que a incisão e a dor seriam rápidas, como uma picada aguda no meu braço. Ela alegou que as recompensas valeriam muito qualquer desconforto. Minha mãe mentiu.

"Quando chegou a hora, nós seis fomos conduzidas do saguão de festa para uma sala adjacente por mulheres que não conhecíamos bem. Duas outras mulheres esperavam por nós. Havia seis tapetes colocados lado a lado no chão e fomos informadas de que deveríamos tirar as calcinhas e deitar no tapete. Fizemos como fomos instruídas, sem questionar.

"Peguei meu lugar em um tapete localizado no meio, desejando saber o que estava vindo, pois supunha que as mulheres começariam com uma menina de um dos lados primeiro. Fiquei mais apavorada a cada minuto porque podia sentir o medo, o medo de minhas amigas, as que haviam sido alertadas de antemão pelas irmãs.

"Pediram-me que levantasse meu vestido até a cabeça, deixando minha bunda nua. Também me foi dito que eu levantasse e abrisse as pernas. Fiz o que me mandaram, embora meu coração estivesse palpitando de medo; tudo que eu queria fazer era pular daquele tapete e fugir. Mas havia uma mulher sentada ao meu lado, as mãos dela nos meus ombros, pronta para me desencorajar a fugir.

"As duas mulheres que esperaram por nós eram as cortadoras dos órgãos genitais. Então, elas estavam prontas, posicionadas com tesouras grandes nas mãos. A atividade de corte começou quase imediatamente. Gritos agudos misturados com lamentos dos meus dois lados. Quando a gritaria histérica não cessou, eu decidi que era hora de ir embora. Sentei. A mulher que me acompanhara para a sala segurou meus ombros e me empurrou de volta para deitar no tapete. Eu não notara até aquele momento que todas as mulheres designadas para as meninas adolescentes eram mulheres muito grandes, fortes, que haviam sido escolhidas para dominar jovens meninas.

"E, então, minha hora chegou. Primeiro, senti mãos entre minhas pernas e dedos fortes agarrando uma pequena parte de meus órgãos genitais. Essa parte de meu corpo foi dolorosamente puxada e esticada; em seguida, senti o metal da tesoura. Foi quando senti uma dor excruciante. Imaginem, se puderem, eu sendo operada sem anestesia. Minha carne sendo cortada sem a ajuda de qualquer agente entorpecedor para anestesiar a dor. Comecei a gritar. Não conseguia parar. A agonia se intensificou quando aqueles dedos exploradores agarraram outra pele solta em minha área íntima. Toda a minha pele lá embaixo foi retalhada, até eu ficar lisa. Senti que estava sendo cortada em pedaços. Alguém começou a me costurar com uma agulha grande e linha.

Isso, também, foi pavorosamente doloroso, e, naquela altura, eu estava à beira de desmaiar.

"Os pontos não pararam o sangramento. Não importava o que eles fizessem, sangue quente esguichava do meu corpo. Senti o líquido fazendo poça embaixo de mim. Alguém começou a pedir gaze, que foi enfiada e comprimida dentro do meu corpo. Tenho a lembrança de ser levada para uma sala pequena onde eles colocam os bebês e as meninas que sofreram os efeitos colaterais mais graves, tais como hemorragia descontrolada. Vagamente, me recordo de ouvir berros ensurdecedores de bebês e jovens meninas. Tenho certeza de que meus gritos se misturaram aos gritos deles.

"Acreditei verdadeiramente que morreria, mas a dor era tão aguda que recebi com prazer a morte como um alívio. Perdi a consciência logo após ser levada para aquela sala, e quando recobrei a consciência, estava em um outro lugar, sendo tratada por enfermeiras de voz muito suave e médicos. Ainda estava delirando de dor, mas ouvi vários fragmentos de conversas. Compreendi que tinha quase morrido por causa da quantidade de sangue que perdi. Ouvi duas enfermeiras sussurrando que eu não mais pareceria uma menina, visto que tudo que Deus dá para as mulheres nas suas partes íntimas havia sido retirado de meu corpo.

"Minha mãe me prometera sonhos femininos, casamento e filhos, mas, em vez disso, ela pagara para me transformar em uma mutilada sem as partes do corpo cruciais para viver a vida de uma esposa e mãe satisfeita."

As lágrimas de Nadia interromperam a história de Faria nesse ponto. Eu lutava para não chorar, também. Nadia era inocente em relação à mutilação genital das mulheres, mas eu estava ciente de muitos aspectos desse ritual bárbaro, visto que muitas de minhas irmãs mais velhas haviam passado pelo procedimento nos dias logo após a prática ser proibida, quando as notícias daquela proibição ainda não haviam chegado aos ouvidos de todas as mães no reino.

Minha mãe e meu pai nasceram em tribos diferentes. A família de meu pai viveu na região de Najd, onde nunca praticaram a tradição primitiva de cortar os órgãos genitais femininos. No entanto, esse não foi o caso na tribo de minha mãe. Nos tempos antigos, a tribo de minha mãe ainda seguia a tradição do ritual de incisão, embora isso tenha cessado completamente durante a década de 1950. Tragicamente, minhas irmãs que nasceram antes de 1955 foram sujeitas ao pesadelo da mutilação genital; as irmãs mais novas, inclusive Sara e eu, foram poupadas.

Minha irmã mais velha uma vez me contou os detalhes de sua incisão genital. Fiquei totalmente horrorizada, mas satisfeita por meu avô ter visto ser adequado banir a prática durante a parte inicial de seu reinado, após ter pessoalmente testemunhado a circuncisão explícita de um jovem menino cuja pele foi esfolada de seu pênis até os joelhos. Ele soube, então, que algumas tribos seguiam a tradição de uma incisão semelhante em suas mulheres. Meu sábio avô baniu instantaneamente as duas práticas repulsivas, embora algumas tribos escolham ignorar suas ordens; então, jovens meninas como Faria são forçadas a sofrer o insuportável até mesmo hoje.

Nadia ficou muito angustiada e emotiva ao contar a história de Faria e eu acariciei as mãos dela, oferecendo o pouco de conforto que conseguia oferecer. Lembrando de meus pesadelos quando soube pela primeira vez sobre a mutilação feminina, compreendi sua emoção. Porém, voltando à importante tarefa à mão, perguntei: "O que acontecerá com Faria, Nadia? Você sabe?"

"Princesa, quando informei a Faria que era do serviço social e que estava lá para ajudar a orientá-la em seus planos futuros, ela falou sem nem mesmo pensar que tinha de fugir de sua família. Ela está fervendo de raiva pela própria mãe a ter empurrado para tal tortura. Ela diz que se for forçada a retornar para casa, será forçada a um casamento arranjado. Agora, ela está muito amedrontada e contra o casamento prematuro. Seu medo deriva do fato de que os médicos lhe disseram que ela terá de enfrentar um grande número de problemas oriundos do que lhe aconteceu, com relações sexuais dolorosas sendo um dos mais preocupantes.

"Seu único desejo, agora, é parar a mutilação de mulheres. Ela sabe que deve terminar sua educação para que possa se tornar uma perita legal, talvez uma advogada, e trabalhar incansavelmente para evitar que esse tipo de abuso continue."

"Ela está falando a partir de uma emoção recente acerca desse evento em particular ou você acredita que ela esteja totalmente calma na mente e no coração?", perguntei.

Nadia fez uma pausa, lembrando-se da conversa com Faria. "Princesa, eu me reuni com Faria três vezes, e tenho certeza de que ela está falando já tranquila e decidida e não a partir de um estado emocional."

Nadia olhou a distância, lembrando-se do que ouvira da jovem vítima, antes de olhar nos meus olhos. "Se ela estiver, de fato, certa dessa decisão, o que você acha que poderia acontecer para ajudarmos a alcançar tal objetivo? Se eu for até ela com um plano, talvez ela revele mais de si para mim."

"Você está muito certa, Nadia. Tudo isso é muito recente para Faria. É possível que ela queira ter o consolo da mãe por uma semana. Nós não a apressaremos, claro. Por favor, telefone para minha filha Amani, para que você possa organizar um encontro privado entre minha filha e essa jovem mulher. Minha filha, atualmente, está envolvida com todos os aspectos de meu trabalho e tem uma mente perspicaz. Assim que Amani se encontrar com Faria, ela falará comigo e, então, desenvolveremos uma solução viável de acordo com as emoções já estabilizadas e os verdadeiros desejos de Faria."

Nadia ficou satisfeita, visto que ela e Amani haviam se relacionado bem, ambas confiando uma na outra. Eu desejava muito que Amani assumisse total responsabilidade e não simplesmente seguisse minhas instruções. Eu me senti mais do que satisfeita por ter aberto mão do controle total de meu trabalho para que minha filha se sentisse uma verdadeira participante.

E, então, eu me esforcei para desviar minha mente dos horrores que Faria sofrera. Não tive muito tempo para me estender nos problemas daquela jovem mulher porque meu marido chegou correndo em nossa casa para me contar sobre uma mulher saudita, filha de um de seus empregados. A pobre menina havia sido presa por um crime muito sério.

Shada e os esquadrões antibruxaria e feitiçaria

Embora eu saiba que há muitas mulheres sauditas em situações graves, cada infortúnio trazido à minha atenção sempre parece ser o mais urgente. Porém, no caso bizarro de Shada, eu sinceramente senti que seria incapaz de salvá-la de determinada execução.

Shada é filha de um dos empregados leais de Kareem, que trabalha como assistente de mecânico na garagem de nossa família, localizada em nossa ampla propriedade em Riade. Embora a maioria das propriedades reais no reino sejam equipadas com todos os aparatos necessários para dar assistência a uma cidade pequena, inclusive clínicas médicas, cocheiras para cavalos, amplos pátios para recreação, oficinas para consertos de carros, restaurantes e mesquitas, Kareem dedicou atenção especial para nossas instalações para consertos de carros. Ele organizou o prédio da garagem após Abdullah chegar à idade de ter e dirigir o próprio veículo. Por acaso, a construção do prédio de nossa garagem não estava totalmente terminada quando nosso filho Abdullah visitou uma oficina de serviços local em Riade para consertar seu veículo. Foi então que ele se envolveu em um incidente muito desagradável, o qual relatarei aqui como um curto comentário.

Imediatamente após chegar à loja, nosso filho foi abordado por um mecânico muito furioso, que estava agredindo fisicamente seu chefe saudita com uma grande chave inglesa de aço. Ao ver o mecânico segurando a chave inglesa e atacando o proprietário da oficina, Abdullah tentou retirar a chave das mãos do homem. Porém, o mecânico era forte e teve força para manter sua arma. Na luta, a chave inglesa caiu na cabeça de meu filho. Embora Abdullah conseguisse manter-se de pé, sua cabeça foi golpeada. Naquele momento, muitos outros clientes interviram, e meu filho foi salvo de ser espancado mais seriamente. Está claro que o mecânico estava muito furioso e determinado a machucar seriamente seu patrão ou qualquer um que cruzasse seu caminho.

Mais tarde descobrimos que havia uma razão para a fúria do homem. Seu patrão saudita se recusara a pagar seu salário havia mais de um ano e a esposa e os filhos do homem estavam sofrendo em seu país natal, pois não tinham dinheiro para comprar alimentos e gêneros de primeira necessidade para sobreviver. Além dessa infelicidade, o chefe saudita se recusava a permitir que qualquer de seus empregados deixasse seus empregos e voltasse para seus países de origem até que trabalhasse por dois anos completos de seus contratos.

É um fato triste que, na Arábia Saudita, haja um número de sauditas muito ricos que ficam cada vez mais ricos ainda contratando pessoas pobres de países de todas as parte do mundo, exigindo que eles deixem suas casas e viajem para o reino para trabalhar e ganhar dinheiro para sustentar suas famílias. Os empregadores sauditas não têm de pagar quaisquer despesas, visto que as pessoas pobres pegam emprestado dinheiro para pagar os agentes em seus países para encontrar emprego no exterior. Geralmente, eles têm de pagar as despesas de viagem para o reino, também. Assim que essas pessoas chegam ao país, seus passaportes são confiscados pelos empregadores sauditas. A partir desse momento, os empregados estrangeiros ficam à mercê de empregadores inescrupulosos, que não têm nenhuma intenção de pagar seus salários. Embora o empregador providencie as mais básicas acomodações e alimentação suficiente para seus trabalhadores, muitos não pagam os salários mensalmente, como acordado no contrato. Uma vez no reino, um empregador pode alegar que está segurando os salários até o final de seus contratos; nesse ínterim, aqueles empregados não têm recursos financeiros para enviar à casa deles, para seus familiares.

É um escândalo vergonhoso que tais coisas criminosas sejam comuns em meu país. Eu conheço até membros da família real que agem assim com seus trabalhadores, e essas pessoas têm mais dinheiro do que um banco repleto de funcionários pode contar. Não sei o que dizer, a não ser que é perverso e antiético. Como desejo que existissem leis para proteger essas pessoas tão trabalhadoras, mas, em meu país, os pobres não têm voz. É por isso que os nobres de coração mole muito frequentemente tornam-se a voz dos indigentes e indefesos.

Certamente, a fúria do mecânico estrangeiro não lhe rendeu nada de bom; na realidade, rendeu-lhe uma longa condenação na prisão. Só Alá sabe o que teria acontecido à família daquele homem se não fosse a ação caridosa de meu filho. Assim que Abdullah soube dos detalhes do caso e que o proprietário saudita da oficina havia abusado de sua equipe e retido seus salários, ele se sentiu descontente com aquele homem e com pena dos funcionários. Meu filho contratou um advogado saudita para obter permissão para interrogar o homem enviado à prisão. Assim que ganhou a confiança do homem e conseguiu as informações de contato da família, Abdullah planejou para que a família recebesse duas vezes o salário do homem pelo período de sua condenação na prisão.

Atualmente, o expatriado indignado que outrora odiou todos os sauditas, e até tentou machucar Abdullah, respeita e ama meu filho, um homem saudita.

Alá abençoou meu filho com um bom coração e Abdullah nunca conseguiu suportar a exploração de qualquer ser humano e, certamente, não quando a agressão é tão ofensiva que uma pessoa fica enlouquecida e deseja lutar mesmo sabendo que seu ato lhe renderá a prisão ou até uma pena de morte. Tal atitude é o comportamento de uma pessoa que está desesperada e não tem para quem se dirigir.

Felizmente, Abdullah não foi seriamente ferido naquele ataque, mas Kareem quase perdeu a cabeça supondo o que poderia ter acontecido. A voz de Kareem era alta e aguda quando me contou a história, dizendo: "Nosso filho poderia ter sido morto, Sultana. É um assunto sério ser agredido na cabeça com uma chave inglesa."

Atualmente, temos nossa própria garagem e trabalhadores da Alemanha e dos Estados Unidos muito bem-treinados, que são bem-pagos e que estão muito felizes com esta família saudita. Há cinco ou seis homens sauditas que auxiliam esses mecânicos especializados.

E, então, voltarei à história bizarra da pobre Shada, filha de um dos assistentes mecânicos sauditas de Kareem. Embora não a conhecesse pessoalmente antes do incidente que ameaçou sua vida, eu a tinha visto algumas vezes a distância e sabia que era uma menina muito tímida. Visto que ela era apenas uma aluna de colégio e não trabalhava para nossa família, eu não tinha oportunidade de conversar com ela. Eu ouvi falar mais sobre o pai dela, pois meu marido elogiava o homem com relação à sua atenção aos detalhes e seu comportamento tranquilo.

No entanto, isso tudo mudou quando Kareem irrompeu pela porta naquele dia, dizendo-me que havia uma emergência séria que tinha de ser tratada — e ela envolvia Shada.

Para desviar minha cabeça dos problemas de Faria, estive lendo um relatório interessante sobre os acontecimentos atuais na Índia, onde alguns homens pareciam ter perdido a cabeça e acreditado que qualquer mulher andando pela rua estava disponível para ser estuprada. Contudo, o rosto ansioso de Kareem atraiu minha atenção, então, eu me sentei e ouvi atentamente o que ele tinha a dizer, colocando os papéis sobre minha mesa para ler depois.

"O que aconteceu?", perguntei.

Kareem estava quase incoerente, mas, finalmente, me contou que a filha de um de seus empregados favoritos estava na prisão, que os clérigos estavam dizendo que o crime que cometera significava que ela perderia sua cabeça. Shada fora acusada de ser uma bruxa.

Isso era muito preocupante, mas, antes de relatar a história que Kareeem me contou, creio ser importante discorrer um pouco sobre a vida da casa de Shada e também explicar alguns fatos muito perturbadores sobre bruxaria e feitiçaria que dominam de modo crescente determinadas partes da sociedade saudita.

A mãe de Shada fica em casa com a família. Mãe de cinco filhos, ela se mantém ocupada do momento em que o sol nasce até ir dormir à noite. O pai de Shada parecia ocupado com o trabalho e economizava tudo que podia porque Kareem dizia que ele gostava de dizer que os anos estavam passando correndo para ele e logo seria um homem velho.

Os que trabalham para nós têm acomodações limpas em nossa propriedade e não têm despesas com serviços de utilidade pública ou transporte. Kareem fornece o básico de alimentação, como arroz, batata, feijão, chá, café e frango. Várias vezes no ano os empregados ganham carneiros e camelos, para as festas. Há um lindo e grande lote onde eles podem plantar verduras e legumes para complementar suas dietas. Todos podem escolher as roupas que fornecemos para nossos empregados, mas se eles quiserem algo especial, devem gastar os próprios recursos com esses extras. Temos instalações para primeiros socorros em nossa clínica e, a menos que haja um problema de saúde mais sério, todas as necessidades relacionadas à saúde deles são atendidas nas dependências do palácio. Há dois anos, Kareem mandou construir uma clínica dentária que foi inaugurada recentemente; logo, atualmente, temos dois dentistas na equipe.

Com quase todas as necessidades atendidas, o pai de Shada economizou a maior parte de seu salário para que um dia pudesse se aposentar. Seu sonho era voltar para o povoado de origem e construir uma casa modesta, com recursos suficientes para sustentar o imprescindível na velhice.

A família achava que era muita sorte viver e trabalhar para um príncipe nas atuais circunstâncias. E eles estavam duplamente encantados em trabalhar para um príncipe que nunca os enganara com relação ao dinheiro ganho arduamente. Eles sabem que muitos cidadãos pobres que trabalham para os nobres não são tão afortunados.

O incidente bizarro que levou à prisão de Shada aconteceu quando ela visitava um dos centros comerciais mais novos em Riade, um shopping frequentado por pessoas de todas as classes sociais, dos sauditas mais afluentes aos trabalhadores expatriados mais pobres de vários países em desenvolvimento. Essas pessoas, de diferentes classes socioeconômicas, quase se esbarram umas nas outras enquanto passeiam pelos corredores observando as vitrines das lojas exclusivas que exibem as roupas e as joias mais caras, embora elas nunca tenham a oportunidade de se conhecerem ou de interagirem umas com as outras.

Shada nunca estivera em nenhum centro comercial — ela não é uma menina que tem dinheiro para ir às compras; portanto, não há razão para ela dar uma volta em um mundo de sonhos. Aparentemente, nessa ocasião, os pais de Shada permitiram que ela fosse ao shopping com outra família que eles conheciam. Como disse, essa era sua primeira visita ao centro comercial, e foi sua ingenuidade que a levou à crise.

Soube que Shada ficou tão tocada pelo que via que não conseguia parar de olhar fixamente para todos e tudo. Isso é considerado um mau hábito na Arábia Saudita, onde as pessoas defendem sua privacidade com muita determinação e, sobretudo, a privacidade das mulheres.

Ao entrar em uma loja de lingerie e ver o que ela disse ser a mulher mais bonita do mundo — uma jovem mulher saudita que havia se desvencilhado de seu véu enquanto estava na privacidade da loja —, Shada se aproximou dessa mulher e ficou observando com admiração e de boca aberta o rosto dela. Ela também olhou com cobiça a capa da mulher e foi longe demais a ponto de se curvar para examinar seus sapatos, feitos por estilistas caríssimos.

A mulher saudita ficou muito ofendida, até perturbada, e, cobrindo-se rapidamente, saiu correndo da loja para localizar os pais, que estavam tomando um café ali perto. O pai, assustado, chamou a polícia, e quando Shada saiu da loja de lingerie, foi cercada e presa. No início, a polícia disse que Shada se aproximara sorrateiramente da jovem mulher e que seria acusada de ser molestadora, o que é um crime sério em meu país.

Infelizmente, a essa altura, a beldade saudita alegava ter ficado enjoada e vomitou no chão. Nesse ponto, Shada, que era simples a ponto de chegar próxima da estupidez, ajoelhou-se e tentou limpar o chão com um lenço que tinha nas mãos, o qual tinha alguns pontos de bordado. De fato, Shada estendeu a mão para tocar a beldade, tentando lhe dizer que sentia muito, mas que ela era tão bonita que não conseguia tirar os olhos de seu rosto, que não sabia que beleza semelhante existia.

Então, a mãe da beldade ficou histérica e gritava para a polícia que Shada segurava um lenço com um cântico bordado nele, dizendo que Shada, na realidade, era uma bruxa que tentara pegar o vômito da filha para fazer um feitiço. A mãe alegava que todas as mulheres tinham inveja da beleza da filha e, obviamente, essa bruxa planejava assassinar a filha fazendo um feitiço ou recitando um cântico.

Eu realmente não sabia o que dizer. Nos últimos anos, ouvi falar muito sobre essa nova e assustadora tendência na Arábia Saudita, mas essa era a primeira ocasião em que alguém que trabalha para nossa família havia caído nessa armadilha lunática.

"Bem, onde está Shada agora?", perguntei a Kareem.

"Na prisão. Quando o pai dela foi notificado, ela já havia sido presa e acusada."

"Qual é a acusação?"

Kareem quase gritou: "Bruxaria! A tola menina está sendo acusada de ser uma bruxa!"

"O que podemos fazer?"

"Não sei, Sultana. Esse é um assunto delicado."

"Sim."

Kareem desmoronou na cadeira. Não vira meu marido tão perturbado há muito tempo. Ele me encarou com dor nos olhos. "Os pais de Shada estão inconsoláveis. Mais problemático ainda: eles acreditam que eu possa fazer uma ligação telefônica e tudo ficará bem. Eu realmente não sei o que posso fazer."

Olhei para o relógio. "Você não pode fazer nada nesta noite, marido. Está tarde."

Kareem respirou ruidosamente. "Detesto o que está acontecendo em nosso país. Há uma loucura nos envolvendo. Não sei o que será necessário para não permitir que esse escorregão se torne total loucura. Bruxas e bruxaria! Esses homens selvagens estão lançando uma sombra sobre nosso país, e sobre nós!"

Embora a maioria acredite que a família real possa fazer tais problemas desaparecerem com um estalar de dedos, isso não é verdade. As autoridades religiosas são tão poderosas na Arábia Saudita que até nosso rei lida com elas com delicadeza. Embora seja mais influente do que eles, ainda deve selecionar suas batalhas com cuidado. Nem Kareem nem eu conseguiríamos ganhar tal confronto com os homens da religião, nem mesmo para salvar a vida de Shada.

Kareem notificou um de seus gerentes para ficar à noite na casa de Shada, para confortar os pais dela. Ele deixou instruções para que fizesse o que pudesse na manhã seguinte.

Nosso sono foi cortado e, quando a manhã chegou, não estávamos descansados.

Ao sair de nossa casa, Kareem era um homem com um propósito. Ele estava indo reunir vários de seus primos mais influentes para pedir seu conselho. Pelo que se viu depois, seus primos não quiseram ser associados ao caso, visto que também estavam cientes de que qualquer ocorrência associada a bruxas e feitiçaria é uma questão muito ofensiva na Arábia Saudita, a menos que se vá se juntar à loucura e entregar novas vítimas para as autoridades religiosas torturarem. Em tal caso, os homens da religião seriam solícitos e amigáveis.

Em pouco tempo Kareem achou que seria necessário contratar um dos advogados mais respeitados em nosso país para defender Shada — um homem cuja própria segurança não estava garantida, mesmo com o apoio da família real. Ele ficou cada vez mais receoso pela própria segurança — os homens da religião olhavam furiosos para ele no tribunal e o juiz o ameaçou com uma sentença de prisão por longo tempo por representar uma bruxa! É terrível para todos os sauditas que, muitas vezes, os advogados que representam as vítimas sejam colocados em prisões para se juntarem aos clientes.

Um pesadelo horrível pairava sobre nós. Tudo em nosso país se move sem pressa — e nada é mais assim do que o sistema judicial. Kareem e eu nos encontrávamos presos em uma armadilha, em um limo de apreensão e tormento. Fomos informados pelo advogado que meu marido contratara que Shada fora considerada culpada e seria executada por decapitação.

Poucas pessoas do Ocidente estão cientes de que a maioria dos muçulmanos são muito supersticiosos e acreditam em bruxos, magia negra, mau-olhado e espíritos e demônios da crença maometana, os quais são seres sobrenaturais que tentam amedrontar ou até ferir bons muçulmanos.

Desde a minha infância, até eu fui avisada sobre o mau-olhado e sobre os seres sobrenaturais, embora meu pai ficasse aborrecido se alguém mencionasse os demônios da crença maometana em sua presença. Embora não fosse muito instruído, ele era inteligente e afirmava que os demônios da crença maometana existiam somente na mente, não na vida física.

Não conhecia nenhum detalhe real sobre bruxaria e feitiçaria até casar e descobrir que minha sogra era uma ávida crente no poder da magia negra. Ela, como muitas mulheres nobres sauditas que têm muito tempo livre, obtém alegria por meio do sobrenatural. Minha sogra até influenciou Maha, que passou por um período praticando a magia negra, mas Kareem e eu a desencorajamos tanto que ela logo esqueceu o assunto.

Há ocasiões em que as histórias sobre feitiçaria e magia negra me fazem rir, tal como o tempo, em meados da década de 1980, quando uma amiga americana que vivia em meu país compartilhou uma história divertida. Ela era uma leitora ávida e seguia as novidades com mais atenção do que a maioria. Ela soube de um aviso na rádio em Jidá sobre um pernicioso espírito da crença maometana que um homem saudita identificara espreitando em uma comunidade específica de Jidá. Muitos cidadãos da região ficaram sobressaltados com a aparição e aquelas pessoas logo foram espalhando a fofoca sobre terem pessoalmente visto de relance um demônio particularmente desprezível vagando nas vizinhanças. O jornal dizia que o espírito fora visto por um dos jornalistas. Segundo o jornalista, o espírito era tão fisicamente feio que não havia palavras apropriadas para descrevê-lo. Em um dos artigos, os leitores foram informados de que um dos homens sauditas na vizinhança "obcecada pelo espírito" até obtivera uma fotografia do espírito repugnante. O jornal prometia publicar a fotografia, embora, por alguma razão inexplicável, eles estivessem segurando a imagem por uma semana. Nesse ínterim, os cidadãos de Jidá foram avisados para ficar em suas casas à noite e para manter as portas fechadas o tempo todo. A histeria coletiva aumentava, pois a cada dia os editores publicavam histórias sobre as várias aparições do espírito, o qual estava ficando cada vez mais perigoso, ou assim o jornal afirmava.

Todos os que acompanhavam a história esperavam com agitação nervosa, desesperados para ver esse retrato do espírito com os próprios olhos.

Quando o dia finalmente chegou, o jornal publicou a fotografia. Minha amiga americana foi uma das primeiras a abrir o jornal. Mais tarde ela confessou que rira muito alto. A criatura do espírito amedrontador não era nada mais do que uma fotografia do E.T., a pequena criatura extraterrestre retratada no filme muito popular do produtor de Hollywood, Steven Spielberg, *E.T.*, o qual foi lançado em 1982.

Naqueles dias, poucos sauditas viajavam para o exterior, e, com *E.T.* proibido em nosso país, um número limitado de cidadãos sauditas havia visto o filme.

Mais tarde, eu mesma vi aquela edição do jornal e, embora, também tenha rido do medo absurdo criado por uma fantasia produzida por Hollywood, também lembrei de ter ficado ligeiramente envergonhada por muitos dos homens de meu país haverem acreditado na história. Soubemos que a histeria verdadeira havia irrompido em Jidá ao ver a imagem da tal besta. Muitos acreditavam ser verdade que o E.T. era uma criatura real espreitando na vizinhança, esperando no escuro para atacá-los ou atacar seus filhos.

Embora os sauditas sempre tenham tido medo do lado escuro da vida, por alguma razão, e eu não sei por quê, pelos dez últimos anos esse lado oculto da vida se estendeu por toda a nação e agora há enorme paranoia em muitas mentes sauditas. As autoridades na Arábia Saudita até proibiram a série *Harry Potter*, da autora inglesa J. K. Rowling, acreditando que os livros e os filmes levariam os cidadãos a praticar bruxaria e feitiçaria.

Terrível para cidadãos sauditas e outros viventes em nossa terra, o Comitê para a Promoção da Virtude e a Prevenção do Vício (CPVPV) — ou a polícia religiosa, os homens de olhos furiosos, muitas vezes, vistos vagando por nossas ruas com suas longas barbas e roupas na altura dos calcanhares — tem um foco obsessivo na eliminação da bruxaria e na caça às bruxas, o que é estranhamente confundido com seu entusiasmo por preservar nossa fé conservadora. Mais alarmante ainda, atualmente, esse mesmo comitê criou uma "Unidade Antibruxaria", especial para instruir todos os que vivem na Arábia Saudita sobre as perversidades da feitiçaria e da bruxaria. A Unidade Antibruxaria tem um orçamento do governo enorme para perseguir qualquer pessoa e todos que lançarem feitiços contra um inocente. Eles saturam nossa sociedade de medo, pois distribuem panfletos, operam linhas vermelhas e preparam operações atormentadoras para tentar enganar alguma pobre alma a fazer qualquer tipo de afirmação que levante suspeitas sobre ele, ou ela. Eles estimulam pessoas normais a relatar qualquer comportamento que acreditem ser estranho. Alguém os encarou por muito tempo? Eles ficaram doentes após a visita de um vizinho? Um homem ficou impotente? Caso afirmativo, ele deve lembrar com que pessoa esteve imediatamente antes de perder sua "virilidade". Alguém tentou comprar um carneiro ou um camelo e descobriu características específicas que ele gostaria que o animal tivesse? Em caso positivo, a pessoa deveria telefonar para a linha vermelha da Antibruxaria e fornecer às autoridades o nome da parte culpada. Baseados em tal indício vago e absurdo, os cidadãos sauditas ou visitantes em nosso país estão em perigo de possível prisão e acusações sérias.

Esses homens, que eu pessoalmente considero serem tão ignorantes quanto um ser humano pode ser, estão criando um campo fértil para a caça às bruxas, pois houve muitos casos em que os que procuravam vingança alegavam falsamente feitiçaria ou bruxaria contra pessoas inocentes. É possível uma empregada denunciar um estupro, ou um motorista denunciar o não pagamento de seu salário. Empregadores furiosos podem e, de fato, fazem uma contra-argumentação, acusando tais pessoas de serem bruxas ou de realizarem feitiçarias. Se tais acusações forem feitas, seus denunciantes são presos, julgados e executados, apesar de sua inocência.

Eu acho impossível acreditar que qualquer um, mesmo modestamente instruído, ou parcialmente racional, possa aceitar como verdadeira tal tagarelice! Porém, essa era a realidade na vida na Arábia Saudita para algumas pessoas no ano de 2014!

Desde 2012, houve aproximadamente mil casos de apreensão, julgamento, prisão e, para alguns, execução por feitiçaria ou bruxaria.

Mesmo enquanto escrevo este livro, há mais de duzentas pessoas que estão presas na Arábia Saudita por feitiçaria ou por ser uma bruxa. Desse número, mais de vinte perderam suas apelações e estão programadas para serem executadas por decapitação.

Eis um exemplo dos fatos conhecidos de apenas alguns poucos casos específicos, os quais ocorreram na Arábia Saudita nos últimos anos:

1) Um empregado doméstico do Sri Lanka foi condenado a um ano de prisão e cem chibatadas por praticar magia negra, embora ninguém jamais tenha revelado quaisquer exemplos específicos de que tipo de magia negra ele havia praticado.
2) Uma cidadã do Sri Lanka foi presa sob a suspeita de praticar bruxaria após ter olhado por muito tempo para uma criança em um shopping center. Ela usava uma corda preta em volta do pulso, o que fez com que o juiz acreditasse que ela deveria ser uma bruxa. Sua pena é desconhecida até o momento em que escrevo este livro.
3) Uma mulher saudita chamada Amina bint Abdul Halim bin Salem Nasser foi executada por realizar feitiçaria e bruxaria, embora os feitos específicos que ela realizou não tenham sido revelados. Os membros do comitê fizeram uma declaração simples de que a senhorita Nasser era uma ameaça ao islamismo.
4) Um homem saudita chamado Muree bin Ali bin Issa al-Asira foi falsamente acusado de realizar feitiçaria. Quando diversos livros e amuletos foram encontrados em sua casa, ele foi preso, julgado e decapitado em Najran, província do Sul.
5) Uma mulher saudita, de 60 anos, foi decapitada por bruxaria depois de "enganar as pessoas para elas lhe darem dinheiro" após alegar que poderia curá-las de doenças.
6) Mustafa Ibrahim, um egípcio, foi decapitado após ter sido acusado de lançar feitiços para tentar destruir um casamento. O juiz disse que estava convencido da culpa de Mustafa após descobrirem em sua casa velas, ervas de cheiro nojento e livros.
7) Um caso famoso envolvendo um cidadão libanês muçulmano ficou conhecido mundialmente apenas porque o governo libanês lutou por sua liberdade e sua história foi notícia. O homem, chamado Ali Hussain Sibat, era o ân-

cora de um programa de televisão popular no Líbano chamado *The Hidden*. O programa era, na realidade, uma linha vermelha espiritual. O Sr. Sibat dava conselhos para os participantes do programa e, às vezes, lançava alguns feitiços. Obviamente, esse programa atraiu a atenção da polícia religiosa saudita porque, quando o Sr. Sibat viajou para a Arábia Saudita, para peregrinar, foi preso sob a acusação de feitiçaria. Embora ele não fosse um cidadão saudita e seus "crimes" tivessem ocorrido em outro país, isso não impediu a Unidade Antibruxaria. Sentindo-se eles mesmos os guardiões da fé não somente na Arábia Saudita, mas também no mundo, levaram o Sr. Sibat a julgamento e ganharam um veredito de culpado do juiz. O Sr. Sibat foi condenado à decapitação. A data foi marcada diversas vezes no período de vários anos, mas, a cada momento que a data chegava, o governo libanês conseguia deter a execução. Embora se acredite que o Sr. Sibat não tenha sido decapitado, as autoridades sauditas não dirão se ele foi solto, ainda está na prisão ou voltou para casa no Líbano. Se foi solto, ele permaneceu em silêncio publicamente, embora eu tenha certeza de que, na privacidade, ele está falando estridentemente sobre as barbaridades de meu país. Kareem prometeu descobrir o destino desse homem e, no momento em que o fizer, eu tornarei público seu destino.

8) Um homem da Eritreia foi detido e preso após sua agenda de couro de telefones ter sido confiscada e apresentada à corte como um "talismã" porque a polícia religiosa não conseguia ler as informações nela contidas em língua estrangeira e acreditou que o livreto estivesse repleto de cânticos que motivassem os homens a deixarem as esposas ou as esposas a deixarem os maridos. O pobre homem deve ter ficado confuso e apavorado, pois ele não teve oportunidade de contratar um advogado e todos os procedimentos

foram feitos em uma língua que ele não compreendia, embora sua agenda de telefones tivesse sido exposta e esmurrada sobre a mesa e foi a causa de sua prisão e condenação com centenas de chicotadas.

9) O sudanês Abdul Hamid bin Hussein Moustafa al-Fakki foi vítima de uma operação de trapaça, em que um agente secreto que trabalhava para o comitê pediu que ele criasse um feitiço para fazer o pai dele deixar a segunda esposa. O agente secreto jurou que al-Fakki dissera que ele poderia fazê-lo, mas por 1.500 dólares. Ninguém sabe, certamente, se isso ocorreu, visto que as autoridades religiosas estão tão ávidas por deter, açoitar e até decapitar pessoas que, quem pode confiar em suas declarações?

10) Finalmente, uma pobre mulher foi trapaceada por uma agente secreta que perguntou se ela conseguia transformar o marido em um homem obediente. Provavelmente, a mulher disse que conseguia, e foi imediatamente detida e, mais tarde, condenada à morte.

* * *

Faria e Shada — duas meninas inocentes, ambas vítimas de rituais bárbaros e superstições que destruiriam suas vidas para sempre. Não conseguia tirar as duas da cabeça por muitos meses. Fui informada por Nadia de que Faria desaparecera no lamaçal de sua tribo ultraconservadora quando os pais apareceram no hospital e insistiram que a filha partisse com eles para casa. Nadia contou que Faria chorara lágrimas amargas ao deixar o quarto do hospital.

Tive pesadelos de que a pobre Faria estivesse casada contra sua vontade com um homem bruto, que não teria compaixão alguma por sua deformidade e rasgasse sua nova área genital muitas vezes, causando dor e angústia para aquela jovem mulher.

E Shada? Como estaria a pobre Shada lidando com o fato de estar presa em Riade? Será que era capaz de se preparar psicologicamente para o terrível destino que a aguardava? Ela devia ser decapitada por nada mais do que admirar uma mulher bonita?

Passei tantas noites vivendo o que eu acreditava estar acontecendo com Faria e Shada que sentia estar à beira da insanidade. Na realidade, foram necessários meses para que seus destinos fossem finalmente determinados.

Vi que meu marido também estava sofrendo. Seu rosto estava contraído e observei novas rugas; seu cabelo, outrora escuro, estava ficando grisalho. Sabia que ele sentia ser um príncipe sem poderes, algo muito difícil para um homem orgulhoso e digno aceitar.

Uma noite longa, Kareem passou por nosso quarto antes de se sentar em sua escrivaninha, pegar a caneta e escrever palavras que transbordavam de seu coração. Meu marido é um poeta, e consegue captar a dor e a alegria que eu não consigo. Na manhã seguinte, após Kareem sair de nosso quarto para ir tomar café, sentei em sua cadeira e li as pesarosas palavras que ele compusera.

> Quando nasci, minha terra natal estava em meus olhos.
> As ondulações e as curvas das areias de Riade estavam lá,
> esperando por um par de sandálias.
> As montanhas de Taif ofereciam uma sombra agradável.
> As águas azuis do Mar Vermelho esfriavam meu corpo.
> Mas, agora, vejo minha terra natal através de outros olhos,
> e é a visão deles que está destruindo meus sonhos.
> As areias ardentes agora queimam através de minhas
> sandálias.
> As enxurradas das montanhas varrem as árvores que
> fazem sombra.
> As águas do Mar Vermelho me sufocam até eu não
> conseguir respirar.

Levem para longe esses homens raivosos que clamam falar em nome de Alá.
Eles nem mesmo conhecem Sua linguagem.
Eles balbuciam em voz estranha enquanto destroem minha terra natal.
E eu me sento sem defesa, incapaz de salvar a terra que amo.

Nunca amei tanto Kareem como o amei naquele momento.

Capítulo 12

Mais lágrimas para chorar

Para meu desespero, tive mais fracassos do que sucessos no que se refere a ajudar mulheres vulneráveis na Arábia Saudita. E, então, ocorreu que, meses após a pobre Faria ter sido retirada do hospital à força, ela retornou como paciente pela segunda vez. Nadia estava muito brava quando telefonou para Amani para dar as notícias desconcertantes de que Faria havia, realmente, sido forçada a um casamento que ela não desejava.

Faria jamais recuperou totalmente sua condição física após os ferimentos e as infecções sofridas com a mutilação genital por que passou. Infelizmente, o marido era violento e só estava interessado em seus prazeres sexuais, e ficava furioso porque Faria não era uma parceira disposta. Ela se escondia dele quando ele lhe ordenava que fosse para o leito matrimonial.

Após sua segunda internação hospitalar, ela se recuperou e voltou para o marido. Porém, a pobre jovem mulher ainda estava desesperadamente infeliz, chorava e implorava para que alguém a ajudasse a escapar do casamento que não queria.

Nadia mantinha contato com Faria o máximo que conseguia e a última vez que conversaram por telefone ela lhe confidenciara que o marido começara a bater nela, apesar do fato de estar grávida. Faria estava apavorada, pensando na dor que sentiria ao dar à luz a criança após os ferimentos e as cicatrizes permanentes que sofrera resultantes da MGF. No entanto, muito repentinamente, não houve mais nenhuma comunicação de Faria. Parecia que ela havia desaparecido.

Faria nunca mais respondeu às ligações telefônicas de Nadia e nunca mais foi internada no hospital. É possível, embora improvável, que a família dela tenha se mudado, mas, provavelmente, jamais descobriremos o que aconteceu à pobre menina, e todos tememos o pior.

A coitada da Amani derramava lágrimas de pesar a cada momento em que falava de Faria; então, enfim minha filha mais nova percebe, plenamente, que, para as mulheres da Arábia Saudita, a vida é, muitas vezes, cruel e violenta. Embora Amani tenha grande paixão por nosso trabalho, sei, agora, que minha filha está abrindo os olhos para a realidade de nosso mundo.

Quanto a Shada, a menina inocente que foi tão severamente punida por olhar fixa e inocentemente para outra mulher e acusada de ser uma bruxa, sua história tem um final muito mais feliz. Isso se deve a meu marido ter feito algo que ele disse que nunca faria. Após ser informado pelos advogados que representavam Shada de que estava claro que os clérigos responsáveis pelos tribunais jamais dariam a vitória a uma mulher acusada de ser uma bruxa, pois os estatutos religiosos na Arábia Saudita são especialmente favoráveis à condenação de qualquer acusado de feitiçaria ou bruxaria, Kareem subornou três clérigos com grandes quantias de dinheiro, os homens responsáveis pelo caso de Shada. Ele não está orgulhoso de ter adotado tal tática, mas eu nunca tive tanto orgulho de Kareem; é preciso ser uma pessoa extraordinária para ir contra tudo em que se acredita, não para o próprio benefício, mas para ajudar alguém. Meu marido ponderou que se tratava de um pecado meramente pequeno subornar alguém, e um preço baixo a ser pago se comparado ao pecado muito maior de permitir que uma jovem inocente como Shada fosse executada por ser ingênua. Seu único pecado foi ter ficado hipnotizada diante de uma mulher e declarado sua admiração.

E, então, sofremos a derrota e nos regozijamos com a vitória. Porém, temos pouco prazer com nossos triunfos, pois lamentamos a perda de Faria.

Rogo e tenho a esperança de que chegará o dia em que as mulheres não terão de sofrer a tortura da mutilação genital — ou de sofrer a agonia de serem forçadas a se casar com um homem, jovem ou velho, estranho a elas.

* * *

A essa altura, certamente, você já sabe que sou uma mulher apaixonada — uma mulher que ama intensamente. Quando jovem, minha necessidade de proteger teve o efeito colateral negativo de eu também precisar me controlar. Essa necessidade tem um impacto indesejado sobre todos os outros: o que ama e o que é amado.

Com o amadurecimento, vi que o amor que os homens sauditas dizem sentir pelas mulheres sauditas está realmente relacionado ao controle. Muitas vezes, ouvi os homens sauditas alegarem que seu amor significa que eles devem proteger, enquanto negam sua necessidade de comandar, restringir e controlar.

Então, guardo o amor que sinto, amando com delicadeza e cuidado, sem tentar controlar.

Sou uma filha que amou intensamente a mãe desde o nascimento. Meu amor por ela continua aumentando a cada ano e nunca morrerá, até que meu coração pare de bombear sangue no meu corpo. Queria poder dizer o mesmo de meu pai. Quando criança, o medo me bloqueou de amá-lo exatamente como amava minha mãe. Foi com uma tristeza muito grande que, por muito tempo, acreditei que até o momento em que uma mortalha cobrisse meu corpo e eu fosse baixada em uma sepultura no deserto eu nunca sentiria amor verdadeiro por meu pai. Nunca conseguiria perdoar a forma como favorecia meu irmão em detrimento de mim e de minhas irmãs, e isso alimentou os sentimentos ruins entre mim e meu irmão, existentes até hoje. Porém, após atingir determinada idade, o amor começou a crescer pelo homem imperfeito que me deu a vida. Agora, pela primeira vez, posso dizer que sou uma filha que ama o pai.

Sou uma irmã que ama cada uma de suas nove irmãs, embora meu amor seja maior por minha irmã Sara. Não posso dizer o mesmo com relação a meu irmão, Ali. No passado, senti momentos de afeição por Ali, mas meu amor diminuiu com cada ato cruel cometido por ele contra as esposas, filhos, irmãos, sobrinhas e sobrinhos. Agora, quando penso em Ali, meu coração sente apenas tristeza.

Sou uma esposa que ama o marido. Como a maioria das mulheres na Arábia Saudita, meu casamento foi arranjado. Eu era apenas uma adolescente quando fui informada de que deveria me casar, mas fui uma das meninas sauditas afortunadas, pois me foi permitido um encontro supervisionado e telefonemas com meu noivo antes do casamento. Esses encontros e telefonemas serviram para me assegurar de que Kareem era um homem bom. Na verdade, a linda face de Kareem trouxe felicidade para mim em nosso primeiro encontro. Meu coração murmurava uma mensagem de amor desde o primeiro momento em que olhamos nos olhos um do outro. Eu o tenho amado a quase cada momento desde aquele tempo. Meu amor hesitou apenas uma vez, na ocasião em que ele expressou a vontade de ter a segunda esposa. Minha reação violenta não foi o que ele esperava e consegui impedir seus planos diabólicos quando fugi dele, para fora de nosso país. Graças sejam dadas a Alá, aquele momento horrível foi apenas passageiro e nunca mais meu marido provocou o veneno que uma segunda esposa traria. Sou uma parceira completa em nosso casamento e sei que Kareem e eu temos um dos casamentos mais felizes na Arábia Saudita. Meu marido expressa diariamente seu amor por mim, e sua alegria por sermos um casal, sentimentos que são recíprocos.

O amor pelos outros é um grande tesouro para mim. Porém, não há amor que seja tão importante quanto o amor que sinto por crianças.

Sou uma avó que ama intensamente os netos. Casei jovem e dei à luz meus filhos ainda jovem. Então, agora sou uma avó jovem que ama os três netos tanto quanto é possível amar. Sem hesitação, eu sacrificaria a minha vida pela pequena princesa Sultana, pelo príncipe Khalid e pelo príncipe Faisal.

Sou uma mãe que ama os três filhos com uma paixão que não consigo descrever. Embora eu tenha sido uma criança rebelde que criou muitos problemas para nossa vida familiar, no momento em que me transformei em uma mãe jovem meu foco se voltou totalmente para resguardar e proteger meus filhos. Apesar dessa necessidade de proteger, sempre estive determinada a criar filhos fortes e independentes que se transformariam em adultos confiantes — pessoas livres para se expressarem e lutarem pelo que acreditavam.

Lembro-me do nascimento de cada filho como se tivesse acontecido ontem.

No nascimento de Abdullah, fiquei entusiasmada quando as dores do parto começaram, pois sabia que se Deus desejasse eu logo teria uma criança nos braços. Embora vivendo a infância como uma menina saudita no reino da Arábia Saudita tenha me ensinado que um menino teria uma vida mais fácil, eu era apaixonada pelas meninas e meu coração estava determinado a ter uma menininha. Todos os que me cercavam, exceto minha irmã Sara, expressavam entusiasmo por um menino, porque na Arábia Saudita as pessoas celebram o nascimento de filhos e lamentam o nascimento de filhas. A ideia em si me enlouquecia. Deplorava a injustiça dessa tradição cultural e, embora padecendo de dores com as contrações do parto, minha característica de rebeldia inflamou-se novamente enquanto tentava me determinar a dar à luz uma filha.

No entanto, Alá havia decidido que meu primeiro filho seria um menino; era meu destino, e o destino de meu filho.

Estava preparada para ficar triste diante da visão de um menino, mas fiquei surpresa pela ascensão de emoções carinhosas quando olhei para aquela linda criança. Eis as lembranças do nascimento de meu filho Abdullah como foram descritas no primeiro livro sobre minha vida:

Todos os pensamentos sobre uma filha desapareceram quando meu bocejante filho foi colocado em meus braços. Uma filha viria mais tarde. Esse menino seria ensinado de formas diferentes e melhores do que a geração anterior à dele. Senti o poder de minhas intenções criando seu futuro. Ele não seria retrógrado em pensamento, suas irmãs receberiam um lugar de honra e respeito e ele conheceria e amaria sua parceira antes de se casar. As vastas possibilidades de suas realizações brilhavam e reluziam como um novo começo. Eu disse a mim mesma que muitas vezes na história um homem criou mudanças que influenciaram milhões. Enchi-me de orgulho ao considerar o bem para a humanidade que fluiria do pequenino corpo em meus braços. Sem dúvida, o novo começo das mulheres na Arábia começaria com meu próprio sangue.

É prazeroso olhar para trás no tempo, com os olhos das lembranças de meu lindo bebê e comparar meus sonhos de sua vida à realidade de hoje. Fico impressionada com a precisão de meus pensamentos e desejos para meu filho, pois, de fato, Abdullah, o pequeno menino, cresceu um homem de caráter impecável e realizações impressionantes. Meu filho é um homem esclarecido que sempre honrou e respeitou as irmãs e, mais tarde, amou e honrou a esposa e a filha. Ele tem sido um filho perfeito para a mãe e o pai. Abdullah é um homem muito inteligente e realiza milagres nos negócios, segundo meu marido. Ele também é humanitário, e provou sua devoção à bondade mais vezes do que consigo contar, visto que sempre ajuda os necessitados, os que são menos afortunados do que ele.

Se me fosse dada a oportunidade de agitar uma varinha mágica que produza mudança instantânea, eu não alteraria sua aparência, sua personalidade ou seu caráter.

Assim como me lembro do nascimento de Abdullah, também me lembro de cada momento do dia em que minha filha mais velha nasceu. Ainda não contei ao mundo o que aconteceu quando Maha apareceu para nós antes do tempo devido. Kareem e eu ainda não estávamos preparados, pois acreditávamos que ainda teríamos algumas semanas a mais antes de nossa segunda criança se juntar à nossa família. No entanto, Maha sempre foi uma menina impaciente; uma menina que reage inesperadamente a todas as coisas na vida. Sua chegada a este mundo não foi diferente.

Lembro-me de ter desejado uma noite tranquila em nosso palácio em Riade com meu marido, pois minha barriga estava grande. Porém Kareem estava impaciente para passar a noite com o irmão, Assad, e, apesar de meus desejos, falou de sua necessidade de discutir alguns assuntos relacionados a uma companhia multinacional importante que estava propondo negócios no reino. Ele sabia que esse tipo de reunião de negócios não era de meu interesse, era improvável que eu questionasse isso, e ele também deixou claro que não queria me deixar em casa. Kareem disse que, enquanto ele e o irmão discutissem os negócios, Sara e eu poderíamos aproveitar a companhia uma da outra. Meu marido mencionou que eles viriam até nós, mas uma das filhas de Sara havia comido um peixe estragado e estava se sentindo mal. Nada deixa uma pessoa tão doente quanto frutos do mar estragados. Sara, certamente, se recusou a deixar a filha doente, o que não era uma surpresa, visto que minha irmã tem sido a mãe mais dedicada para todos os filhos.

E, então, concordei em acompanhar meu marido, embora sua persistência tenha me causado mau humor, porque sempre acreditei que, quando uma mulher está em gravidez avançada, deve ser recompensada e ter todos os seus desejos atendidos.

A viagem de carro até o palácio de minha irmã transcorreu sem ocorrências especiais, e só quando chegamos é que tudo pareceu se transformar em algum tipo de cena cômica, uma comédia que deu errado. Parecia que a família toda havia comido os mesmos frutos do mar estragados, pois Assad se sentiu mal exatamente quando cumprimentava Kareem e a mim. Com a mão na boca, ele correu para o banheiro para poder vomitar. Naquele momento, como Sara nos convidara para se juntar a ela na sala de estar, a filha, que também estava passando mal, entrou na sala cambaleando, procurando a mãe. Um pouco delicada, a criança tentou me cumprimentar com beijos, até que eu lhe disse, gentilmente: "Os beijos não são necessários, querida. Vá descansar para que seu corpo se recupere."

A filha de Sara sorriu corajosamente, mas, em seguida, ficou pálida e começou a se sentir mal novamente — dessa vez, em cima de mim!

Sara pegou a filha envergonhada pelos ombros e gentilmente retirou-a de cima de mim, dizendo: "Não se preocupe, querida. Volte para a cama. Eu cuido de Sultana."

Fiquei estupefata e impossibilitada de me mover. Podia sentir o vômito morno e o cheiro muito repulsivo. Kareem deu um suspiro alto e gritou pedindo ajuda para os empregados trazerem toalhas. Senti que ia desmaiar e tentei me levantar uma ou duas vezes antes de vomitar em um dos tapetes mais caros de minha irmã. Isso tudo estava se transformando em um pesadelo!

Kareem entrou em pânico porque estava muito preocupado comigo. Ele me pegou e começou a rodar como um pião, gritando: "Para onde devo levá-la, para onde devo levá-la?"

Os giros fizeram eu me sentir ainda pior. Fiquei tonta e comecei a me sentir mal novamente. A essa altura, obviamente, minha filha, que ainda ia nascer, já tinha ficado agitada — dizem que os que estão para nascer podem ouvir todas as coisas ao redor deles e podem sentir as emoções da mãe, que os carrega no corpo.

Maha começou a chutar dentro de mim ao mesmo tempo, pois senti as primeiras dores do parto. Mesmo ainda não tendo nascido, Maha era muito séria e muito forte, e seus pés me chutando, combinados com o começo da dor, me fizeram gritar tão alto que um Kareem totalmente apavorado perdeu a força nas mãos e eu escorreguei de seus braços e caí no chão, embora conseguisse aterrissar em uma posição sentada, graças a Deus!

Não me machuquei, mas Kareem não sabia disso; então, ele começou a ficar muito agitado novamente, por sentir que havia ferido a esposa grávida. Ele gritava pedindo uma cadeira de rodas e, quando ninguém veio imediatamente, ele passou por mim correndo, mas tropeçou no tapete molhado e caiu pesadamente no chão.

Com contrações fortes tirando meu fôlego, eu não conseguia fazer nada a não ser permanecer sentada e gritar por ajuda, visto que as dores das contrações começavam a ficar mais frequentes do que deveriam. Sabia o suficiente sobre meu primeiro parto para perceber que quanto mais frequentes são as contrações, mais rápido será o nascimento. A essa altura Assad se recuperara do vômito e, ouvindo meus gritos, entrou correndo na sala. Assustado por ver o irmão e a cunhada no chão, ficou confuso. Tenho de dizer que a confusão ficou ainda pior por causa de Kareem, que, ainda em pânico, insistia que eu me ferira quando ele me deixou cair.

Consegui falar para ambos: "Não, não estou ferida, mas estou certa de que nosso bebê chegará em breve. Preciso ir para o hospital."

O horror total tomou conta do rosto de Kareem, pois ele sabia que nosso bebê ainda levaria um mês para nascer e temia que tivesse machucado a mim e ao nosso bebê. Assad parecia estar com dificuldades para mover os pés, mas Kareem, a essa altura, estava de pé. Ele sacudiu o irmão e disse: "Temos de ir."

Sara e dois empregados voltaram para a sala com toalhas e todos ficaram perplexos com a cena e meus gemidos, os quais aumentavam em intensidade. Kareem agarrou algumas toalhas das mãos de Sara e lhe disse: "Sultana está tendo o bebê."

"Sultana!", gritou Sara, mas não se moveu, pois também estava em estado de choque.

Meu marido me limpou o melhor que pôde; em seguida, esfregou as próprias roupas com um movimento rápido antes de me alcançar no chão e, mais uma vez, pegar-me em seus braços.

Assad insistiu em dirigir para nós até o hospital: a última vez que vi Sara, ela estava em pé na entrada para carros, em estado de choque e confusa com as reviravoltas nos acontecimentos que se sucederam em sua casa.

Nunca me esquecerei da frenética viagem de carro; Assad estava agitado, e não conseguia lembrar o caminho certo. Não ajudou muito meu marido ficar gritando com o irmão nervoso; em determinado ponto, ele até atravessou o banco e deu um tapa de leve no lado da cabeça de Assad com a mão aberta após o pobre irmão perder o retorno certo duas vezes. "Presta atenção, Assad", gritou. "Você quer que este bebê nasça no carro?"

Finalmente, chegamos. Estávamos onde deveríamos estar e fui rapidamente auxiliada para entrar na sala de parto. As enfermeiras logo perceberam que meu bebê estava com pressa para vir ao mundo. Na realidade, se Assad não tivesse pego o caminho certo, finalmente, receio o que teria acontecido.

Meu sofrimento foi curto com Maha, mas a noite foi tão frenética que, dos meus três filhos, seu nascimento é talvez o mais memorável e caótico!

Sentia-me muito instável após o choque da noite, mas fiquei aliviada quando fui assegurada de que nossa filha estava saudável. Minhas emoções se acalmavam lentamente. E, então, segurei minha menina preciosa, olhei atentamente para sua perfeição e agradeci a Alá pelo nascimento de uma menina que preencheria muitas horas da família com sua doçura. Agora, todos sabemos que, embora ela seja uma pessoa boa e digna, que ajuda muitas pessoas, Maha não tem uma personalidade fácil como o irmão, Abdullah. Nossa filha trouxe mais tensão para nossa família do que poderíamos ter imaginado quando a recebemos com prazer como uma criancinha linda. Porém, nunca trocaria minha filha por outra, visto que a amo e a respeito pelo que é.

Alguns anos mais tarde nossa família foi abençoada com uma segunda filha, Amani. Após o alvoroço de reviravoltas geradas pelo nascimento de Maha, quando eu estava com sete meses de gravidez de nossa terceira filha, meu marido anunciou que deveríamos ficar próximos de casa sem quaisquer visitas sociais fora do palácio. Não discordei. E, então, quando sentíamos vontade de ver os membros da família, nossos familiares vinham até nós, embora com meu terceiro bebê eu me sentisse sonolenta e até cansada, durante quase todo o dia. Eu não queria muita atividade, passava a maior parte do tempo relaxando com um livro ou jogando jogos de tabuleiro com Kareem e outros membros mais próximos da família.

Na semana antes de Amani nascer, senti um enrijecimento em meu corpo e comecei a ficar preocupada. Foi quando um nervoso Kareem insistiu que eu fosse à ala da maternidade do hospital real cedo e permanecesse lá até nossa filha nascer. Não fiquei muito satisfeita com essa marcha dos acontecimentos, mas concordei com Kareem, pois seu rosto começou a ficar tenso de preocupação e ele ficou bem insistente com relação a isso. Uma vez no hospital, minhas irmãs se revezavam para ficar comigo e, embora eu tivesse paz com Nura, a mais velha das minhas irmãs, e com Sara, com quem eu compartilho um relacionamento muito íntimo e amoroso, minhas outras irmãs me exauriam, porque tentavam me entreter contando incessantemente histórias familiares que achavam hilárias, mas as quais, na realidade, eram apenas moderadamente divertidas. Risadas altas intermináveis podem se tornar cansativas, inacreditavelmente enfadonhas quando é só o que se está ouvindo.

E, então, aconteceu que a criança que criaria as maiores dificuldades e tormentos em nossas vidas viria ao mundo sem esforço. Enquanto eu estava emocionada por ter a segunda filha, visto que acreditei incorretamente que minhas duas meninas seriam as companheiras mais íntimas uma da outra, a maioria dos familiares de Kareem estava infeliz, uma vez que eles não conseguiam falar sobre nada mais do que a importância de muitos filhos homens. Após eu ter ficado frustrada ao ponto de ficar com raiva, Kareem repreendeu os membros da família que haviam me aborrecido, e eles não disseram mais nada — a não ser terem comentado sobre o tamanho muito pequeno e incomum de Amani: ela era apenas um pouco maior do que os que os médicos chamam de bebês prematuros. Certamente, seu tamanho pequeno trouxe críticas também, visto que os sauditas preferem meninas robustas, acreditando que uma mulher maior um dia dará à luz um filho maior e mais forte. Tudo que importa na sociedade árabe gira em torno do bem-estar dos homens.

Embora eu nunca tenha dedicado muita atenção para o número de crianças que Kareem e eu teríamos, em minha cultura a maioria das mulheres tem filhos até ficarem incapacitadas fisicamente de terem mais. Somos um país e uma cultura que coloca muita ênfase em famílias grandes, e os que não têm filhos ou com famílias pequenas são dignos de pena. No entanto, quando fui diagnosticada com câncer de mama, meus dias de procriação terminaram e nossa pequena família não cresceu mais. Embora esse tivesse sido o momento mais sombrio da minha vida, pois temia que não vivesse para criar meus filhos pequenos, deixando-os órfãos de mãe, como minha própria mãe me deixou, aqueles dias ficaram para trás. Atualmente, com três adultos, não sofro mais tais pesadelos.

E, então, minha felicidade está completa. O amor que sinto por meus três filhos e meus três netos é tão imenso que um simples sorriso de um deles pode tirar meu fôlego. Meu amor eterno por meus filhos e netos e meu conhecimento da inocência e da doçura de uma criança é a razão por que eu me ajoelho em um estado de incredulidade e total infelicidade quando ouço sobre a crueldade que alguns sauditas infligem à sua própria carne e sangue. Um segundo crime horrendo se liga ao primeiro quando as agências do governo criadas para acompanhar tais histórias e proteger os indefesos fecham os olhos para o abuso.

Quando as histórias que você leu neste livro forem compiladas para este quarto volume sobre minha vida, as maiores crueldades infligidas a algumas crianças sauditas provocarão minhas emoções e sentimentos mais profundos. Sabia que eu não deveria me esquecer delas, que eu devia revelar suas histórias. Eu receei muito o momento em que esse tópico deveria ser levantado: na realidade, é apenas no capítulo final deste quarto livro que consigo me levar a viver o horror e a infelicidade que os outros já viveram com crianças inocentes.

Não adiarei mais o inevitável. Contarei apenas algumas histórias sobre esses bebês torturados e abusados, pois nada é mais trágico do que os maus-tratos e a morte de crianças. Meu único desejo é que o mundo inteiro se junte para fazer da brutalidade humana contra crianças o tópico mais importante de nosso tempo. Um grande movimento deve varrer o mundo, da Arábia Saudita a cada país e sociedade existentes, para assegurar que toda criança inocente viverá livre da crueldade e do abuso físico e psicológico.

E, então, estou convidando você a se juntar a mim na jornada mais repulsiva que um coração sentimental pode fazer, visto que entramos no coração e na mente de crianças pequenas que foram torturadas e, em alguns casos, assassinadas, pelos que as deveriam ter protegido contra todos os males.

As histórias mais tristes de todas

A cidade litorânea saudita de Jidá é uma cidade antiga, de beleza exótica. A eterna cidade serpenteia ao longo do litoral de águas mornas azuis do Mar Vermelho, com avenidas à beira-mar frequentadas por pessoas. A seção antiga de Jidá é composta por um aglomerado de velhas construções, com coberturas de janelas de madeira construídas na arquitetura Hejazi, especialmente construídas para permitir que a brisa fresca entre, mas, ainda assim, mantenha a privacidade das meninas e das mulheres, que não podem ser vistas por homens andando nas ruas embaixo.

Todas as vezes que visito Jidá, faço questão de pedir a meu motorista para me levar à parte mais antiga da cidade e, às vezes, paramos por algum tempo para que eu possa contemplar aquelas coberturas de janela, lembrando as muitas histórias que me foram contadas por minha mãe e tias mais velhas de como algumas mulheres nascidas em Jidá nunca saíram daquelas casas antigas. Havia mulheres que entraram naquelas lindas casas ainda jovens esposas e saíram em suas mortalhas, do leito matrimonial para o cemitério, segundo minha mãe.

Naquele tempo, eu gostava da ideia de que muito havia mudado em meu país e, sobretudo, em apenas poucas gerações. Porém, antes de me permitir muita alegria em minhas memórias, evoco as vidas tristes dessas mesmas mulheres que viveram para sempre atrás daquelas paredes, escondidas do mundo, indefesas contra aqueles que poderiam abusar delas.

A tristeza domina meu coração quando reconheço que, enquanto a impressionante maioria daqueles que são abusados, no meu país, são mulheres, há ocasiões em que os meninos também sofrem abusos horríveis.

A história a seguir refere-se a um jovem menino de Jidá que foi mantido isolado em sua casa, abusado e esquecido. É uma história importante a ser relatada porque ela serve para demonstrar como, no mundo todo, crianças vulneráveis são as vítimas de abusos hediondos. Não podemos desviar nossa cabeça e ignorar essas realidades cruéis. É nosso dever, por amor a crianças inocentes, sermos vigilantes e sempre estarmos cientes desses crimes horríveis que estão acontecendo ao nosso redor. Devemos nos esforçar ao máximo para evitá-los quando pudermos.

A história chegou à minha atenção via uma prima princesa que vive em Jidá o ano todo. Ela estava pavorosamente perturbada quando me contou sobre esse menino saudita de 9 anos de idade que havia sido abusado por anos. Eis sua história, como foi contada para minha prima por uma assistente social em Jidá que tinha acesso ao arquivo médico dele e que leu as palavras do jovem menino para essa prima:

"Tenho três irmãos e uma irmã. Meus pais queriam meus irmãos e minha irmã, mas, por alguma razão, eles não me queriam, e me disseram. Na realidade, eles pensavam que o melhor seria se eu morresse. Eu não os incomodaria mais se estivesse morto. Não sei por que eles não me amavam. Eu era um bom menino. Eu os amava. Eu queria que eles me amassem, também.

"Acredito que eles tenham parado de me amar após eu ter molhado a minha cama à noite. Minha mãe ficava enfurecida e gritava e me batia com as mãos sempre que eu molhava a cama. Meu pai ouvia os gritos dela e aumentava minha infelicidade, me chutando. Quando eles me batiam, eu ficava com medo, porque eu era apenas um menininho. Eu fiquei tão nervoso que comecei a molhar a cama todas as noites.

"Meus pais ficaram tão furiosos que me trancaram em um pequeno quarto sem qualquer comida. Fiquei tão faminto que comecei a ficar tonto e a tropeçar quando tentava andar. Tinha tanta sede que minha língua ficou grande para minha boca. Sentia que entraria em estado de choque. Meus lábios racharam. Pensei que morreria. Havia um pequeno quarto com vaso sanitário, mas eles cortaram a água para aquele vaso. Porém, eles esqueceram que havia alguma água parada. Então, bebi aquela água do vaso sanitário e salvei minha vida.

"Uma vez, pressionei meu ouvido contra a porta para que pudesse ouvir o que estava acontecendo. Ouvi um pequeno barulho e percebi que minha mãe estava ouvindo do outro lado da porta. Eu fiquei muito quieto, porque fiquei com muito medo. Por não ouvir nenhum barulho vindo do quarto, eu a ouvi dizer para meu pai que ela achava que eu estava morto e, quando a noite chegasse, eles poderiam me levar pela estrada Medina e me enterrar no deserto. Ninguém saberia e ninguém sentiria a minha falta. Acredito que eu já era uma criança esquecida.

"Mas eu me recusei a morrer, embora fosse tão maltratado e tivesse tanto medo do escuro. Passei o tempo todo chorando silenciosamente e implorando para ser libertado daquele quarto.

Consegui ouvir meus irmãos brincando e se divertindo, mas eles não tinham permissão para falar comigo.

"Eu queria ir à escola, porque meus irmãos iam, e eu sabia que eles se divertiam com os amigos. Meus pais permitiam que meus irmãos fossem à escola, mas eles diziam que eu era muito estúpido para aprender qualquer coisa.

"Fiquei muito doente uma vez e estava tão quente que minha mãe disse que eu estava com a temperatura muito alta. Meus pais riam muito alto e eu me lembro de meu pai dizer que isso poderia me matar. Quando me recusei a morrer, eles ficaram ainda mais furiosos comigo. Foi quando começaram a ferver água em uma panela grande. Meu pai me segurou embaixo e minha mãe derramou a água fervente em meu corpo. Gritei e gritei porque doeu muito. Eu também gritava porque achava que realmente iria morrer, e eu não queria morrer. Eu queria viver.

"Soube mais tarde que meus gritos foram ouvidos por um vizinho bondoso que soube que uma criança estava sendo ferida. Esse vizinho chamou a polícia e relatou que seus vizinhos estavam matando uma criança. O denunciante estava muito amedrontado e exigia ajuda.

"Foi quando algumas pessoas simpáticas vieram e me pegaram. Eles ficaram horrorizados de ver meu corpo. Aquelas pessoas olhavam para mim com olhos arregalados e diziam que eu estava muito magro e que tinha sido queimado.

"Não sei o que acontecerá comigo agora, mas ainda estou apavorado. Não sei o que acontecerá com meus pais. Sinto-me muito triste. Se ao menos eles tivessem me amado e querido, eu teria sido melhor. Eu teria dormido no chão para não molhar a cama. Eu poderia ficar em casa e viver com meus irmãos e minha irmã se ao menos eu não tivesse molhado a cama."

A agressão infligida a essa criança me proporcionou muitas noites de insônia. Rezo a Deus por um vizinho ter ouvido os gritos do menino e decidido tomar uma atitude. Na Arábia Saudita, esse vizinho deveria ser festejado como herói. Infelizmente, poucas pessoas se envolverão em qualquer questão familiar, até mesmo se ouvirem gritos e choros. A maioria dos sauditas acredita que a privacidade familiar seja mais preciosa e mais importante do que a vida humana.

As pessoas boas que trabalham para o comitê nomeado pelo governo para proteger as mulheres e as crianças sauditas são heróis, também. De forma trágica, a maioria das organizações governamentais desvia o olhar quando um homem está violando a esposa, ou se um pai está agredindo o filho. No caso do menininho, os especialistas foram inteligentes e corajosos para ir contra o sistema de proteção dos homens sauditas da punição pelos mais violentos crimes contra mulheres e crianças.

Fui informada de que tais incidentes pavorosos estão se tornando mais comuns em meu país. No entanto, sou da opinião de que o número de casos de abuso não está aumentando realmente; as estatísticas estão subindo somente porque tais casos estão se tornando de conhecimento público. Há mais consciência do que está acontecendo em alguns lares sauditas. Em nosso passado recente, todo abuso era escondido. Atualmente, pela primeira vez, alguns casos de abuso chegam aos olhos e ouvidos sauditas — e estou feliz por isso.

O abuso contra crianças acontece por todo o país. Até em lugares onde você acredita que as pessoas vivem uma vida calma e boa, um lugar como Abha.

Se você sair de Jidá e dirigir para o Sul, encontrará Abha, uma cidade incomum para um reino desértico. Há aproximadamente 500 mil habitantes vivendo nesse lindo lugar. Cercada por montanhas férteis, com um clima ameno e mais pancadas de chuva do que se vê geralmente na Arábia Saudita, Abha tem muitos jardins, parques e riachos, e com os anos tem sido um dos pontos turísticos favoritos para os sauditas. Para todos os lados que se olhe em Abha, se vê esplendor ecológico, mas, com tristeza, a beleza física da terra não está refletida na natureza humana.

Há uma casa em Abha onde nada de belo poderia sobreviver. A sombra do mal encobre uma família inteira que vive naquela casa, resultado da tortura hedionda de três meninas, uma das quais morreu em consequência disso, Dalal, de 13 anos de idade. As três irmãs foram deixadas à mercê do pai após seus pais se separarem.

O caso de Dalal nos traz o tópico da custódia infantil. Na Arábia Saudita, que é guiada pela lei de *sharia*, os pais têm a custódia legal exclusiva dos filhos no caso de divórcio. Durante a separação, o destino das crianças dependerá do relacionamento entre os pais e o caráter do pai. Embora uma pessoa justa compreenda que uma mãe não deveria ser afastada dos filhos, durante o processo da separação a mãe não tem o poder sobre as crianças. Mais tarde, após o divórcio, as leis de *sharia* dizem que as mães devem ter a custódia física das crianças menores, com as meninas até atingirem a puberdade (a qual se diz ser a idade de 7 ou 9 anos, segundo o país muçulmano no qual vivam) e os filhos até os 7 anos de idade. Embora essa seja a lei, se o pai se opuser e exigir a custódia física, é quase impossível uma mãe ver os filhos; poucos tribunais irão a favor da esposa contra o marido nesta minha terra obcecada por homens.

No triste caso de Dalal e das duas irmãs, o pai recusou qualquer visita da mãe das crianças. Então, as três meninas ficaram à mercê do pai, um homem cujo coração transbordava da raiva mais maligna.

Desde o início da separação o pai de Dalal tirou as três filhas da escola e as forçou a ficar isoladas em casa. Embora os administradores da escola contatassem o pai das crianças e pedissem que elas tivessem permissão para retornar às aulas, sua resposta era negativa. Ele acreditava que elas não se beneficiavam com os estudos.

Ninguém viu as três meninas por meses. Elas não iam à escola, não eram vistas no jardim da família, não eram vistas espiando pela janela.

Elas não eram vistas porque estavam acorrentadas.

Após a morte de Dalal, foi descoberto que quando o pai saía para o trabalho, ou para pequenas viagens de negócios, ele acorrentava as filhas, literalmente amarradas como animais em suas casas. Duas delas ficavam acorrentadas à janela, enquanto Dalal ficava acorrentada à porta. As meninas eram deixadas penduradas com correntes em torno dos braços e pescoço até o pai julgar conveniente voltar para casa. Enquanto eram dolorosamente mantidas reféns dessa forma, elas não eram alimentadas, não podiam ir ao banheiro, não podiam sentar.

Então, chegou o dia em que o pai perdeu a cabeça com Dalal e colocou correntes de forma que ela sufocasse até a morte. Quando o pai retornou mais tarde à noite, Dalal, de 13 anos de idade, ainda estava pendurada, porém, agora, morta.

O pai saudita perverso, a princípio, mentiu, dizendo que Dalal estava brincando em um balanço e se enforcara até a morte nas cordas, mas rapidamente admitiu que matara a filha. Ele parecia orgulhoso de seu feito. Ele não tinha medo do governo porque, na Arábia Saudita, os homens podem matar as esposas e as filhas sem receber punição séria. Talvez ele tenha de pagar dinheiro de sangue para a mãe, talvez não. Talvez ele fique alguns meses na prisão, talvez não. Tudo que um homem tem de fazer é dizer que a filha desonrara o nome da família e ele não será punido, pois se acredita que um homem tem o direito de proteger a honra da família, que é inestimável, enquanto uma menina não tem valor algum. Uma criança como Dalal.

* * *

A frase "*Ana Amal* — Eu sou Amal", relativa a uma menininha chamada Amal, tornou-se um lema em nossa família e serve para nos lembrar tanto do perigo que espreita muitas crianças quanto da dificuldade que as vítimas femininas têm para receber justiça.

De todos os casos trágicos na Arábia Saudita, nenhum é mais pavoroso do que o pesadelo da tortura e do abuso sofridos pela pequena Amal, uma menina de 5 anos de idade conhecida por seu espírito feliz que, como a maioria das crianças de sua idade, gostava de brincar. Ela também era uma menininha que amava muito a mãe e o pai.

A história trágica de Amal demonstra que uma menina de 5 anos está mais vulnerável do que a maioria. No caso de divórcio, a mãe não pode ficar com os filhos o tempo todo. A maioria das crianças de pais divorciados passará, necessariamente, por períodos sozinhas com os pais. Embora a maioria dos pais ame e proteja os filhos, há homens que são sádicos e violentos, tais como o pai de Amal. Quando um homem tal como esse bate e estupra as filhas, é impossível uma criança pequena se defender. Aos 5 anos de idade apenas, a pequena Amal era muito jovem e muito pequena para se proteger contra um homem adulto.

Sua mãe era casada com Fahim, um homem saudita que passara a maior parte de sua vida como um viciado em drogas. Ele era um homem grande e tão violento e brutal que a mãe de Amal pediu o divórcio em uma corte em Dammam na província oriental. Ela teve o divórcio concedido, o que em si é um pequeno milagre em meu país. Embora o pai de Amal mantivesse a guarda das filhas, assim como a custódia legal, o que é rotina na Arábia Saudita, a mãe foi autorizada a ter a custódia física até Amal atingir o sétimo aniversário.

Segundo as leis da *sharia*, as meninas devem permanecer com as mães até terem 7 anos de idade, embora haja muitos casos em que o pai se recusa a abrir mão da custódia, até de bebês, e as cortes, geralmente, não o perseguem por justiça para a mãe ou para a criança.

O pai de Amal tinha direito a uma visitação generosa: estava autorizado a duas semanas cada visita durante os anos antes de Amal atingir a idade de 7 anos, quando o pai assumiria a custódia física total. Tragicamente, a pequena Amal não viveu para celebrar seu sétimo aniversário.

Após algum tempo, Fahim arrependeu-se de seu vício em drogas e convenceu a mãe de Amal a se casar com ele novamente. Sua conversa audaciosa de se tornar um novo homem, alguém que havia mudado, era um truque. E, mais uma vez, a mãe de Amal pediu o divórcio, ganhando a mesma custódia física, enquanto o pai de Amal era seu tutor e tinha a custódia legal.

Em pouco tempo Fahim estava aparecendo em várias redes de televisão muçulmanas, alegando ser um clérigo islâmico e dando testemunhos emocionais sobre como deixara a vida de drogas para trás e era um homem convertido. Ele tinha seguidores devotos que achavam que, de fato, Fahim era um homem para se acreditar, confiar e admirar.

Embora ele expressasse pouco desejo para ver a filha, a mãe de Amal é uma mulher obediente à lei e arranjava para que a filha cumprisse as exigências do acordo de visitação para passar algum tempo com o pai e sua nova esposa, a madrasta de Amal.

Três visitações ocorreram sem incidentes. Segundo a mãe de Amal, a menina se sentia segura com o pai e sua nova família, e aguardava ansiosa pelo tempo com ele.

Após o pai de Amal se mudar para Riade, não houve nenhuma comunicação por um longo tempo. Então, quando chegou o dia da visitação de duas semanas de Amal com o pai, a mãe da menina seguiu o acordo da corte e levou a filha para Riade para ver o pai.

Porém, algo muito errado aconteceu durante a visita a Riade. Talvez Fahim tenha sucumbido ao seu hábito de drogas anterior, ou talvez sua natureza perversa simplesmente o tenha dominado. Ao final da visita de duas semanas, quando a mãe de Amal contatou o ex-marido para pegar a filha, Fahim disse não, ela não poderia mais ter a filha de volta. Ele lhe contou que faria Amal esquecer a mãe. A pequena Amal veio ao telefone e, em sua doce voz, disse para a mãe: "Eu amo você, mamãe. Eu amo você e sempre rezarei por você."

A mãe de Amal não poderia saber que seu ex-marido havia entrado em um estado perigoso de paranoia — acreditando que, entre outras coisas, a filha de 5 anos de idade havia perdido a virgindade! A coisa mais desonrosa que pode acontecer a um pai saudita é a filha perder a virgindade, logo, o pai de Amal se sentiu compelido a punir Amal por esse crime. E, então, ele começou a torturar a menina, estuprando-a em todos os orifícios do corpo. Ele a açoitava com cabos. Ele esmagava sua cabeça. Quebrava suas costelas. Ele quebrava seus braços. Ele rasgou seu reto durante um estupro violento e, para parar de sangrar, ele tentou queimar os tecidos do reto para que ele fechasse.

Enquanto estuprava a pequenina Amal seguidamente, Fahim quebrou suas costas.

E ainda assim Amal viveu.

E onde estava a madrasta de Amal durante esse crime? Ela estava observando? Ela se juntou a Fahim para torturar a pequena menina? Por que ela não chamou a polícia e salvou a criança? Estas são perguntas sem resposta.

A tortura continuou até finalmente ficar claro que Amal estava morrendo.

O pai a levou a um hospital em Riade, onde ele não demonstrou remorso algum ou vergonha pelo que havia feito com a filha, apesar do horror demonstrado pela equipe médica. Ele sabia que não haveria corte na Arábia Saudita que o fosse punir, pois ele era o pai da menina, e as decisões judiciais em tais crimes são usualmente baseadas nas leis sauditas que dizem que o pai não pode ser executado por matar os filhos, nem os maridos podem ser executados por matarem as esposas.

Amal não teria valor algum diante dos olhos das cortes sauditas — ela era apenas uma menina.

A pequena Amal continuou em coma por meses antes de finalmente falecer de uma tortura tão repugnante que não há palavras em qualquer língua para descrevê-la.

Houve reviravoltas nos procedimentos da corte. O caso foi tão odioso que o público saudita expressou indignação pela tortura e morte da criança e, de forma muito impressionante, com a reação da corte ao julgamento do pai e a subsequente condenação.

Fahim foi condenado a pagar dinheiro de sangue à mãe após passar um curto período de poucos meses na prisão. O juiz no caso decidiu que o dinheiro de sangue era um castigo apropriado e que os meses cumpridos na prisão esperando o julgamento eram castigo suficiente para o crime de Fahim de estuprar e matar a filha. O juiz fez uma declaração vergonhosa, dizendo que, em sua opinião, Fahim não tinha a intenção de matar a filha, o que na essência significava que os estupros brutais e os espancamentos não eram crimes aos olhos do Judiciário!

Houve um clamor no reino, visto que a maioria percebeu que pena tão leve encorajaria alguns pais a abusar dos filhos. Sem leis apropriadas para deter tal violência doméstica, aqueles com bom senso sabiam que ela aumentaria.

Devido à pressão pública, Fahim voltou à corte para enfrentar ainda outro juiz; essa corte, em Hawtat Bani Tamim, ao Sul de Riade, assumiu uma postura diferente e mais séria. Nessa audiência, o juiz determinou que a condenação anterior havia sido muito tolerante e Fahim foi condenado a oito anos de prisão e oitocentas chibatadas por torturar a filha até a morte. A madrasta de Amal foi condenada a dez meses de prisão e 150 chibatadas por não ter denunciado os estupros e as torturas da pequena Amal.

Após esse veredicto, a mãe de Amal decidiu aceitar o dinheiro de sangue. As cortes, então, decidiram que o dinheiro de sangue e os quatro meses que Fahim havia cumprido eram castigo suficiente para o crime.

Devido a um segundo clamor do público saudita, as cortes estão revendo o caso. Não sabemos ainda o resultado final, embora a maioria acredite que o pai será silenciosamente libertado da prisão para viver sua vida sem o castigo apropriado pelo crime mais hediondo.

Nesse caso, saberemos que a injustiça que é colocada como a pedra de granito mais dura contra as mulheres e meninas sauditas persiste, mesmo quando os cidadãos sauditas exigem mudança.

Como muitas mulheres na Arábia Saudita, nunca me esquecerei da pequena Amal ou dos abusos que podem acontecer a uma mulher em meu país. Há um ditado egípcio que diz: "Falar no nome dos mortos os faz viver novamente." Todos os dias da minha vida olho no espelho e penso em Amal e na doce menininha que era, e a maravilhosa mulher que tenho certeza que teria sido, e digo: "*Ana Amal* — Eu sou Amal".

Peço que você faça o mesmo.

"*Ana Amal* — Eu sou Amal."

Falarei o nome de Amal todos os dias da minha vida e ela viverá em minha mente e em meu coração enquanto eu viver.

* * *

Com tais crimes cometidos contra mulheres e crianças — crimes que continuam impunes em nossa sociedade —, é compreensível que eu, às vezes, me sinta desesperada e triste pelo destino de muitas pessoas vulneráveis na Arábia Saudita. Meus esforços para ajudar os outros podem, às vezes, parecer muito pequenos, muito insignificantes, não importa o quanto eu me esforce. Como disse antes, sofro tantos fracassos quanto sucessos.

Uma mudança em nossas leis e nas tradições culturais que nos acorrentam às práticas medievais é desesperadamente necessária e sempre bem-vinda — mesmo que tais mudanças sejam, frequentemente, ineficazes e frustrantemente vagarosas para acontecerem. Porém, é por isso que me recuso a desistir da luta por justiça e igualdade. Ainda há muito a fazer — e, por isso, meu querido leitor, ainda tenho mais lágrimas para chorar.

Apêndices

Apêndice A

Fatos sobre a Arábia Saudita

Informações gerais

Chefe de Estado: Sua Majestade, o rei Abdullah ibn Abdul Aziz Al Sa'ud
Título oficial: Guardião das Duas Mesquitas Sagradas

Principais cidades

Riade — capital
Jidá — cidade portuária
Meca — cidade mais sagrada do Islã, na direção da qual os muçulmanos oram
Medina — local de sepultamento do profeta Maomé
Taif — capital e *resort* de veraneio
Dammam — cidade portuária e centro comercial
Dhahran — centro administrativo da indústria petrolífera
Al Khobar — centro comercial
Yanbu — terminal de embarque de gás natural
Ha'il — centro comercial
Jubail — cidade industrial
Ras Tanura — centro de refinaria
Hofuf — principal cidade do oásis al Hasa

Religião

Islã: é crime praticar outras religiões na Arábia Saudita

Feriados

Eid al-Fitr (Fim do jejum) — cinco dias
Eid ul-Adha (Festa do sacrifício) — oito dias

Breve história

A Arábia Saudita é uma nação de tribos cujas raízes remontam às primeiras civilizações da península arábica. Os ancestrais dos sauditas modernos viviam em importantes rotas comerciais antigas, e grande parte de sua renda era obtida por roubo e extorsão. Dividida em regiões e governada por chefes tribais independentes, as várias tribos rivais foram unificadas em uma única religião, o islã, liderada pelo profeta Maomé, no século VII. Antes de o profeta morrer, aos 63 anos, a maior parte da Arábia era muçulmana.

Os antepassados dos atuais governantes da Arábia Saudita reinaram sobre grande parte da Arábia durante o século XIX. Depois de perder a maior parte do território saudita para os turcos, eles foram expulsos de Riade e buscaram refúgio no Kuwait. O rei Abdul Aziz Al Sa'ud, pai do rei atual, retornou a Riade e lutou para reconquistar o país. Ele prevaleceu e fundou a Arábia Saudita moderna em 1932. Em 1938, com a descoberta de petróleo, a Arábia Saudita rapidamente tornou-se uma das nações mais ricas e influentes do mundo.

Geografia

A Arábia Saudita, com uma área de 2,2 milhões de quilômetros quadrados, é um terço do tamanho dos Estados Unidos e de tamanho igual ao da Europa Ocidental. O país encontra-se na interseção de três continentes: África, Ásia e Europa. Estende-se, a Oeste, do Mar Vermelho ao golfo Pérsico, no Leste, faz fronteira com a Jordânia, o Iraque e o Kuwait, ao Norte, e Iêmen e Omã, ao Sul. Emirados Árabes Unidos, Catar e Bahrein ficam ao Leste.

Uma terra desértica, sem rios e com poucos riachos permanentes, é na Arábia Saudita que se localiza o Rub al Khali (Quarteirão Vazio), o maior deserto de areia do mundo. As serras da província de Asir, a Sudoeste, alcançam uma altura superior a 2.700 metros.

Calendário

A Arábia Saudita usa o calendário islâmico, o qual é baseado no ano lunar, em vez do calendário gregoriano, que se baseia no ano solar. Um mês lunar é o tempo entre duas luas novas sucessivas. Um ano lunar contém 12 meses, mas é 11 dias mais curto do que o ano solar. Por essa razão, os dias santos mudam gradualmente de uma estação para outra.

As datas do ano lunar remontam ao ano 622 d.C., o ano da emigração do Profeta, ou Hégira, de Meca para Medina. Sexta-feira é o dia sagrado islâmico. A semana de trabalho na Arábia Saudita começa no sábado e termina na quinta-feira.

Economia

Mais de um quarto das reservas de petróleo conhecidas do mundo localiza-se sob as areias da Arábia Saudita. Em 1933, a Standard Oil Company of California ganhou os direitos de prospecção na Arábia Saudita. Em 1938 foi descoberto petróleo no Poço nº 7 de Dammam, o qual continua produzindo petróleo até hoje. A Arabian American Oil Company (Aramco) foi fundada em 1944 e detinha os direitos de continuar a procurar petróleo no reino. Em 1980 o governo da Arábia tomou posse da Aramco.

A riqueza petrolífera do reino garante que os cidadãos da Arábia Saudita vivam o tipo de estilo de vida opulento à disposição de muito poucos. Com educação gratuita e empréstimos sem juros, a maioria dos sauditas prospera. Todos os cidadãos sauditas, bem como peregrinos muçulmanos, recebem cuidados de saúde gratuitos. Programas governamentais fornecem suporte para os sauditas em caso de invalidez, morte ou aposentadoria. O país inteiro é um estado socialista impressionante. Do ponto de vista econômico, a Arábia Saudita se tornou uma nação moderna e tecnologicamente avançada.

Moeda

O rial saudita é a unidade monetária básica na Arábia Saudita. O rial é composto por 100 *halalas* e é emitido em cédulas e moedas de várias denominações. Um dólar norte-americano vale 3,7450 riais.

Lei e governo

A Arábia Saudita é um estado islâmico e sua lei é baseada na *sharia*, o código de leis islâmico tirado das páginas do Corão e do Suna, que são as tradições abordadas pelo profeta Maomé. O Alcorão é a Constituição do país e fornece orientação para decisões judiciais.

O Poder Executivo e o Legislativo são exercidos pelo rei e pelo Conselho de Ministros. Suas decisões se baseiam na lei *sharia*. Todos os Ministérios e agências governamentais se reportam ao rei.

Religião

A Arábia Saudita é o lar do islã, uma das três religiões monoteístas. Os muçulmanos acreditam em um Deus, e que Maomé é seu profeta. Por ser o coração do islã, a Arábia Saudita ocupa um lugar especial no mundo muçulmano. Todos os anos, milhões de peregrinos muçulmanos viajam a Meca, na Arábia Saudita, para homenagear a Deus. Por esta razão, a Arábia Saudita é um dos países muçulmanos mais tradicionais e seus cidadãos aderem a uma interpretação rígida do Corão.

Os muçulmanos têm cinco obrigações, chamadas os Cinco Pilares do Islã. São elas:

1) Profissão de fé: "Não há nenhum deus além de Deus; Maomé é o mensageiro de Deus."

2) Os muçulmanos devem rezar cinco vezes por dia, na direção da cidade de Meca.
3) Os muçulmanos devem dar uma proporção fixa de sua renda, chamada *zakat*, aos pobres.
4) Durante o nono mês do calendário islâmico os muçulmanos devem jejuar. Nesse período, chamado Ramadã, os muçulmanos devem abster-se de comida e bebida desde o amanhecer até o pôr do sol.
5) Os muçulmanos devem realizar o *Hajj*, ou peregrinação, pelo menos uma vez durante suas vidas (caso tenham recursos econômicos suficientes).

Apêndice B

Glossário

abaya: traje comprido e preto vestido pelas mulheres sauditas
abu: pai
Al Sa'ud: família regente da Arábia Saudita
beduíno: um povo nômade do deserto, os árabes originais
Dhu al Hijjah: décimo segundo mês do calendário Hégira
Dhu al Qi'dah: décimo primeiro mês do calendário Hégira
haji: pessoa que faz peregrinação a Meca (um título que denota honra)
hajj: peregrinação anual a Meca feita pelos que têm fé islâmica
Hégira: calendário islâmico que teve início na data em que o profeta Maomé fugiu de Meca para Medina (622)
ibn: significa "filho de" (Khalid ibn Faiçal, filho de Faiçal)
ihram: momento especial durante a *hajj*, quando todos os muçulmanos se retraem da vida normal e se dedicam exclusivamente a assuntos religiosos
imame: a pessoa que conduz as orações comunitárias e/ou faz o sermão das sextas-feiras
infanticídio: prática de matar uma criança. Em tempos pré-islâmicos, uma prática comum na Arábia, a qual livrava a família de uma criança indesejada do sexo feminino
islã: é a crença religiosa dos muçulmanos da qual Maomé foi o profeta. O islã foi a última das três grandes religiões monoteístas a surgir

Caaba: santuário mais sagrado do islã, um santuário sagrado para todos os muçulmanos. A Caaba é um pequeno prédio na mesquita sagrada de Meca, de forma quase cúbica, construído para abrigar a Pedra Negra, o objeto muçulmano mais venerado

kohl: um pó preto usado no olho como maquiagem pelas mulheres sauditas

Alcorão: Livro Sagrado de todos os muçulmanos, que contém as palavras de Deus como elas foram passadas ao profeta Maomé

la: palavra árabe que significa "não"

mahram: homens com quem uma mulher não pode se casar, como seu pai, irmão ou tio, e que podem acompanhar uma mulher durante uma viagem. Precisa ser um parente próximo

Meca: cidade mais sagrada do islã. A cada ano, milhões de muçulmanos viajam a Meca para realizar a peregrinação anual

Medina: segunda cidade mais sagrada do islã. O local de sepultamento do profeta Maomé

monoteísmo: a crença de que só existe um Deus

Polícia Moral, também conhecida como o Comitê para a Promoção da Virtude e da Prevenção do Vício: autoridades religiosas da Arábia Saudita, que têm o poder de prender quem eles acreditam que cometeram erros morais ou crimes contra o islã ou os que se opõem aos ensinamentos do islã

muezim: pregoeiro que chama os fiéis para rezarem cinco vezes por dia

muçulmano: adepto da religião fundada pelo profeta Maomé no ano 610

mut'a: casamento temporário permitido aos pertencentes à fé islâmica

Mutawwa: polícia religiosa, também conhecida como a Polícia Moral. Homens que buscam, prendem e punem aqueles que infringem a lei religiosa saudita

Néjede: nome tradicional para a Arábia Central. Os habitantes dessa área são conhecidos por seu comportamento conservador. A família real da Arábia Saudita é oriunda de Néjede

poligamia: casamento com mais de um cônjuge ao mesmo tempo. Os homens da fé muçulmana podem, por lei, ter quatro esposas ao mesmo tempo

purdah: a prática de confinar as mulheres em suas casas. Essa reclusão total de mulheres ocorre em alguns países muçulmanos

purificação: ritual de purificação antes de oferecer orações a Deus praticado pelos muçulmanos

rial: moeda da Arábia Saudita

secular: não religioso

xiita: ramo do islã cuja separação da maioria sunita foi motivado por discordâncias sobre o sucessor do profeta Maomé. Uma das duas principais seitas

Suna: tradições da fé islâmica, conforme abordadas pelo profeta Maomé

sunita: o ramo de maioria ortodoxa do islã. A Arábia Saudita é 95% povoada por fiéis da seita sunita. A palavra significa "tradicionalistas". Uma das duas principais seitas

thobe: um traje longo do tipo camisa usado por homens sauditas. É geralmente feito de algodão branco, mas pode ser feito de tecido mais pesado e de cor mais escura para os meses de inverno

Umm Al Qura: "Mãe das Cidades" ou a "Cidade abençoada", que é Meca

umra: peregrinação curta (a Meca) empreendida pelos fiéis muçulmanos que pode ser feita em qualquer época do ano

quarto da mulher: quarto na casa de um homem usado para confinar mulheres árabes que se opõem à vontade de seus maridos, pais ou irmãos. A punição pode ser por um período curto, breve ou pela vida inteira

zakat: esmola obrigatória exigida de todos os muçulmanos e que é o terceiro pilar do islã

Apêndice C
Arábia Saudita — Cronologia

570	*19 de janeiro*. Profeta Maomé, fundador do islã, nasce em Meca.
632	*8 de junho*. Profeta Maomé morre em Medina. Depois de sua morte, seus companheiros compilam suas palavras e ações em um trabalho chamado a Suna, que contém as regras para o islã. As mais básicas são os Cinco Pilares do Islã: 1) profissão de fé; 2) oração diária; 3) dar esmolas; 4) jejum ritual durante o Ramadã; 5) *hajj*, a peregrinação a Meca.
Anos 1400	A dinastia Sa'ud é fundada perto de Riade.
1703	Muhammad ibn Abd Al-Wahhab (†1792), teólogo islâmico e fundador do wahhabismo, nasce na Arábia.
1710	Nasce Muhammad ibn Al Sa'ud.
1742-1765	Muhammad bin Sa'ud Al Sa'ud se une aos wahhabistas.
1744	Muhammad ibn Al Sa'ud forja uma aliança política e familiar com o estudioso muçulmano e reformador Muhammad ibn Abd Al-Wahhab. O filho de Ibn Sa'ud casa com a filha do *Imam* Muhammad.
1804	Os wahhabistas conquistam Medina.

1811	O governante egípcio Muhammad Ali derruba os wahhabistas e reinstala a soberania otomana na Arábia.
1813	Os wahhabistas são expulsos de Meca.
1824	A família Al Sa'ud estabelece uma nova capital em Riade.
Anos 1860-1890	A família Al Sa'ud vai para o exílio no Kuwait quando o Império Otomano conquista suas terras na Arábia.
1876	Nasce o avô de Sultana, Abdul Aziz ibn Sa'ud, fundador do reino.
1883	*20 de maio*. Faiçal ibn Hussein nasce em Meca. Mais tarde ele se torna o primeiro rei da Síria (1920) e do Iraque (1921).
1901	Muhammad bin Rasheed invade Riade, forçando a família Al Sa'ud a deixar a área.
	Abdul Aziz deixa o Kuwait para retornar à Arábia com a família, amigos e um plano para atacar Riade.
1902	*Janeiro*. Abdul Aziz ataca o forte Mismaak e recaptura Riade.
	Nasce Sa'ud ibn Abdul Aziz, filho de Ibn Sa'ud. Após a morte do pai, ele governa a Arábia Saudita de 1953 a 1964.
1904	Nasce Faiçal ibn Abd Al-Aziz, que um dia seria rei da Arábia Saudita.
1906	Abdul Aziz Al Sa'ud recupera o controle total da região de Néjede.
1906-1926	Abdul Aziz Al Sa'ud e suas forças capturam vastas áreas e unificam a maior parte da Arábia.
1916	Meca, sob o controle dos turcos, é conquistada pelos árabes durante a Grande Revolta Árabe.
	O oficial britânico T. E. Lawrence conhece Faiçal Hussein e forja uma amizade.
	T. E. Lawrence é designado como elemento de ligação britânico com o príncipe árabe Faiçal Hussein.

1917	*6 de julho.* Forças árabes comandadas por T. E. Lawrence e Abu Tayi tomam o porto de Aqaba dos turcos.
1918	*1º de outubro.* O príncipe Faiçal assume o controle da Síria, quando a principal força árabe entra em Damasco.
	Lawrence da Arábia explode a linha férrea em Hejaz na Arábia Saudita.
1921	Na Conferência de Cairo, o Reino Unido e a França dividem a Arábia Saudita e criam a Jordânia e o Iraque, tornando os irmãos Faiçal e Abdullah reis. A França ganha uma área de influência sobre o que é hoje a Síria e o Líbano.
1923	Nasce Fahd, o filho de Abdul Aziz em Riade. Um dia, ele reinaria sobre a Arábia Saudita.
1924	Ibn Sa'ud, rei de Néjede, conquista o reino Hejaz de Hussein. Ele governa a Arábia Saudita, depois conquista Meca e Medina.
1926	*Janeiro.* Abdul Aziz é declarado rei do Hejaz e sultão de Néjede.
1927	A Arábia Saudita assina o Tratado de Jidá e torna-se independente da Grã-Bretanha.
1927-1928	O rei Abdul Aziz esmaga as tribos de fanáticos islâmicos da Arábia Central.
1931	Mohammed bin Laden (que um dia será pai de Osama bin Laden) emigra para a Arábia Saudita, do Iêmen. Ele trabalha arduamente para estabelecer seu negócio, construindo, mais tarde, um relacionamento estreito com os reis Abdul Aziz e Faiçal.
1932	Os reinos de Néjede e Hejaz são unificados para criar o reino da Arábia Saudita sob o comando do rei Abdul Aziz ibn Sa'ud. A Arábia Saudita foi nomeada em homenagem ao rei Ibn Sa'ud, fundador da dinastia

saudita, um homem que foi pai de 44 filhos, que continuam a governar o reino rico em petróleo.

1933   A Arábia Saudita concede à Standard Oil of California direitos exclusivos para explorar petróleo.

1938   A Standard Oil of California descobre petróleo no poço Dammam nº 7.

1945   *14 de fevereiro*. O rei saudita Abdul Al-Aziz e o presidente norte-americano Franklin D. Roosevelt se encontram em um navio no canal de Suez, onde chegam a um entendimento segundo o qual os EUA protegerão a família real saudita, em troca de acesso ao petróleo saudita.

22 de março. A Liga Árabe é formada no Cairo, Egito. A Arábia Saudita torna-se um dos membros fundadores da ONU e da Liga Árabe.

1953   Morre o rei Abdul Aziz, avô de Sultana, aos 77 anos. Ele é sucedido por seu filho, Sa'ud.

1953-1964   O rei Sa'ud reina.

1957   *Sexta-feira, 15 de fevereiro*. Nasce Osama bin Laden nas primeiras horas em Riade, na Arábia Saudita. Seus pais são Mohammed Awad bin Laden, nascido no Iêmen, e a síria Alia Ghanem.

1962   A Arábia Saudita abole a escravidão.

1964   *2 de novembro*. Faiçal ibn Abdul Aziz Al Sa'ud (1904-1975) sucede seu irmão mais velho, Sa'ud bin Abdul Aziz, como rei da Arábia Saudita.

1964-1975   O rei Faiçal reina.

1965   O rei Faiçal desafia a oposição islâmica quando introduz televisão e, mais tarde, a educação das mulheres. Começam a surgir revoltas.

Mais tarde clérigos mais graduados são convencidos pelo governo de que a televisão pode ser utilizada para promover a fé.

1967	*6 de junho*. Um embargo do petróleo árabe é posto em prática após o início da Guerra dos Seis Dias entre árabes e israelenses.
	3 de setembro. Mohammed bin Laden, o pai rico de Osama bin Laden, morre em um acidente de avião, deixando o bem-estar de seus filhos a cargo do rei Faiçal.
1973	Um embargo às nações ocidentais é anunciado, que perdura até 1974. O preço da gasolina sobe de US$ 0,25 por galão para US$ 1. Como resultado, a bolsa de ações de Nova York cai.
1975	*25 de março*. O rei Faiçal da Arábia Saudita é assassinado por seu sobrinho.
	O príncipe Khalid torna-se rei.
	18 de junho. O príncipe saudita Faiçal ibn Musaid é decapitado em Riade por ter matado o tio, o rei Faiçal. O príncipe herdeiro Khalid é declarado rei.
	Novembro. Homens e mulheres armados tomam a Grande Mesquita em Meca. Eles denunciam os governantes Al Sa'ud e exigem o fim do estrangeirismo. Os radicais são liderados pelo pregador saudita Juhayman Al Utaybi. O cerco continua até que forças especiais francesas se deslocam para Meca para ajudar. Os extremistas são feridos, mortos ou capturados, e, depois, decapitados.
1980	Osama bin Laden começa sua luta contra os soviéticos no Afeganistão. Este é o lugar em que ele fundará sua rede al Qaeda.
	A Arábia Saudita executa os radicais restantes pelo ataque à Grande Mesquita. Os radicais são decapitados em várias cidades em todo o país.
1982	*13 de junho*. O rei Khalid morre. Ele é sucedido por seu meio-irmão, o príncipe Fahd.

1983-2005	O príncipe Bandar bin Sultan Al Sa'ud, um dos sobrinhos favoritos do rei Fahd, serve como embaixador da Arábia Saudita em Washington.
1985	A Grã-Bretanha assina um contrato de US$ 80 bilhões com a Arábia Saudita para fornecer 120 aviões de combate e outros equipamentos militares por um período de vinte anos.
1987	*31 de julho*. Peregrinos iranianos e a polícia de choque se enfrentam na cidade santa de Meca. Os iranianos são acusados pela morte de 402 pessoas.
1988	Osama bin Laden, nascido na Arábia Saudita, funda a al Qaeda (a base), um grupo fundamentalista sunita, com o objetivo de estabelecer um califado islâmico em todo o mundo.
1990	*Julho*. A pior tragédia dos tempos modernos ocorre durante o *hajj* em Meca, quando 1.402 peregrinos muçulmanos são mortos em um tumulto dentro de um túnel de pedestres.
	6 de novembro. Um grupo de mulheres sauditas dirige carros pelas ruas de Riade, desafiando a proibição do governo. O protesto cria enormes problemas para as motoristas: elas são presas e demitidas de seus empregos, proibidas de viajar e chamadas de prostitutas. Isto leva à proibição formal de condução de veículos por mulheres.
	A Arábia Saudita e o Kuwait expulsam 1 milhão de trabalhadores iemenitas quando o governo do Iêmen se alia a Saddam na primeira Guerra do Golfo.
1991	*Janeiro*. Forças lideradas pelos EUA atacam as forças armadas iraquianas no Kuwait. Começa a guerra terrestre entre Iraque e as forças de coalisão. As forças iraquianas são expulsas do Kuwait e deixam de representar uma ameaça à Arábia Saudita.

1992	O rei Fahd elabora uma estrutura institucional para o país. Uma lei é aprovada, a qual permite que o rei nomeie seus irmãos ou sobrinhos como sucessores e substitua seu sucessor à sua vontade.
1994	*23 de maio.* Morrem 270 peregrinos em um tumulto em Meca, enquanto fiéis se reúnem para o ritual simbólico do "apedrejamento do demônio". Osama bin Laden é deserdado por sua família saudita e destituído de sua cidadania saudita. Sua fortuna é estimada em US$ 250 milhões.
1995	192 pessoas são decapitadas na Arábia Saudita, ao longo do ano — um número recorde.
1996	Osama bin Laden é convidado a sair do Sudão após a administração de Clinton colocar pressão sobre o governo do Sudão. Osama leva o filho Omar com ele para retornar ao Afeganistão. O restante de sua família e de seus colaboradores próximos o acompanham em seguida. Um sobrinho do rei Fahd acusa falsamente um de seus empregados de bruxaria. O empregado, Abdul-Karim Naqshabandi, é executado. O rei Fahd, doente, cede o poder a seu meio-irmão, o príncipe herdeiro Abdullah.
1997	343 peregrinos muçulmanos morrem em um incêndio nas redondezas da cidade sagrada de Meca. Mais de mil outros ficam feridos.
1998	150 peregrinos morrem no ritual do "apedrejamento do demônio" durante um tumulto que ocorre no último dia da peregrinação anual à cidade sagrada de Meca.
1999	O governo saudita afirma que irá emitir vistos para entrada no reino para grupos de turismo abastados. *21 de agosto.* Membros da família real ficam chocados quando o príncipe Faiçal bin Fahd, filho mais

velho do rei Fahd, morre de um infarto, aos 54 anos. Como chefe da Federação de Esportes Árabes, ele acabara de retornar dos Jogos Árabes na Jordânia.

17 de novembro. Um carro-bomba em Riade mata Christopher Rodway, um técnico britânico. Em 2001, três ocidentais são condenados pelo ocorrido.

2001

26 de janeiro. Um painel da ONU irrita o governo e os cidadãos sauditas ao criticar a Arábia Saudita pela discriminação às mulheres, pelo assédio a menores e por punições que incluem o açoitamento e apedrejamento.

5 de março. 35 peregrinos muçulmanos morrem sufocados durante o ritual do "apedrejamento do demônio" no *hajj* anual em Meca.

Março. O Comitê Superior de Pesquisas Científicas e a Lei Islâmica na Arábia Saudita diz que os jogos e as cartas de *Pokémon* "possuíram as mentes" das crianças sauditas.

Setembro. Após o dia 11 de setembro, seis voos fretados transportando sauditas partem dos EUA. Poucos dias depois, outro voo fretado transportando 26 membros da família de bin Laden deixa os EUA.

2002

17 de fevereiro. O príncipe herdeiro saudita Abdullah apresenta um plano de paz para o Oriente Médio para o colunista do *New York Times*, Thomas Friedman. O plano inclui o reconhecimento árabe do direito de existência de Israel, se Israel saísse das terras que faziam parte da Jordânia, incluindo Jerusalém Oriental e a Cisjordânia.

Março. Ocorre um incêndio em uma escola de meninas em Meca, mas a polícia impede que as meninas fujam do prédio, por não estarem usando o véu. Uma onda de raiva se espalha por toda a Arábia Saudita quando 15 alunas morrem queimadas.

13 de abril. O poeta saudita Ghazi al-Gosaibi, embaixador da Arábia na Grã-Bretanha, publica o poema "Os mártires" no diário saudita *Al Hayat*, elogiando um homem-bomba palestino.

25 abril. O presidente americano George Bush reúne-se com o príncipe herdeiro saudita Abdullah. O príncipe Abdullah diz ao presidente norte-americano que o país precisa reconsiderar seu apoio total a Israel. Abdullah entrega a Bush sua proposta de paz no Oriente Médio, de oito objetivos.

Abril. O governo da Arábia Saudita fecha várias fábricas que produzem véus e *abayas*, acusados de violar as regras religiosas, para mulheres. Algumas das túnicas são consideradas luxuosas demais, com joias aplicadas aos ombros.

Maio. Há um desacordo entre diplomatas sauditas e membros do Comitê contra a Tortura das Nações Unidas, a respeito da consideração de que flagelação e amputação de membros seriam violações da Convenção de 1987 contra a Tortura.

Dezembro. Dissidentes sauditas anunciam o lançamento de uma nova estação de rádio, Sawt al-Islah (A Voz da Reforma), com transmissão originária da Europa. A nova estação é formada com o propósito explícito de pressionar por reformas na Arábia Saudita.

2003

Fevereiro. Mina, Arábia Saudita: 14 peregrinos muçulmanos são pisoteados até a morte, quando um adorador tropeça durante a peregrinação anual, o *hajj*.

29 de abril. O governo dos Estados Unidos anuncia a retirada de todas as tropas de combate da Arábia Saudita.

12 de maio. Múltiplos e simultâneos carros-bomba, em três condomínios fechados para estrangeiros em

Riade, na Arábia Saudita, matam 26 pessoas, incluindo nove cidadãos norte-americanos.

14 de setembro. O traficante de maconha árabe Dhaher bin Thamer al-Shimry é decapitado; 41 pessoas são decapitadas até setembro.

14 de outubro. Centenas de sauditas saem às ruas exigindo reformas. Este é o primeiro grande protesto do país, uma vez que manifestações são ilegais.

A empregada doméstica indonésia Ati Bt Abeh Inan é acusada por seu empregador saudita de lançar um feitiço sobre ele e sua família e é condenada à morte. Depois de passar dez anos na prisão, ela é perdoada e enviada de volta para Java Ocidental.

É descoberto que a Líbia planejou uma operação secreta para assassinar o príncipe herdeiro Abdullah.

2004

1º de fevereiro. Durante o *hajj*, 251 adoradores muçulmanos morrem em um tumulto.

10 de abril. A popular apresentadora de televisão saudita Rania al-Baz é severamente espancada pelo marido, que achou que a tivesse matado. Ela sobreviveu, apesar de sofrer fraturas faciais graves que exigiram 12 operações. Ela permitiu que fotografias fossem divulgadas e iniciou um debate sobre a violência contra mulheres na Arábia Saudita. Ela viajou para a França, onde escreveu sua história. Sabe-se que ela perdeu a guarda dos filhos após a publicação de seu livro.

Maio. Em Yanbu, Arábia Saudita, supostos militantes atiram no escritório de uma empreiteira de petróleo, a empresa ABB Ltd., com sede em Houston. Seis pessoas morreram. Muitos ficaram feridos. A polícia mata quatro irmãos após uma perseguição de carro em que, foi informada, os ocupantes arrastavam o corpo nu de uma vítima enquanto fugiam.

6 de junho. Simon Chambers (36 anos), um cinegrafista irlandês que trabalhava para a BBC, é morto em um tiroteio em Riade. Um correspondente internacional da BBC é ferido.

8 de junho. Um cidadão americano que trabalhava para uma empresa de armamentos dos EUA é baleado e morto em Riade.

12 de junho. Um americano é sequestrado em Riade. A al Qaeda posta a foto do homem em um site islâmico. Ele é identificado como o executivo da Lockheed Martin, Paul M. Johnson Jr. Militantes islâmicos baleiam e matam o americano Kenneth Scroggs em sua garagem em Riade.

13 de junho. A Arábia Saudita faz três dias de "diálogo nacional", em Medina, sobre como a vida das mulheres poderia ser melhorada, e as recomendações são passadas para o príncipe herdeiro Abdullah.

15 de junho. A al Qaeda ameaça executar Paul M. Johnson Jr. dentro de 72 horas, a menos que companheiros *jihadistas* sejam liberados das prisões sauditas.

18 de junho. A al Qaeda afirma ter matado o refém americano Paul M. Johnson Jr. Eles postam fotos na internet que mostram seu corpo e a cabeça decepada.

Junho. O Parlamento da Arábia Saudita aprova legislação revogando a lei que proíbe meninas e mulheres de participarem em atividades de educação física e esportes. Em agosto, o Ministério da Educação anuncia que não acatará a legislação.

20 de julho. A cabeça do refém americano morto, Paul M. Johnson Jr., é encontrada durante uma incursão realizada pelas forças de segurança sauditas.

30 de julho. Nos Estados Unidos, em um tribunal de Virgínia, Abdurahman Alamoudi se declara culpado por retirar dinheiro da Líbia para pagar despesas na trama para assassinar o príncipe árabe Abdullah.

28 de setembro. O uso de telefones celulares com câmeras embutidas é proibido pela mais alta autoridade religiosa da Arábia Saudita. O edital afirma que os telefones estão "espalhando a obscenidade" por toda a Arábia Saudita.

6 de dezembro. Nove pessoas são mortas no Consulado dos EUA em Jidá quando militantes islâmicos lançam explosivos no portão do prédio fortemente vigiado. Eles forçam a entrada no prédio e um tiroteio começa.

2005

13 de janeiro. Funcionários judiciais sauditas dizem que um tribunal religioso condenou 15 sauditas, incluindo uma mulher, a 250 chicotadas cada um e até seis meses de prisão por participarem de um protesto contra a monarquia.

10 de fevereiro. Enquanto as mulheres são proibidas de votar, os eleitores sauditas do sexo masculino dirigem-se às urnas na região de Riade para participar das eleições municipais. Essa é a primeira vez na história do país que os sauditas estão participando de uma votação em conformidade com as normas internacionais.

3 de março. Homens no Leste e Sul da Arábia Saudita surgem aos milhares para votar nas eleições municipais. É a primeira oportunidade deles para expressarem sua opinião na monarquia absolutista da Arábia Saudita.

1º de abril. A Arábia Saudita decapita três homens em público na cidade setentrional de al-Jawf; em 2003, os três homens mataram um vice-governador, um juiz do tribunal religioso e um tenente policial.

8 de maio. Um paquistanês é decapitado por tentar contrabandear heroína para o reino.

15 de maio. Três defensores da reforma são condenados a penas que variam de seis a nove anos de prisão. Ativistas dos direitos humanos chamam o julgamento de "uma farsa".

15 de maio. O autor e poeta saudita Ali al-Dimeeni é condenado a nove anos de prisão por semear a dissidência, desobedecer a seus governantes e pregar a dissidência. Seu romance de 1998, *A Gray Cloud*, conta a história de um dissidente que fica preso por anos em uma prisão federal no deserto onde muitos outros já cumpriram pena por suas opiniões políticas.

27 de maio. O rei Fahd, monarca da Arábia Saudita por 23 anos, é hospitalizado por razões não especificadas.

1º de agosto. O rei Fahd morre no Hospital Especializado Rei Faiçal, em Riade. Seu meio-irmão, o príncipe herdeiro Abdullah, é nomeado para substituí-lo.

8 de agosto. A esperança aumenta na Arábia Saudita após o novo rei, Abdullah, perdoar quatro ativistas proeminentes que foram presos depois de criticarem o ambiente religioso rígido e a lentidão das reformas democráticas.

15 de setembro. O governo saudita ordena que uma câmara de comércio de Jidá permita o voto e a candidatura de mulheres.

21 de setembro. Dois homens são decapitados em Riade depois de serem condenados por sequestro e estupro de uma mulher.

17 de novembro. Um professor de química do ensino médio, saudita, acusado de discutir religião com seus alunos, é condenado a receber 750 chibatadas e a quarenta meses de prisão por blasfêmia após um julgamento no dia 12 de novembro.

27 de novembro. Para a alegria das mulheres sauditas, duas são eleitas para a Câmara de Comércio de Jidá. Esta é a primeira ocasião em que as mulheres ganharam qualquer cargo dessa natureza no país, uma vez que elas são, em grande parte, impedidas de participar na vida política.

8 de dezembro. Líderes de cinquenta países muçulmanos prometem combater a ideologia extremista. Os líderes dizem que vão transformar os livros didáticos, limitar os decretos religiosos e reprimir o financiamento do terrorismo.

A Arábia Saudita promulga uma lei que proíbe os funcionários públicos de fazerem declarações públicas que estejam em conflito com a política oficial.

2006

12 de janeiro. Milhares de peregrinos muçulmanos tropeçam em bagagens durante o *hajj*, causando quedas que provocaram a morte de 363 pessoas.

26 de janeiro. A Arábia Saudita chama de volta seu embaixador na Dinamarca em protesto contra uma série de caricaturas do profeta Maomé publicada no jornal dinamarquês *Jyllands-Posten*. O descontentamento se espalha por todo o mundo muçulmano por semanas, resultando em dezenas de mortes.

19 de fevereiro. Após a publicação das 12 charges do profeta — com destaque para o que foi descrito como autocensura —, o jornal *Jyllands-Posten* imprime um pedido de desculpas de uma página inteira em um jornal saudita.

6 de abril. Queijo e manteiga da empresa dinamarquesa Arla retornam às prateleiras dos supermercados sauditas após um boicote provocado pela publicação de caricaturas ofensivas pelo país.

Abril. O governo da Arábia Saudita anuncia planos para construir uma cerca eletrificada ao longo da fronteira de novecentos quilômetros com o Iraque.

16 de maio. Jornais na Arábia Saudita relatam que receberam ordens do rei Abdullah para que os editores parem de publicar imagens de mulheres. O rei afirma que tais fotografias desviarão as jovens sauditas do caminho certo.

18 de agosto. De acordo com o *Financial Times*, a Grã-Bretanha fez um acordo de milhões de dólares para fornecer 72 aviões Eurofighter Typhoon para a Arábia Saudita.

20 de outubro. Em uma tentativa de neutralizar as lutas internas pelo poder, o rei Abdullah dá novos poderes aos irmãos e sobrinhos. No futuro, um conselho de trinta príncipes se reunirá para escolher o príncipe herdeiro.

O reino decapitou 83 pessoas em 2005 e 35 pessoas em 2004.

2007

4 de fevereiro. Um juiz saudita sentencia vinte estrangeiros a receberem chicotadas e a serem recolhidos à prisão após condená-los por participarem de uma festa mista onde álcool foi servido e homens e mulheres dançaram.

17 de fevereiro. Um relatório publicado por um grupo de direitos humanos norte-americano revela que o governo saudita mantém milhares de pessoas na prisão sem acusação, condena crianças à morte e oprime mulheres.

19 de fevereiro. Um tribunal saudita ordena que os corpos de quatro nativos de Sri Lanka sejam exibidos em praça pública depois de serem decapitados por assalto à mão armada.

26 de fevereiro. Quatro franceses são mortos por homens armados no acostamento de uma estrada no deserto que conduz à cidade sagrada de Medina em uma área restrita aos muçulmanos.
Fevereiro. Dez intelectuais sauditas são presos por assinarem uma petição educada sugerindo que a hora chegara de o reino considerar uma transição para a monarquia constitucional.
27 de abril. Em uma das maiores varreduras contra organizações terroristas na Arábia Saudita, o Ministério do Interior anuncia que a polícia prendeu 172 militantes islâmicos. Os militantes receberam treinamento como pilotos no exterior para poderem reproduzir o 11 de Setembro e pilotar aeronaves em ataques a campos de petróleo da Arábia Saudita.
5 de maio. O príncipe Abdul-Majid bin Abdul-Aziz, governador de Meca, morre, aos 65 anos, após uma longa doença.
9 de maio. Uma mulher etíope, condenada por matar um egípcio por causa de uma disputa, é decapitada. Khadija bint Ibrahim Moussa é a segunda mulher a ser executada nesse ano. As decapitações são realizadas com uma espada, em praça pública.
9 de maio. Nayef al-Shaalan, um príncipe saudita, é condenado à revelia na França a dez anos de prisão sob a acusação de envolvimento com uma quadrilha de contrabando de cocaína.
23 de junho. Um juiz saudita adia o julgamento de três membros da polícia religiosa por sua participação na morte de um homem que havia sido preso depois de ser visto com uma mulher que não era sua parente.
9 de novembro. Autoridades sauditas decapitam o cidadão saudita Khalaf al-Anzi em Riade por sequestro

e estupro de uma adolescente. Autoridades sauditas decapitam um paquistanês por tráfico de drogas. Essa execução eleva para 131 o número de pessoas decapitadas no reino em 2007.

14 de novembro. Um tribunal saudita condena uma menina de 9 anos de idade que havia sido vítima de um estupro coletivo a seis meses de prisão e duzentas chicotadas. O tribunal também proíbe que ela tenha um advogado de defesa, confisca a licença dele para praticar a profissão e o convoca para uma audiência disciplinar.

17 de dezembro. Uma vítima de um estupro coletivo que foi condenada a seis meses de prisão e a duzentas chibatadas por estar sozinha com um homem que não era seu parente é perdoada pelo rei saudita após o caso deflagrar críticas raras por parte dos Estados Unidos.

2008

21 de janeiro. O jornal *Al-Watan* relata que o Ministério do Interior emitiu uma circular aos hotéis pedindo-lhes para hospedarem mulheres solitárias, desde que informações sobre elas sejam enviadas para uma delegacia de polícia local.

14 de fevereiro. Um grupo de líderes dos direitos humanos apela para o rei da Arábia Saudita, Abdullah, para sustar a execução de uma mulher acusada de bruxaria e de realizar atos sobrenaturais.

19 de maio. O professor Matrook al-Faleh é preso na Universidade Rei Sa'ud, na capital saudita Riade, depois de criticar publicamente as condições em uma prisão onde outros dois ativistas dos direitos humanos estão cumprindo penas de detenção.

24 de maio. Autoridades sauditas decapitam um habitante local condenado por assalto à mão armada e estupro de uma mulher. A execução eleva o número de pessoas decapitadas em 2008 para 55.

20 de junho. A polícia prende 21 homens supostamente homossexuais e confisca grandes quantidades de álcool em uma grande reunião de jovens em uma casa de repouso em Qatif.

8 de julho. Um grupo de defensores dos direitos humanos diz que os trabalhadores domésticos na Arábia Saudita sofrem, muitas vezes, abusos que, em alguns casos, são equivalentes à escravidão, assim como são violentados, amarrados e chicoteados com base em alegações espúrias de roubo ou bruxaria.

30 de julho. A polícia religiosa islâmica do país proíbe a venda de cães e gatos como animais de estimação. Eles também proíbem os proprietários desses animais de passearem com seus bichos em público porque os homens usam gatos e cachorros para abordarem as mulheres.

11 de setembro. Xeique Saleh al-Lihedan, ocupante do cargo mais alto do Judiciário da Arábia Saudita, emite um decreto religioso autorizando a morte dos proprietários de redes de televisão por satélite que transmitirem conteúdo imoral. Mais tarde ele ajusta seus comentários, dizendo que os proprietários que transmitirem conteúdo imoral devem ser levados a julgamento e condenados à morte se outras penalidades não os levem a evitar cometer tais atos.

Novembro. Um telegrama diplomático dos EUA afirma que doadores da Arábia Saudita e dos Emirados Árabes Unidos enviam aproximadamente US$ 100 milhões por ano para escolas islâmicas radicais no Paquistão que apoiam a militância.

10 de dezembro. A Comissão Europeia entrega o primeiro prêmio Chaillot à Al-Nahda Philanthropic Society for Women, uma instituição beneficente que ajuda mulheres divorciadas e carentes.

2009

14 de janeiro. O clérigo mais graduado da Arábia Saudita é citado dizendo que meninas de 10 anos podem se casar. Ele acrescenta que quem pensa que meninas de 10 anos são jovens demais para se casarem está cometendo uma injustiça.

14 de fevereiro. O rei Abdullah (86 anos) demite o xeique Saleh al-Lihedan. O rei Abdullah também nomeia Nora al-Fayez como vice-ministra de Educação Feminina, a primeira mulher na história da Arábia Saudita a ocupar um posto ministerial.

3 de março. Khamisa Sawadi, uma viúva de 75 anos, é condenada a quarenta chicotadas e a quatro meses de prisão por falar com dois homens jovens que não eram parentes próximos.

22 de março. Um grupo de clérigos sauditas incita o novo ministro da Informação a proibir as mulheres de aparecerem na televisão ou em jornais e revistas.

27 de março. O rei Abdullah nomeia seu meio-irmão, o príncipe Naif, como seu segundo primeiro-ministro.

30 de abril. Uma menina de 8 anos se divorcia de seu marido de meia-idade depois que seu pai a obriga a se casar com ele em troca de US$ 13 mil. A Arábia Saudita permite o casamento de crianças com essa idade.

9 de maio. Um homem é decapitado e crucificado por matar um menino de 11 anos e o pai dele.

6 de junho. O filme saudita *Menahi* é exibido em Riade mais de trinta anos depois de o governo começar a fechar cinemas. Nenhuma mulher foi autorizada a frequentar, apenas homens e crianças, incluindo meninas de até 10 anos.

15 de julho. O cidadão saudita Mazen Abdul-Jawad aparece no programa de televisão por satélite *Bold Red Line*, da LBC do Líbano, e choca os sauditas ao confessar publicamente suas façanhas sexuais. Mais de duzentos sauditas abrem um processo contra Abdul-Jawad, apelidado de "fanfarrão do sexo" pelos meios de comunicação, e muitos sauditas dizem que ele deveria ser severamente punido. Em outubro de 2009 Abdul-Jawad é condenado por um tribunal da Arábia Saudita a cinco anos de prisão e mil chicotadas.

9 de agosto. Agências de notícias italianas relatam que assaltantes roubaram joias e dinheiro, no valor de 11 milhões de euros, do quarto de hotel de uma princesa saudita na Sardenha, o que provocou um incidente diplomático.

27 de agosto. Um homem-bomba, cujo alvo é o príncipe Mohammed bin Naif, vice-ministro do Interior, explode um pouco antes de entrar em uma reunião de fieis que celebram o mês sagrado muçulmano do Ramadã, em Jidá. Seu alvo, o príncipe Naif, fica apenas levemente ferido.

23 de setembro. Uma nova universidade multibilionária, com estudantes masculinos e femininos, abre nos arredores da cidade costeira de Jidá. A Universidade de Ciência e Tecnologia Rei Abdullah, ou KAUST, possui laboratórios de ponta, o 14º supercomputador mais rápido do mundo e um dos maiores dotes em todo o mundo. Atualmente, tem 817 alunos matriculados, que representam 61 países diferentes, com 314 iniciando as aulas em setembro de 2009.

24 de outubro. Rozanna al-Yami, de 22 anos, é julgada e condenada por sua participação no programa *Bold Red Line* juntamente com Abdul-Jawad. Ela é condenada a sessenta chicotadas e é considerada a primeira jornalista saudita a receber uma punição desse tipo. O rei Abdullah cancela a sentença de flagelação, o segundo perdão em um caso de destaque dado pelo monarca nos últimos anos. Ele ordena que o caso de al-Yami seja encaminhado a uma comissão no Ministério.

Outubro. A família Bin Laden fica sob os holofotes com a publicação do livro *Growing Up Bin Laden — Osama's Wife and Son Take Us Inside their Secret World*, escrito pela autora norte-americana Jean Sasson. O livro é baseado em entrevistas que Sasson realizou com Omar bin Laden e sua mãe, Najwa bin Laden.

9 de novembro. O paranormal libanês, Ali Sibat, que faz previsões para um canal de televisão por satélite de sua casa em Beirute, é condenado à morte por prática de bruxaria. Quando ele viajou para Medina para uma peregrinação, em maio de 2008, foi preso e ameaçado de decapitação. No ano seguinte, um painel de três juízes disse que não havia provas suficientes de que as ações de Sibat haviam prejudicado terceiros. Eles pediram que o caso fosse julgado novamente em um tribunal de Medina e recomendaram que a sentença fosse comutada e que Sibat fosse deportado.

2010

19 de janeiro. Uma menina de 13 anos é condenada a receber noventa chicotadas e dois meses de prisão como punição por agredir um professor que tentou tirar seu telefone celular.

11 de fevereiro. A polícia religiosa começa a reprimir lojas em todo o país que vendem itens vermelhos, por considerarem que a cor faz alusão à celebração proibida do Dia dos Namorados.

6 de março. A Associação Árabe de Direitos Civis e Políticos diz que agentes de segurança sauditas invadiram uma banca de livros na Feira Internacional do Livro em Riade e confiscaram todos os trabalhos de Abdellah Al-Hamid, um reformador bem conhecido e crítico da família real.

20 de abril. Quando Ahmed bin Qassin al-Ghamidi sugere que homens e mulheres possam se misturar livremente, o chefe da poderosa polícia religiosa faz com que ele seja demitido.

10 de junho. Depois que um homem saudita beija uma mulher em um shopping center, ele é preso, condenado e sentenciado a quatro meses de prisão e a noventa chicotadas.

22 de junho. Quatro mulheres e 11 homens são presos, julgados e condenados por estarem juntos em uma festa. Eles são condenados a receber chicotadas e à prisão.

15 de agosto. Ghazi Al-Gosaibi, estadista saudita e poeta, morre após longa doença. Al-Gosaibi era próximo da família real, embora seus escritos tivessem sido proibidos no reino durante a maior parte de sua vida. O Ministério da Cultura Saudita deixou de proibir seus escritos no mês anterior à sua morte, citando sua contribuição à nação.

26 de agosto. T. Ariyawathi, uma empregada doméstica de Sri Lanka que trabalha na Arábia Saudita, é internada em hospital para fazer uma cirurgia para remover 24 pregos de seu corpo. Seu empregador árabe martelara os pregos em seu corpo como punição.

17 de novembro. O rei Abdullah renuncia como chefe da Guarda Nacional. Seu filho assume o cargo.

20 de novembro. Uma jovem de 20 anos desafia a proibição de dirigir e, acidentalmente, capota com seu carro. Ela morre, juntamente com três amigas que estavam com ela.

22 de novembro. O rei Abdullah visita Nova York para tratamento médico e, temporariamente, entrega o controle para o príncipe herdeiro Sultan, seu meio-irmão.

23 de novembro. Meios de comunicação da Arábia Saudita anunciam que uma mulher saudita foi acusada de torturar sua empregada doméstica indonésia e presa, enquanto a empregada, Sumiati Binti Salan Mustapa, recebe tratamento hospitalar para queimaduras e ossos quebrados.

Estima-se que 4 milhões de mulheres sauditas com mais de 20 anos sejam solteiras em um país de 24,6 milhões. Diz-se que alguns tutores masculinos mantêm as mulheres solteiras à sua revelia, uma prática conhecida como *adhl*. A feminista árabe Wajeha al-Huwaider descreve a tutela masculina como "uma forma de escravidão".

2011

16 de janeiro. Um grupo de ativistas sauditas lança a campanha "Meu país" para pressionar o reino a permitir que mulheres concorram às eleições municipais marcadas para a primavera de 2011.

24 de janeiro. O Human Rights Watch, baseado em Nova York, afirma em seu Relatório Mundial de 2011 que o governo da Arábia Saudita persegue e prende ativistas, frequentemente sem julgamento, por expressarem apoio público à tolerância religiosa e denunciarem a severidade das novas restrições às comunicações eletrônicas no reino.

9 de fevereiro. Dez estudiosos sauditas moderados pedem ao rei que reconheça o partido islâmico Uma, o primeiro partido político do reino.

15 de fevereiro. O Ministério da Educação diz que o reino planeja recolher das bibliotecas escolares livros que incentivam o terrorismo ou difamam a religião.

24 de fevereiro. Intelectuais influentes dizem, em um comunicado, que os governantes árabes devem aprender uma lição com os levantes na Tunísia, Egito e Líbia, e ouvir a voz dos jovens desiludidos.

5 de março. O Ministério do Interior da Arábia Saudita diz que manifestações não serão toleradas e que as forças de segurança agirão contra qualquer um que participar delas.

11 de março. Centenas de policiais são deslocados para a capital para evitar protestos que pedem reformas democráticas e que são inspirados pela onda de agitação que varre o mundo árabe.

18 de março. O rei Abdullah promete aos cidadãos sauditas um pacote multibilionário de reformas, distribui dinheiro, empréstimos e apartamentos no que parece ser a tentativa mais cara do mundo árabe de apaziguar os residentes que estão sendo inspirados pela inquietação que derrubou do poder dois líderes regionais.

2 de maio. Osama bin Laden, o fundador e chefe do grupo militante islâmico al Qaeda é morto no Paquistão pouco depois de 1 hora, horário do Paquistão, por integrantes das forças especiais da Marinha dos EUA.

22 de maio. As autoridades sauditas prendem novamente a ativista Manal al-Sharif, que desafiou a proibição de dirigir infligida às mulheres. Ela havia sido detida durante várias horas pela polícia religiosa do país, mas foi liberada após assinar um compromisso concordando em não dirigir. A Arábia Saudita é o único país no mundo que proíbe mulheres, tanto sauditas quanto estrangeiras, de dirigir.

18 de junho. Ruyati binti Satubi, uma avó indonésia, é decapitada por ter matado um empregador saudita supostamente abusivo.

28 de junho. A polícia saudita detém uma mulher que dirigia em Jidá, no litoral do Mar Vermelho. Quatro outras mulheres acusadas de dirigir são posteriormente detidas na cidade.

25 de setembro. O rei Abdullah anuncia que as mulheres da nação ganharão o direito de votar e de concorrer como candidatas nas eleições municipais, a serem realizadas em 2015. Esse é um grande avanço na luta pelos direitos das mulheres no reino muçulmano, profundamente conservador.

27 de setembro. A saudita Shaima Jastaina é condenada a receber dez chicotadas por desafiar o reino e infligir a proibição de dirigir. O rei Abdullah anula rapidamente a decisão do tribunal.

29 de setembro. Homens sauditas votam nas eleições municipais, a segunda votação nacional na história do rico reino do petróleo. O voto feminino não é permitido na eleição. Os conselhos municipais são dos poucos órgãos eleitos no país, mas não têm qualquer poder real, tendo como atribuição aconselhar as autoridades provinciais.

Manssor Arbabsiar, um cidadão dos EUA com passaporte iraniano, é detido quando chega ao Aeroporto Internacional Kennedy, em Nova York. O México trabalhou em estreita colaboração com as autoridades norte-americanas para ajudar a frustrar um suposto plano de US$ 1,5 milhão para matar o embaixador saudita em Washington. Em 11 de outubro, Arbabsiar é indiciado pelo Tribunal Distrital dos

EUA em Nova York por conspirar para matar o diplomata saudita Adel Al-Jubeir.

22 de outubro. O príncipe herdeiro saudita Sultan bin Abdul Aziz, herdeiro do trono saudita, morre nos Estados Unidos. Ele fazia tratamento contra o câncer de cólon, que fora diagnosticado em 2009.

7 de outubro. O poderoso ministro do Interior da Arábia Saudita, príncipe Naif bin Abdul Aziz, é nomeado novo herdeiro do trono em um decreto real lido na televisão estatal saudita.

30 de novembro. A Anistia Internacional publica um novo relatório acusando a Arábia Saudita de empreender uma campanha de repressão aos manifestantes e reformistas desde a eclosão da Primavera Árabe.

6 de dezembro. A Arábia Saudita sentencia um australiano a quinhentas chicotadas e a um ano de prisão após ser considerado culpado de blasfêmia. Mansor Almaribe foi detido em Medina, em 14 de novembro, enquanto fazia a peregrinação *hajj*, e acusado de insultar companheiros do profeta Maomé.

10 de dezembro. O jornal *Okaz* da Arábia Saudita relata que um homem condenado por estuprar sua filha foi condenado a receber 2.080 chicotadas ao longo de uma pena de 13 anos de prisão. Um tribunal em Meca condenou um homem por estuprar a filha adolescente durante sete anos sob a influência de drogas.

12 de dezembro. Autoridades sauditas executam uma mulher condenada pela prática de magia e feitiçaria. Os registros do tribunal afirmam que ela tinha levado as pessoas a acreditar que podia tratar doenças, cobrando US$ 800 por sessão.

15 de dezembro. A polícia invade uma reunião privada de oração e prende 35 cristãos etíopes, entre os quais estavam 29 mulheres. Mais tarde eles são deportados, acusados de "mistura ilícita".

76 presos ocupantes do corredor da morte são executados na Arábia Saudita, em 2011.

A empregada doméstica indonésia Satinah Binti Jumad Ahmad é condenada à morte por ter assassinado a esposa de seu patrão em 2007 e roubado dinheiro. Em 2014, o governo da Indonésia concorda em pagar US$ 1,8 milhão para liberar Satinah.

2012

2 de janeiro. A Arábia Saudita anuncia que no dia 5 de dezembro começará a fazer cumprir uma lei que estabelece que apenas mulheres podem trabalhar em lojas que vendem roupas íntimas e artigos de vestuário femininos.

12 de fevereiro. Autoridades malaias deportam Hamza Kashgari, um jovem jornalista saudita procurado em seu país por causa de uma mensagem no Twitter sobre o profeta Maomé, desafiando apelos de grupos de direitos humanos que dizem que ele poderá ser executado. Seu tuíte dizia: "Eu amei coisas sobre você e odiei coisas sobre você, e não entendo você muito bem."

Fevereiro. Uma ordem real estipula que as mulheres que dirigem automóveis não devem ser processadas pelos tribunais.

22 de março. Relatos da mídia saudita dizem que os homens solteiros em Riade podem visitar shoppings centers durante o horário de pico após restrições que visavam impedir o assédio de mulheres serem amenizadas.

4 de abril. Uma autoridade saudita reitera que a Arábia Saudita só enviará atletas do sexo masculino aos Jogos Olímpicos de Londres. No entanto, o príncipe Nawaf bin Faiçal anuncia que as mulheres árabes que participam por conta própria são livres para fazê-lo, mas a autoridade olímpica do reino "apenas ajudaria a garantir que a participação delas não viola as leis islâmicas".

Um homem considerado culpado por matar a tiros um compatriota saudita é decapitado. Sua execução, em Riade, eleva o número total de decapitações para 17 em 2012.

23 de maio. Uma mulher saudita franca e corajosa desafia ordens da notória polícia religiosa para sair de um shopping center porque ela está usando esmalte nas unhas e grava a conversa em sua câmera. O vídeo se torna viral, atraindo mais de 1 milhão de acessos em apenas cinco dias.

16 de junho. O príncipe herdeiro saudita Naif bin Abdul Aziz, meio-irmão do rei Abdullah, morre. Naif é o segundo príncipe herdeiro a morrer durante o reinado de Abdullah.

18 de junho. O ministro da Defesa saudita, príncipe Salman bin Abdul-Aziz, meio-irmão do rei, é nomeado novo príncipe herdeiro do país.

24 de junho. Na Arábia Saudita, um homem morre de pneumonia grave, complicada por insuficiência renal. Ele havia chegado a um hospital em Jidá 11 dias antes, com sintomas semelhantes a um caso grave de gripe ou à síndrome respiratória aguda. Em setembro, um virologista egípcio diz que a doença foi causada por um novo coronavírus. Meses depois a doença foi denominada MERS (Síndrome respiratória do Oriente Médio).

Junho. O blogueiro Badawi é preso por ridicularizar figuras islâmicas religiosas.

20 de julho. Autoridades sauditas aconselham os expatriados não muçulmanos a não comerem, beberem ou fumarem em público durante o Ramadã, sob ameaça de expulsão.

30 de julho. A Arábia Saudita implementa a proibição do fumo em escritórios do governo e na maioria dos logradouros públicos, incluindo restaurantes, cafés, supermercados e shopping centers.

2013

9 de janeiro. Autoridades sauditas decapitam uma doméstica do Sri Lanka por matar um bebê árabe enquanto cuidava dele. Rizana Nafeek tinha apenas 17 anos na época da morte do bebê e declarou inocência, negando ter estrangulado o menino de 4 meses de idade. Muitas agências e indivíduos em todo o mundo imploraram à família do menino e ao governo saudita que perdoassem a menina.

11 de janeiro. O rei Abdullah faz dois decretos cedendo trinta lugares no Conselho Shura às mulheres. O conselho tem 150 membros. Embora o conselho avalie as leis e interpele ministros, ele não tem poder de legislar.

15 de janeiro. Dezenas de clérigos conservadores fazem um piquete na porta do tribunal real para condenar a recente nomeação de trinta mulheres para o Conselho Shura, composto por 150 membros.

1º de abril. Um jornal saudita relata que a polícia religiosa do reino agora permite que mulheres andem de moto e bicicleta, mas apenas em áreas recreativas restritas. Elas também precisam estar acompanhadas por um parente do sexo masculino e vestidas com a *abaya* islâmica completa.

16 de maio. Muhammad Harissi, vendedor de legumes de Riade, ateia fogo em si mesmo após a polícia confiscar seus bens depois que ele foi encontrado em uma área não autorizada. Ele morreu no dia seguinte.

29 de julho. Raif Badawi, editor do site Free Saudi Liberals, é condenado a sete anos de prisão e seiscentas chicotadas por fundar um fórum na internet que viola os valores islâmicos e prega o pensamento liberal. Badawi está preso desde junho de 2012, sob a acusação de crime cibernético e por desobedecer a seu pai.

20 de setembro. Promotores dos EUA retiram acusações contra Meshael Alayban, uma princesa saudita acusada de escravizar uma queniana que era sua empregada doméstica, forçando-a a trabalhar em condições abusivas e retendo seu passaporte. Advogados do membro da realeza saudita acusaram a queniana de 30 anos, que não foi identificada, de mentir em uma tentativa de obter visto para residir nos EUA.

8 de outubro. Tribunal saudita condena um clérigo muito conhecido a oito anos de prisão e a oitocentas chicotadas por estuprar sua filha de 5 anos e torturá-la até à morte. O tribunal também ordena que o clérigo pague a sua ex-mulher, mãe da menina, 1 milhão de riais (US$ 270 mil) como "dinheiro de sangue". A segunda esposa, acusada de participar no crime, é condenada a dez meses de prisão e a 150 chicotadas.

18 de outubro. Irritado com a incapacidade da comunidade internacional para acabar com a guerra na Síria e para agir em outras questões do Oriente Médio, a Arábia Saudita diz que não ocupará o seu lugar no Conselho de Segurança das Nações Unidas.

22 de outubro. Uma fonte diz que o chefe da inteligência da Arábia Saudita revelou que o reino vai fazer uma "grande mudança" em suas relações com os Estados Unidos em protesto pela sua propalada inatividade na guerra que se desenrola na Síria e a sua abertura para o Irã.

24 de outubro. As mulheres sauditas são avisadas de que o governo iria tomar medidas contra ativistas que fossem adiante com uma campanha prevista para aquele fim de semana que desafiaria a proibição de as mulheres dirigirem no reino muçulmano conservador.
26 de outubro. Ativistas sauditas dizem que mais de 60 mulheres afirmaram ter atendido ao apelo para pegarem o volante em uma rara demonstração de resistência contra a proibição de circular imposta às mulheres. Pelo menos 16 mulheres sauditas receberam multas por desafiar a proibição de dirigir.
27 de outubro. A polícia saudita detém Tariq al-Mubarak, um colunista que apoiou o término da proibição de as mulheres dirigirem na Arábia Saudita.
3 de novembro. Um jornal do Kuwait relata que uma kuwaitiana foi presa na Arábia Saudita por tentar conduzir seu pai para o hospital.
12 de dezembro. O Grande Mufti saudita, a mais alta autoridade religiosa no berço do islã, condena os atentados de homens-bomba como crimes graves, reiterando sua posição com linguagem enfática para o jornal saudita *Al Hayat*.
20 de dezembro. A Arábia Saudita decapita um traficante de drogas. Em 2013, 77 pessoas foram executadas, de acordo com uma contagem da AFP.
22 de dezembro. A agência de notícias oficial da Arábia Saudita informa que o rei Abdullah nomeou seu filho, o príncipe Mishaal, como novo governador de Meca.

2014

20 de fevereiro. Grupos de direitos humanos criticam um acordo entre a Indonésia e a Arábia Saudita que visa dar às empregadas domésticas indonésias mais proteção no reino, tendo um deles dito que a "justiça ainda está longe" de prevalecer.

16 de março. O jornal local *Okaz* relata que os organizadores da Feira Internacional do Livro de Riade confiscaram "mais de 10 mil cópias de 420 livros" durante a exposição, que começou no dia 4 de março. Os organizadores tinham anunciado antes do evento que qualquer livro considerado "contra o islã" ou que "atentasse contra a segurança" do reino seria confiscado.

8 de abril. O Conselho Shura da Arábia Saudita recomenda que uma proibição de longa data aos esportes nas escolas estaduais de meninas, que tinha sido relaxada em escolas particulares, em 2013, seja abolida por completo.

Este livro foi composto na tipologia Minion Pro,
em corpo 11/14,35, e impresso em papel off-white
no Sistema Cameron da Divisão Gráfica
da Distribuidora Record.